어둠에서 빛으로

구원 간증 및 각종 이단에서의 회심간증

한국기독교이단상담소협회
(대표회장 진용식 목사) 편저

기독교포털뉴스

어둠에서 빛으로

구원 간증 및 각종 이단에서의 회심간증

초판 1쇄 인쇄 | 2019년 6월 26일
초판 1쇄 발행 | 2019년 7월 6일
편저자 | 한국기독교이단상담소협회(대표회장 진용식 목사)
편집 | 마루그래픽스(02-2277-7568)
표지 디자인 | nghpro@daum.net
유통사 | 하늘유통(031-947-7777)
펴낸곳 | 기독교포털뉴스
신고번호 | 제 377-25100-2011000060호(2011년 10월 6일)
주소 | 우 16489 경기도 수원시 팔달구 권광로 197, 6층 663호(인계동)
전화 | 010-4879-8651

가격 | 14,000원
이메일 | unique44@naver.com
홈페이지 | www.kportalnews.co.kr

어둠에서 빛으로

● ● 목차

"이스라엘과 이방인들에게서 내가 너를 구원하여 그들에게 보내어 그 눈을 뜨게 하여 어둠에서 빛으로, 사탄의 권세에서 하나님께로 돌아오게 하고 죄 사함과 나를 믿어 거룩하게 된 무리 가운데서 기업을 얻게 하리라 하더이다."(행 26:17~18).

왜 주님은 바울을 율법주의 이단인 유대교에서 구원하셨을까? 성경은 구원받기 전 바울 자신처럼 영적 소경이며, 사탄의 권세 아래 있던 백성들을 구원하는 사명을 주시기 위함이었다고 말씀한다.

이단에 미혹된 신도들은 말씀을 바르게 볼 수 없는 소경들이다. 사탄의 권세 아래 묶여있기 때문이다. 필자도 다르지 않았다. 이단 안식교의 신도였던 때가 있었다. 성경을 많이 읽었으나 성경에서 복음을 보지 못했다. 안식교 교리대로만 성경이 보였다. 특히 성경에서 가장 중요하게 말씀하는 하나님의 사랑과 은혜를 보지 못하는 소경이었다.

그러던 어느 날, 나의 구원 문제로 갈등과 고민을 할 때 하나님께서 나의 눈을 열어주셨다. 구원은 하나님의 사랑으로 우리에게 주시는 은혜의 선물이라는 것을 알게 된 것이다. 하나님께서 죄인인 나를 위해 십자가를 지시기까지 사랑하셨다는 것을 깨닫게 되었을 때 나는 눈물을 흘리지 않을 수 없었다. 그렇게 많이 읽었던 성경이지만 그동안 보지 못했던 하나님의 사랑과 은혜가 눈이 열리자 보이게 된 것이다. '어둠에서 빛으로' 바꿔 주신 것이다. 복음의 빛을 받게 되자 주님의 십자가의 구속, 죄 사함이 믿어지고 구원의 확신과 천국의 확신을 갖게 됐다.

필자는 회심한 이후 어두움의 권세에 갇혀있는 영혼들을 건져내야 한다는 사명감에 불타기 시작했다. 그래서 이단의 어두움에 갇혀있는 영혼들을 나처럼 '어둠에서 빛으로' 건져 내기 위해 이단상담 사역을 하게 됐다. 이단상담 사역에 헌신하면서 나는 이단에 미혹된 많은 신도들의 눈이 열리고 그리스도께로 회심하는 기적 같은 역사를 늘 목도하고 있다.

이 책은 이단상담을 통해 하나님의 사랑과 값없이 주시는 은혜를 깨닫고 이단의 '어둠'에서 예수그리스도의 '빛'으로 회심한 사람들의 간증이다. 이단이 잘못된 것을 깨닫고 이탈한 것뿐 아니라 복음에 대하여 눈이 열려서 죄 사함과 구원의 확신을 얻고 회심한 사람들의 간증이다.

이 간증집을 통해 이단에 미혹된 많은 신도들이 '어둠에서 빛으로' 돌아오는 역사가 일어나게 되기를 바라는 바이다.

2019년 7월 6일
성역 40주년, 상록교회 개척 20주년을 맞아
안산에서 이단상담사역자 진용식 목사

I. 구원 간증

고광종 목사

김경천 목사

김기복 장로

🍁 진용식 목사님의
구원론 강의를 통해 복음을 깨달아...

고광종 목사(인천성산교회 담임, 인천상담소장)

제가 처음 진용식 목사님을 만난 것은 전도사 시절 신학교에서였습니다. 진용식 목사님은 조직신학 구원론과 로마서를 강의하는 교수님이었고 저는 진용식 교수님 시간에 수강하는 신학생이었습니다. 당시 진용식 교수님은 명쾌하고 설득력 있는 명 강의로 학생들에게 인기가 충만하던 때였고, 저는 그 때까지 구원받기 위해 그동안 지은 죄를 다 자백해야만 하고 또 하나님 앞에서 바른 행위가 있어야 구원받을 수 있다고 생각하는 구원의 확신이 없는 신학생이었습니다.

저는 신학생이었지만 진용식 목사님의 구원론 강의를 통하여 그 때에야 비로소 복음을 깨닫게 되었습니다. 구원은 죄의 자백이나 행위로 얻어지는 것이 아니라 하나님께서 은혜로 주시는 선물이라는 것을 깨닫게 된 것입니다. 복음을 듣고 구원의 확신을 얻으면서 방언을 하고, 예언을 하며, 입신해서 천국을 들락날락거려서 구원받는 것이 아니라는 걸 알게 됐습니다. 이런 은사는 구원의 문제가 아닌 은사의 체험이라는 분별력이 생기게 되었습니다.

복음을 받고 구원의 확신을 얻은 후 저의 신앙과 인생에 큰 변화가 일어났습니다. 제가 구원의 확신을 얻고 구원의 감격으로 충만해지자 뜨거운 마음으로 주위 사람들에게 복음을 전하기 시작하였습니다.

먼저 제가 전도사로 시무하던 교회의 성도들에게부터 복음을 전하자 제 주위에 저와 같이 구원의 확신과 감격을 얻은 교인들이 늘어가기 시작하였습니다. 복음을 받고 구원받은 몇 몇 성도들과 함께 가정에서 교회를 개척하게 되었는데 이 교회가 바로 오늘의 성산교회입니다.

성산교회를 개척하고 더욱 뜨겁게 구원론 즉 복음을 전하였습니다. 복음을 전할 때 마다 구원받은 성도들이 모이게 되어 개척을 시작한지 1달 만에 아파트의 가정집에 30여 명의 성도가 모이게 되었습니다.

진용식 목사님에게 배운 구원론은 영혼을 사망에서 건지는 생명수 였고, 이러한 복음을 계속 전파하는 성산교회는 구원받는 영혼들이 더해지고 계속 부흥하였습니다. 가정집에서 시작한 교회는 임대 건물로, 임대 건물에서 부흥한 교회는 건축된 교회로 계속적으로 부흥하여 현재 인천 서창동에 중형 교회로 성장하게 되었습니다.

진용식 목사님을 만난 것은 저의 인생에서 가장 큰 복이었다고 생각합니다. 진용식 목사님을 만나서 복음을 받고 중생하게 되었고 복음의 열정을 가지고 목회하는 목회자가 된 것입니다. 진용식 목사님의 명쾌하고 분명한 복음의 메시지는 오늘까지도 나의 사역에 큰 복이 되고 있습니다.

뿐만 아니라 진 목사님의 이단 상담 사역을 배워서 성산교회에도 이단 상담소를 개설하고, 이단에 미혹된 영혼들을 건지는 이단상담 사역을 하고 있습니다.

목회에 성공하고 복음 안에서 복을 누리는 성산교회와 저의 오늘이 있기까지 성장하게 된 것은 나의 멘토이신 복음의 사람, 진용식 목사님의 영향이었다고 확신하는 바입니다. 저뿐 아니라 지난 40년 동안 오직 복음을 전하는 사명을 위해 헌신하시고 변하지 않는 복음을 흔들림 없이 전파해 오신 진용식 목사님의 영향으로 많은 목회자들이 '복음의 사역자'들이 되어 교회를 성장시키고 복음의 귀한 사역을 감당하고 있습니다. 그동안 초대교회의 사도 바울처럼 복음을 위해 귀하게 쓰임 받으신 진용식 목사님의 앞으로의 삶과 사역도 하나님의 나라와 복음을 위해 더 귀하게 쓰임 받게 되실 줄 믿습니다.

희미하게 알았던 복음을 확실히 알았습니다

김경천 목사 (상록교회 이단상담소 팀장)

저는 JMS의 초창기 멤버로서 30년 동안 JMS이단의 앞잡이 노릇하다가 마침내 하나님의 은혜로 탈출에 성공한 김경천입니다. 저는 모태신앙이었고 교회를 열심히 다녔던 사람이지만 정명석을 메시아로 믿고 따른 이유는, 성경을 2,000번 읽었다고 하면서 성경을 비유로 해석해야 한다는 말에 속아서였고, 정명석의 기적들과 각종 영적 현상, 신비주의적 체험을 믿을 수밖에 없어서였습니다.

정명석의 계속되는 성 행각에 대해서도 이미 알고 있었음에도 불구하고 그는 메시아이기 때문에 세상 법으로 따져서는 안 된다고 생각했었습니다. 그렇게 믿어야 내가 구원받고 의인되는 줄 알았습니다. 그러다가 그의 역사론 교리와는 다르게 성범죄로 10년형이 떨어지는 것을 보고, 이상하다고 느끼기 시작했고, 일반교회를 둘러보면서 그동안 이단교리로 마비되었던 양심이 풀어지기 시작하며 정명석의 30개론 교리가 잘못되었다는 것을 알기 시작했고, 마침내 그가 가짜라는 것을 깨닫고 나올 수 있었습니다.

제가 JMS를 이탈할 때 교리문제가 대부분 해소되었지만 그렇다고 다 해결된 것도 아니었습니다. 그렇다면 정확한 해석은 무엇인가 궁금했습니다. 그러나 답변해 줄 사람을 찾기는 쉽지 않았습니다. 대부분의 목사님들은 정명석의 30개론의 내용이 무엇인지 잘 모르기 때문입니다. 그에 비하여 진용식 목사님은 JMS의 30개론뿐 아니라 타 이단들의 교리에 대해서도 해박한 지식과 반증실력을 갖춘 분이었습니다.

결국 진용식 목사님을 만나 반증강의와 구원론을 통하여 JMS의 교리가 얼마나 잘못된 것이고 엉터리인가 확실히 알 수 있었습니다. JMS가 자랑하는 기적이나 신비주의도, 타 이단의 교주들에게서도 유사하게 발생하는 것으로서, 정명석이 그리스도라는 증거가 되지 못했습니다.

모세가 지팡이를 던져 뱀을 만들자 이집트 술사들도 똑같이 지팡이를 던져 뱀을 만들었고 모세가 행하는 기적의 대부분을 따라 했습니다. 그리고 마태복음 24:24의 "거짓 그리스도들과 거짓 선지자들이 일어나 큰 표적과 기사를 보여 할 수만 있으면 택하신 자들도 미혹하리라"고 하였는바, 얼마든지 가짜들도 큰 표적과 기사를 행할 수 있다는 것이 가능한 일이고 그와 같이 정명석 주변에서 발생하는 기적이나 영적 현상들에 대해서도 마찬가지라는 것을 깨닫게 되었습니다.

정명석의 가르침을 대충 소개해 본다면 다음과 같습니다. 과거의 모든 죄를 지우개로 글씨를 한 글자 한 글자 지우듯, 깊이 기도하여 하나하나 다 회개해야 한다, 예수님의 십자가 사건은 기독교인들의 영만 구원한 것이고, 그래서 기독교인들은 잘 믿어봤자 낙원밖에 가지 못하고, 재림주로 온 자기를 믿고 그 말씀을 완벽하게 실천해야만 천국에 들어갈 수 있다, '천국은 완벽한 곳이므로 완벽한 사람만 들어갈 수 있다, 점도 없고 흠도 없어야 한다'입니다.

정명석의 가르침은 아주 강한 율법주의와 금욕주의적 설교들이었습니다. 그의 설교나 강의는 주로 '이거 해라, 저거 하지 말라'는 완벽을 추구하라는 설교들이었기 때문에 그런 설교를 듣게 되면, 어딘가 무겁고 항상 죄인이고, 뭔가 크게 실적을 내야 하는 부담감이 늘 그림자처럼 따라 다녔습니다.

제가 JMS를 나오게 된 데는 또 다른 이유도 있습니다. JMS를 탈출할 즈음 JMS 30년을 돌아보니, 패가망신한 상태였습니다. 집도 없고, 통장에 돈도 없고, 문자 그대로 거의 알거지 신세였습니다. '내가 재림예수를 만났는데 왜 이렇게 힘들지?' 그러나 그렇게 망한 것도 지금 생각해 보면 다 하나님의 은혜였습니다. 그렇게 징계 받지 않았다면 아직도 정신 못 차리고 나오지 못했을 수도 있습니다.

거짓 그리스도들이 나타나 택한 백성이라도 미혹할 것이라고 하였는데, 저도 택한 백성이었지만 이단에 미혹되어 우상숭배하자, 사도 바울의 "다른 복음을 전하면 저주를 받으리라"(갈 1:7)는 말씀대로 저주를 받았던 것입니다.

제가 JMS에 들어간 것도 사실 예수님 잘 믿기 위함이었고, 구원 받고 싶어서 들어갔고, 죄 사함 받고 싶어서 들어갔고, 천국 가고 싶어서 들어갔고, 성경 확실히 알고 싶어서 들어갔던 것입니다. 그러나 30년을 추종한 결과는 전부 반대였습니다. 예수님과는 멀어졌고, 성경의 기록은 불신하게 되었고, 죄의식과 불안감은 더 고조되어 있었습니다.

이제 진용식 목사님을 만나 구원론을 듣고 그동안 희미하게 대충 알았던 복음을 확실히 알게 되었습니다. 예수님께서 십자가 위에서 흘리신 피는 저의 죄를 속죄하기 위해 흘리신 피로 확실히 믿어집니다. 마음은 평화로워졌고 자유롭게 되었습니다.

"진리를 알지니 진리가 너희를 자유롭게 하리라"(요 8:32). 성경은 결국 예수님에 대해서 기록한 책이라는 사실을 알게 되자 뜻이 명료해지고 분명해졌습니다. 구원의 확신이 들자, 이제는 구원받고 싶어 하나 그렇지 못한 사람들과, 진리를 알고 싶어 하나 진리에 이르지 못한 수많은 이단자들의 영혼에 대한 책임감이 생겼습니다.

상록교회에서 날마다 이단교리를 반증하고 십자가 복음을 전할 수 있어서 행복합니다. 요즘같이 이단들이 창궐하고, 순수한 복음이 희미해지는 이때에 진용식 목사님의 이단대처 사역과 복음사역에 대한 열정은 어두운 밤에 한줄기 빛처럼 밝게 비치고 있다고 생각됩니다.

진용식 목사님의 성역 40주년과 상록교회 20주년을 축하합니다. 이 중요한 순간을 같이 할 수 있어서 행복합니다.

 ## 복음을 깨닫고 나니 세상이 다시 보였습니다

김기복(상록교회 장로)

먼저 교회도, 예수님도 알지 못했던 저에게 진용식 목사님을 만나게 해 주신 하나님께 감사드립니다. 더불어 상록교회 설립 20주년과 진용식 목사님 목회 40년을 기념하는 행사를 앞두고 이렇게 간증하게 하신 하나님 아버지께 감사드립니다.

1999년 4월은 제게 잊을 수 없는 날입니다. 불신자였던 저에게 청천벽력과 같은 일이 일어났습니다. 너무나 큰 위기의 시절이라 그 시간을 잊을 수가 없습니다. 저는 서울 도봉구에 살고 있었고 두 자녀를 둔 사람으로 전혀 신앙하고는 무관한 사람이었습니다. 모태신앙으로 믿음생활을 해오던 아내가 어느 날부턴가 성경공부를 열심히 하는 것을 보고 저는 고맙다고 하면서 행복해 했습니다.그런데 이상한 행동이 눈에 띄었습니다. 당시 비디오 가게를 2곳을 하고 있었는데 자꾸 아르바이트 학생에게 일을 맡기고 자리를 비우는 것이었습니다.

어디 다녀왔느냐고 물으면 얼버무리며 거짓말을 자꾸 하길래 "이상하다 뭔가 있다" 생각하며 살다가 어느 날 가방을 뒤져보니 안상홍을 찬양하는 찬송가와 장길자라는 여자 사진이 나왔습니다. 도대체 이게 뭔가 해서 알아보니 '안상홍증인회'(지금은 하나님의교회)라는 것을 알게 되었고 그때부터 가정에는 매일 싸움이 시작되었습니다.

제가 사이비 종교다라며 다니지 말 것을 권유했는데도 아내는 오히려 성경대로 하는 교회라면서 당당하게 교회에 가는 것이었습니다. 꼭 뭐에 홀린 사람처럼 죽을 각오로 교회에 열심히 나갔습니다. 제게는 성경도 모르면서 화를 낸다며 오히려 저를 공격하는 것이었습니다.

저는 성경도 모르고 교회도 모르기에 대응할 수가 없어서 주위에 여러 교회에 도움을 청하기 시작했습니다. 그러나 교회에 다니지 않는 저와 다를 게 없었습니다. 교회 목사님들도 당시엔 안상홍증인회가 뭔지 잘 알지 못했습니다. 오히려 저에게 어떤 곳이냐면서 묻는 분도 계셨습니다. 어떻게 해야 한다는 구체적 방법을 말하기보다는 기도해주겠다고만 해서 오히려 힘만 더 들었습니다.

큰 교회를 가 봐도 여러 목사님들을 만나 보아도 천주교에 가 봐도 안상홍증인회를 잘 몰랐습니다. 그러던 중 TV방송에서 1999년 12월 31일 Y2K종말 컴퓨터 오작동으로 핵이 폭발해서 세상은 끝난다는 방송을 본 게 기억나서 방송국에 전화상담 했더니 담당PD가 진용식 목사님 핸드폰 번호를 알려줬습니다.

　도저히 희망이 없던 저에게 상담 목사님의 전화번호가 생겼으니 세상을 다 얻은 기분이었습니다. 진용식 목사님을 만나기 위해 저는 서울 강북에서 전주에 있는 성산교회로 찾아가 상담을 시작했습니다. 아내는 상담할 때는 진 목사님이 맞다며 잠깐 돌아왔습니다. 그런데 하룻밤을 자고 나면 달라졌습니다. 또다시 안상홍증인회가 맞다는 겁니다. 속이 너무 상해 당시에 저희 부부는 허구한 날 싸웠습니다.

　상담을 몇 번 하고 나서 서울로 올라왔는데 제 아내는 그래도 안상홍증인회가 맞다며 고집을 피웠습니다. 상식이 통하지 않고 오직 잘못된 교리에 충실하며 가정을 등한히 하는 사람과 살 수 있겠습니까? 종말이 곧 온다며 죽기 살기로 그 곳으로 가려는 아내를 바라보며 저는 날이면 날마다 한숨만 쌓여 갔었습니다.

　다른 방법이 없었으니까요. 저도 지쳐버려 며칠이 지난 후 이혼을 해야겠다 생각하며 정리 중에 있을 때였습니다. 갑자기 제 아내가 진용식 목사님을 만나고 싶다고 했습니다. 다시 전주로 내려가 진 목사님을 만나서 교리 공부를 했는데 그제서야 아내는 잘못된 것을 확인하고 회심하게 되었습니다. 회심하지 않았다면 지금은 남이 되었겠지요.

　그날 진용식 목사님을 만나 상담받고 교리적으로 잘못됐다는 것을 깨닫더니 눈물 흘리며 돌아오더군요. 그곳에서 배운 게 모두 잘못됐다는 것을 말하며 저에게 미안하다고 참고 기다려줘서 고맙다고 눈물 흘리며 용서를 구하더군요.

　이단에서 돌아와서 제 아내는 예배드릴 때마다 말씀을 들으며 눈물을 흘리는 모습을 옆에서 지켜보았습니다. 잘못 배운 것들을 확인

하고 또 확인하며 공부하고 성경을 보며 확인하고 했던 지난 시간들이 생생히 생각납니다. 그런데 상담 과정에 저에게도 큰 변화가 생겼습니다. 교회를 나가지도 성경을 알지도 못하던 제가 아내가 상담하는 과정에서 진용식 목사님의 강의를 들으며 조금씩 성경에 눈을 뜨기 시작했습니다. 성경 말씀이 재미도 있었고 호기심도 생겨서 성경을 읽으며 예수 그리스도의 은혜와 사랑을 알아가게 되었습니다.

그러던 어느 날 상담 받고 돌아온 분들과 함께 진용식 목사님의 구원론을 듣게 되었는데 깜짝 놀라지 않을 수 없었습니다. 인류의 모든 죄를 속하시려고 하나님께서 친히 이 땅에 인간의 모습으로 오셔서 십자가에서 죽으시고 삼일 만에 부활하사 우리에게 산 소망이 있게 하셨습니다.

"그분은 근본 하나님의 본체시나 하나님과 동등됨을 취할 것으로 여기지 아니하시고 사람의 모양으로 나타나사 자기를 낮추시고 죽기까지 복종하셨으니 곧 십자가의 죽으심이라 이러므로 하늘에 있는 자들과 땅에 있는 자들과 땅 아래 있는 자들로 모든 무릎을 예수의 이름으로 꿇게 하시고 모든 입으로 예수 그리스도를 주라 시인하며 아버지 하나님께 영광을 돌리게 하셨느니라." 성경의 이 말씀은 저에겐 놀라움과 큰 감동이었습니다.

진용식 목사님의 구원론을 들으며 구원이 뭔지 예수님이 왜 이 땅에 오셔서 십자가에 달려 죽으시고 삼일 만에 부활하여 하늘로 올라가셨는지를 깨닫고 나니 세상이 다시 보였습니다. 예수 그리스도께서 나의 죄를 위하여 한 영원한 제사를 단번에 드리시고 영원한 제사장으로 영원히 계시는 예수 그리스도의 사랑에 감사하며 살아가고 있습니다. 왜 기독교인들이 교회에 가며 믿음생활을 하는지 알게 되었고 우리 가족 모두가 구원론을 들으며 구원의 확신 속에 살아갈 수 있도록 저와 저희 가족 모두를 믿음 안에 거하게 하신 하나님께 감사드립니다. 믿지 않던 저에게 구원의 복음을 알고 깨닫게 하시고 지금까지 말씀에 적용하는 삶을 살아올 수 있도록 영적으로 육적으로 많은 도움을 주시고 믿음의 본을 보여주셔서 제가 믿음을 가지고 살아가게 하시고 또한 영광스러운 상록교회 장로로 섬길 수 있도록 인도해주신 진용식 목사님께 너무 감사드립니다.

사업도 가정도 모든 것이 무너져 회복할 길이 없었는데 나를 인도하시는 하나님의 은혜 가운데 믿음의 가정을 세워주시고 한 걸음 한 걸음 인도하사 저에게 사업도 주시고 믿음으로 살아가게 하신 하나님께 무한한 영광을 돌립니다.

주 예수 그리스도의 은혜가 풍성히 넘치는 성도 여러분의 삶이 되기를 간절히 기도합니다. 부활이요 영원한 생명 되시는 예수 그리스도의 이름을 찬양하며 경배드립니다. 아멘.

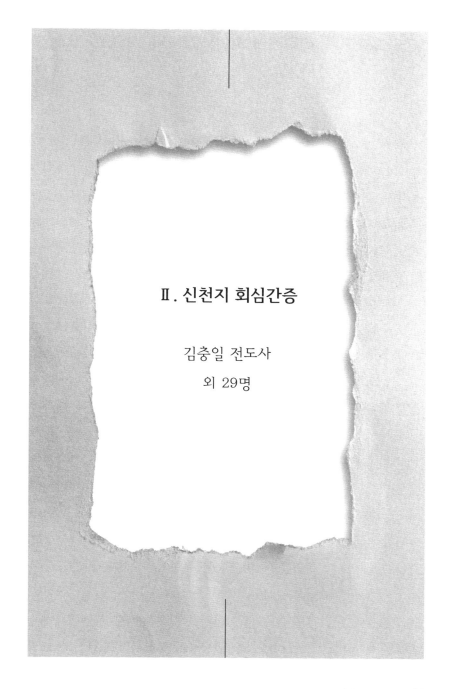

Ⅱ. 신천지 회심간증

김충일 전도사

외 29명

🌱 폭행 테러 계획하다 회심했습니다

김충일

저는 2005년부터 2010년까지 약 6년간 신천지에서 활동하다가 상록교회를 통해 회심하였습니다. 많은 사람들이 이단에 빠졌다고 하면 제대로 된 신앙교육을 받지 않았을 것이라고 생각하지만 저는 장로교 합동교단에서 목회하시는 부모님을 통해 모태신앙으로 살아왔고, 학창시절에는 큐티 동아리 회장으로 활동하는 등 나름대로 신앙에 열심이 있었습니다.

수능시험을 마친 2004년 12월경, 입학 예정이던 한동대학교의 선배를 소개받아 성경공부를 시작하게 되었습니다. 그러나 나중에 알고 보니 그것은 신천지의 교리를 가르치는 공부였습니다. 나름대로 열심히 신앙생활을 해왔던 저였지만 처음 신천지를 접하게 되었을 때 이를 분별하기는 매우 어려웠습니다. 오히려 체계적이고 매우 성경적이라는 생각을 하며 수개월 배움을 이어나가는 동안 저는 어느새 신천지 사람이 되어있었습니다. 이후 6년간 저는 진리를 찾았다는 감격에 젖어 신천지에서 요구하는 모든 모임과 예배와 봉사 및 전도활동에 열심히 참여하였고 이를 삶의 최우선 순위로 두었습니다. 당연히 학생의 본분인 학업과는 멀어져 갔고 휴학도 하게 되었으나 부모님을 속이며 신천지 활동에 열중하며 전 과목 F학점을 맞기도 하였습니다.

그러나 저는 오직 신천지에 진리가 있다는 생각에 전혀 개의치 않았고 오히려 나의 중요한 것을 신천지를 위해 희생했다는 생각에 만족감을 느끼기도 했습니다. 특전대 팀장과 포항지역 청년부 전도 교육 및 업무를 책임지는 복음방 교관으로 지내며 수개월간 하루 평균 3시간 정도만 자기도 했으나 제가 신천지에서 탈퇴하던 날까지 이러한 삶을 매우 당연하게 여기며 살았습니다.

건축이나 신천지 교육장소인 센터설립 등 건축 관련 업무가 추가되면 온종일 전도 업무 외에 공사 일에 투입되어 늦게까지 막노동을 하기도 합니다. 지금 생각해보면 돈 한 푼 받지 않고 노예보다도 못한 생활을 이어갔던 것 같습니다. 그럼에도 불평 없이 오히려 보람을 느끼며 하루하루를 보낸 까닭은 그것이 하나님을 섬기는 올바른 도리라고 믿었기 때문입니다.

신천지에서는 몸이 다치거나 아프면 그것마저 죄로 여겼습니다. 실제로 신천지에서 "아픈 것도 죄다"라는 말들을 많이 들었고 또 같은 말로 가르치기도 하였습니다. 왜냐하면 아프면 하나님의 일을 할 수 없기 때문입니다. 실제로 2010년 3월의 어느 날, 신천지 활동을 하던 중에 교통사고로 몸이 다쳐 입원을 해야 하는 상황에 처했던 적이 있었습니다. 새벽까지 신천지 업무를 보다가 늦게 오토바이를 타고 집으로 돌아가는 길에 사고를 입어 왼쪽 다리에 커다란 타박상을 입고 반 깁스를 하였고, 헬멧을 쓴 채로 얼굴이 땅에 쓸려 얼굴이 타박상과 함께 퉁퉁 부어 있었습니다.

그러나 의사의 만류에도 불구하고 다음날부터 바로 목발을 짚고 전도활동을 다녔습니다. 매일같이 아픈 것이 죄라고 가르쳤던 제가 다쳤다는 이유로 병원에 입원한다는 것이 스스로 용납되지 않았고 전도책임자로서 임무를 다하지 못하고 병원에 입원해 있으면 담임강사로부터 듣게 될 질책의 말들이 두려웠기 때문입니다.

하지만 무엇보다도 하나님께 인정받지 못한다는 두려움이 더 컸던 것 같습니다. 당시의 저에겐 열매 맺지 않는 나무는 찍어 버려질 것이라는 두려움과 하나님께 인정받고자 하는 목마름이 매일의 삶을 살아가는 동력이었습니다.

그러던 중 우려하던 일이 벌어졌습니다. 학교의 교목실에서 신천지 활동을 하던 저의 정체를 인지하고 부모님께 연락을 드린 것입니다. 그렇게 학교를 휴학하고 부모님이 계시는 시골로 내려간 저는 부모님과 신천지 믿음을 지키기 위한 싸움을 시작하게 되었습니다. 당시의 저는 신천지를 버리느니 차라리 부모님과의 관계를 끊는 것을 선택할 만큼 신천지에 미혹되어 있었고 6차례나 가출을 시도하였습니다.

이 기간은 부모님뿐만 아니라 저에게도 역시 끔찍하고 답답한 시간이었습니다. 부모님과의 갈등보다 더 힘들었던 것은 신천지 활동을 할 수 없는 상황이었습니다. 저는 이 상황에서 벗어나 신천지 활동에 전력 할 수 있게 해달라고 매일 기도했습니다. 그러던 어느 날 다대오 지파의 섭외부장을 통해 한 가지 특명을 받게 되었는데 내용은, 상록교회 진용식 목사님을 폭행 테러하고 상담사역을 방해하는 것이었습니다. 저는 폭행을 해야 한다는 것은 내키지 않았지만 당시 저의 상황에서 신천지를 위해 일할 수 있도록 하나님께서 기도응답을 해주신 것으로 착각하며 감사했습니다.

실제로 저는 수차례에 걸쳐 상록교회에 찾아가기도 하고 목사님의 세미나에 참여해 난동을 부리기도 하는 등 테러를 시도하였습니다. 그러나 지금 생각하면 정말 다행스러운 것은 저의 시도가 매번 실패하였다는 것입니다. 아마 하나님께서 목사님과 저를 보호하신 것이 아닌가 생각합니다. 그때 제가 테러까지 감행했었다면 원활히 상담교육을 받고 회심하기는 어려웠을 것입니다.

한번은 진용식 목사님이 저의 모교인 한동대학교에 이단 세미나를 인도하러 오셨을 때입니다. 당시 정보를 입수한 신천지에서는 목사님을 향한 테러 작전을 세웠습니다. 원래 계획은 공개적인 자리에서 폭행하여 창피를 주자는 것이었으나 계획적인 범행이 알려지면 처벌이 무거울 수 있으므로 세미나 중에 신천지인 임을 밝히고 공개토론을 요청, 언쟁 중에 우발적으로 폭행하는 계획으로 바꾸게 되었습니다. 그러나 토론은 커녕 사람들에게 가로막혀 질질 끌려 나가게 되었고 그 와중에도 뿌리치고 달려 나가 주먹과 발길질을 하였지만 가까이 있던 사람들로 인해 실패하게 되었습니다. 물론 그때 일로 학교에서 제적을 당하기는 하였지만 당시 경찰서에서 조사 받을 때에 진용식 목사님께서 담당자에게 전화하여 선처해 줄 것을 부탁하셔서 벌금도 물지 않고 풀려나게 되었습니다. 그때는 막상 목사님에 대해 '사탄의 자식이 왜 저런데?'라는 의아한 마음을 품기도 했지만 지금 돌아보면 이 일이 차후 목사님에 대한 잘못된 인식을 바꾸는 계기가 되었던 것 같습니다.

그 후에도 진용식 목사님에 대한 몇 차례의 테러 시도가 있었으나 모두 실패로 그쳤고 부모님과는 끝이 날 것 같지 않은 싸움이 이어졌습니다. 당시 부모님께서 어떤 방법도 통하지 않자 답답한 마음에 제 앞에서 칼을 들고 위협하신 적도 있었습니다. 신천지에서는 이 이야기를 듣자 다음에 또 그러시면 칼을 들고 있는 아버지의 손을 붙잡고 스스로 찔리라고 조언했습니다. 칼에 찔리면 부모님이 병원에 데려갈 것이고 칼에 찔린 상처는 의사가 의무적으로 경찰에 신고하게 되어있으니 이를 빌미로 하여 법적 접근금지 처분을 받아 부모님의 방해 없이 신천지 활동을 하자는 것이었습니다. 지금 생각해보면 신천지는 저 한 사람을 귀하게 여기기보다 신천지 일을 위한 도구로 여기고 있었음을 여실히 보여주는 사건이었던 것입니다.

저의 부모님은 심신이 지칠 대로 지쳐가면서도 절대 저를 포기하지 않으셨고 마지막으로 "상담소에서 상담교육만 받는다면 이후에는 너의 원대로 해 주겠다"라며 저를 설득하셨습니다.

상담을 하면서도 고집불통에 듣는 것에도 둔하고 교만했던 저는 몇 주가 지나가도 신천지가 틀렸다는 것을 인정하지 않고 버텼습니다. 오히려 상담하시는 분들 앞에서 왜 신천지가 옳은지 내가 가르쳐주겠다면서 펜을 빼앗아 신천지의 강의를 하기도 했습니다.

그러나 시간이 흐르면서 스스로 억지스러운 변명을 늘어놓고 있다는 것이 느껴지기 시작했습니다. '신천지 말씀에 일점일획의 오류라도 있다면 내 목을 걸겠다'고 자신하던 저도 '신천지가 틀렸을 수도 있겠구나'라는 생각을 하게 되었습니다. 그 다음날엔 고대하던 진용식 목사님이 반증교육을 위해 오셨습니다. 원래 진용식 목사님을 만나면 주위의 머그잔이라도 들어 폭행을 할 계획이었으나 신천지에 대한 불신감이 들어오면서 목사님을 폭행하는 것이 갑자기 두려워졌습니다. 신천지가 틀렸다면 저의 행동은 하나님의 일이 아닌 그저 흉악한 범죄에 불과했기 때문입니다.

우선 강의를 들으며 테러 여부를 결정하리라 생각하며 강의에 임하였고 시간이 흐를수록 저의 잘못된 신념은 하나씩 깨져가기 시작했습니다. 그날 말씀을 통해 제가 회심하지 않았더라면 저는 폭행죄로 구속되고 목사님께서도 크게 다치셨을 것입니다. 잘못된 믿음으로 하나님을 대적하던 때조차 저를 보호하신 하나님께 영광을 돌립니다.

교육은 일사천리로 진행되었습니다. 다만 신천지가 틀렸다는 것을 깨닫고 복음의 말씀을 들은 후에도 저는 다시 믿음을 가질 용기가 생기지 않았습니다. 구원을 받는 것이 그렇게 쉬운 일인지 의문이 풀리지 않은 채 오히려 신앙을 버리고 내 마음대로 살아야겠다고 마음먹었습니다. 한번 잘못된 믿음으로 크게 데이고 난 터라 다시 무언가를 믿고 신앙을 갖는다는 것에 자신이 없었고 그때까지도 신천지에서 믿던 하나님에 대한 오해가 풀리지 않아 하나님께 다가가기도 두려웠습니다.

그렇게 수개월을 방황하며 지냈던 저는 교회에 가더라도 상담해주신 분들과 마주치기를 꺼려했습니다. 그러나 상록교회에 갈때마다 그들은 저를 매우 따뜻하게 맞아주었습니다. 특히 제가 버릇없이 반말하며 힘들게 했던 배경숙 권사님은 제가 신천지에서 이탈한 것만으로 너무 기뻐하시며 볼 때마다 따뜻하게 안아주시고 무엇이라도 주고 싶어 하셨습니다. 아직도 제 손에 자주 쥐어주시던 어린이용 영양 캐러멜이 생각납니다. 시간이 지나도 변함없는 이분들의 모습을 보며, 이분들이 믿는 하나님이라면 나의 과거 잘못을 무작정 벌하시지는 않을 것이라는 마음이 들었고 점차 하나님께 나아 갈 작은 용기가 생겨났습니다.

들었던 복음의 말씀을 기억하며 하나님께 회개하며 기도하는 순간 제 눈에서는 눈물이 멈추지 않고 흘러내렸습니다. 하나님께서 마치 "내가 이미 다 용서하고 기다리고 있었단다"라고 말씀하시는 것 같았습니다. 〈누가복음 15장〉의 '잃어버린 둘째 아들' 이야기가 저에 대한 말씀처럼 느껴지며 그동안 들었던 구원론의 말씀들이 모두 믿어졌습니다.

하나님께서 저를 흉악한 신천지에서 건지신지도 어느덧 9년이 되어갑니다. 더불어 한때 흉악한 대적자였던 저를 부르셔서 신학을 공부하게 하시고 상록교회에서 사역하게 하셨습니다. 지금 저는 벌써 3년째 상록교회 이단상담소에서 과거 저와 같은 처지의 사람들을 회심시키고 있습니다. 또한 상록교회의 귀한 청소년들과, 이단에서 회심한 새신자들을 맡아 섬기고 있습니다.

태초부터 저를 택하셔서 구원하시고 지금까지 인도하셨으며 앞으로도 인도하실 하나님께 찬송과 영광을 올려드립니다.

🌱 상담소에 가서 반드시 승리하리라 마음먹었는데…

이문지 (가명)

먼저 지금까지 인도해주신 하나님과 상록교회에 감사를 드립니다. 저는 지금으로부터 약 4년 전, 풋풋한 새내기 대학생이 되어 입학하기 한 달 전 즈음에 한 여성으로부터 연락을 받았습니다. 그녀는 저에게 대학 학과추천을 받았으니 멘토링을 받을 수 있는 기회라 얘기했고 저는 흔쾌히 수락하게 되었습니다. 멘토링은 한 교사와 한 잎사귀(신천지 신입회원 관리자)와 함께 먼저 자신을 알아보는 프로그램으로 시작했습니다.

저는 이 프로그램을 진행하는 과정에서도 한 치의 의심도 하지 않았고, 모태신앙이었던 저는 성경을 배울 수 있다는 사실에 좋아하며 자연스럽게 복음방까지 가게 되었습니다. 지금 생각하면 그들에게 저는 상대하기 너무 편한 사람이었을 것입니다.

신천지 입교 전 마지막 단계인 센터에 들어갈 즈음에 교사님은 갑작스레 타지로 장기간 출장을 가야해서 가르쳐주기가 어려워졌다며 이 복음방을 배우는 사람들이 모여 배우는 곳이 열릴 예정인데 거기서 배우는 게 도움이 더 될 것이라며 자기 제자들이 거기 가서 뽐내주면 든든하겠다고 하였습니다. 그땐 아무것도 몰랐지만 센터를 보내기 위한 그 출장은 당연히 새빨간 거짓말이었겠죠.

센터는 월요일부터 금요일까지 가야 하기에 대학생인 저는 마음의 부담이 컸었습니다. 그러나 주말반도 있을 수 있다는 말에 주말이라면 가능하다고 말했고, 4월 중순부터 주말센터를 진행했습니다. 센터 시작이 4시였는데 토요일엔 제시간 맞춰 가고 주일엔 부모님과 다니던 교회가 3시에 마치므로 아버지께 학교 행사준비 한다고 거짓말을 하여 대학교 앞에서 내려주시면 다시 택시를 타고 센터까지 가는 방법으로 별 탈 없이 배움을 지속할 수 있었습니다. '교단'에 대해서 무지했던 저는 나중에 신천지라는 것을 알았을 때도 그것이 이단이라는 것을 인식하지 못했고 그곳에서 가르쳐주는 성경말씀이 맞다는 생각에 그들의 오픈에도 오히려 감사함을 느꼈습니다.

초등부터 고등시험까지 열심히 공부해 올백을 맞은 저는 마침내 그해 10월말에 입교하여 2개월 만에 구역장 사명을 맡았고 21살이 되던 해부터는 중간관리 복음방 교사를 하며 약 1년간 많은 대상자를 만났습니다(사실 교사하기엔 어린 나이였지만 외모적으로는 27살 대상자까지 감당이 가능했습니다). 그러나 저에게도 핍박이라는 시련이 닥쳤습니다.

21살이던 해 12월, 모임 때마다 적어놓은 전달사항과 조회말씀이 적힌 노트를 가방에 넣고 집에 가져갔다가 어머니께서 발견하시고 저에게 "이건 뭐냐? 어디서 말씀 공부하는 것이냐?"라고 물어보셨습니다. 저는 제 이름도 적혀있는 자료에 대해 어떤 거짓말도 못한 채 신천지를 다니고 있다고 얘기했습니다. 그때부터 가족들과의 갈등이 심해지기 시작했습니다. 아버지께서는 여러 교회를 다니며 자문을 구하시는 등 신천지에 대해 여기저기 많이 알아보시고 그곳은 정말 지옥 같은 곳이라는 것을 알게 되며 저를 어떻게든 빼내겠다는 마음으로 저와 엄청 싸웠습니다. 심지어 어머니 생신날, 케이크로 생신축하를 해드리다가 아버지와 다툼이 일어났고 아버지는 너무 화가 나신 나머지 케이크가 있던 상마저 엎어버리기에 이르렀습니다. 저는 어머니 생신날 그런 행동을 하신 아버지에게 너무 화가 났습니다.

그 후부터는 아버지와 단 한마디도 섞지 않았고 어머니는 늘 아버지와 저의 연결고리 역할을 하셨습니다. 저는 매일 아침 일찍 나가서 밤에 오며 신천지 활동 또한 게을리 하지 않았습니다. 물론 부모님께서는 저를 상담을 받게 하실 수도 있었겠지만 당시에 군입대 날짜가 정해진 저를 어떻게 하시지 못하고 그저 아침에 나갔다 밤에 들어오는 저를 아픈 마음으로 지켜보기만 했습니다.

그렇게 6개월이 지나고 그 해 6월 22살 나이로 저는 군 입대를 하게 되었습니다. 부모님께서는 그래도 아들이라 함께 가셔서 입대하는 모습을 끝까지 지켜보셨습니다. 그 후 저는 휴가 나올 때 마다 신천지 활동에 전념하였고, 시간이 흘러 24살 되는 3월에 전역을 하자 가족과의 갈등은 또다시 시작되었습니다.

아버지는 제게 "4월까지 신천지에서 나오지 않으려면 집에서 살 생각마라. 난 널 아들로 생각지 않고 버리겠다"고 하셨습니다. 그 말을 듣고 사실 저는 집을 나가고 싶었습니다. 그러나 신천지에선 집을 나가면 신천지가 욕먹는다는 이유로 가출을 말렸고, 저는 집에서 계속 버틸 수밖에 없었습니다. 그렇게 버티고 있던 어느 날, 아버지는 직접

제 짐을 싸셨고 다신 집에 들어오지 말라며 도어락 암호를 바꾸셨습니다. 저는 집을 나가선 안 된다는 신천지 말 때문에 밤에 집에 돌아와 옥상에 돗자리를 깔고 누웠고 그 상황을 너무 슬퍼하시는 어머니는 두꺼운 코트 하나를 주시며 아버지 차량에 들어가 자게 했습니다. 그러는 중에도 저는 계속 신천지에 다니며 피드백을 받고 열심히 활동하였습니다.

저의 문제로 부부싸움을 해오시던 어머니는 "상담을 받기만 하면 넌 계속 여기서 살 수 있다"며 저를 설득하셨지만 말을 듣지 않는 저를 보며 베란다에서 뛰어내리려는 극단적인 행동을 보이셨습니다. 그런 어머니를 말리며, 저는 어머니가 죽고 싶을 정도로 힘들다는 것을 느꼈고 저의 행동여하에 따라 어머니에게 어떤 일이 생길지도 모른다는 생각을 하게 되었습니다. 염려와 두려움으로 저의 마음은 흔들리기 시작했습니다. 결국 어머니께 "상담 받으러 가겠다"고 하였고 어머니는 그때부터 마음이 많이 놓이셨는지 "정말이냐? 고맙다"며 우셨고 저도 눈물을 흘렸습니다.

다음날 아침 그 얘기를 들은 아버지는 당장 직장 휴가를 쓰고 저를 차에 태워 서울로 달려갔습니다. 당시 제 가족은 상담을 예약한 상태가 아니었기에 아버지가 서울로 넘어가면서 급하게 이곳저곳 연락을 해보는 중에 상록교회에서 연락이 왔습니다. 그날 마침 예약된 분들이 오지 않아 시간이 비어 제가 상담 받을 수 있게 된 것입니다. 그렇게 상록교회로 가게 되었고 저는 내심 상담에 가서 반드시 그들을 이기리라 마음먹었습니다.

상록교회에서 첫 상담을 받으면서부터 이상하게 제 마음에 혼란이 일기 시작했습니다. 그들의 말이 다 맞는 거 같기도 하고 아닌 거 같기도 하였습니다. 그리고 둘째 날, 진용식 목사님의 특강을 통하여 제가 확신했던 신천지 교리가 모두 와장창 깨져버리고 말았습니다. 맞는 것이 하나도 없고 다 거짓이었다는 생각과 신천지 밑에서 종노릇이나 하고 있었다는 생각에 마음이 무너지고 허무해졌습니다. 그리고 앞으로 어떻게 살아야할까 라는 생각에 막막하기만 했습니다. 목사님의 특강이 끝나고 아버지와 점심을 먹으러가는 저의 얼굴에는 첫날에 없었던 웃음이 번졌고 그동안 아버지에게 느낀 감정들을 다 얘기할 수 있었습니다. 그런 저를 보시며 아버지는 눈물을 훔치셨습니다.

그 모습을 보며 저는 지나간 긴 시간동안 아버지를 많이 괴롭게 했음을 깨닫게 되었고 이제부터 더욱 잘해드려야겠다 마음먹으며 너무 죄송한 마음이 들었습니다. 그 후 저와 아버지는 많은 얘기를 나누며 몇 년 동안 보지 못한 아버지의 기쁘고 즐거운 웃음을 보았고 저 또한 그랬습니다. 또한 아버지는 제가 신천지에 빠졌다는 것을 아는 지인, 친척들에게 전화를 하며 기쁜 소식을 전하였고 결과적으로 저희가족의 화합은 더욱 단단해졌습니다. 이렇게 하여 저는 마귀의 유혹 가운데 머물다 다시금 하나님께 돌아갈 수 있었습니다.

모태신앙이었지만 평소에 신앙적 관심이 없어 독립하면 신앙생활을 하지 않겠다 생각했던 저를 하나님은 다시 돌이켜 주시고 예수님의 귀한 보혈로 저를 믿음 가운데 있도록 해주시고 참된 말씀으로 구원받게 해주셨습니다. 마귀의 유혹에 놀아났던 저를 사랑하여 주신 하나님 감사합니다. 저는 정말 기쁘고 행복합니다.

지금의 제가 있기까지 고생하신 상록교회 목사님 전도사님 감사합니다. 이젠 더 이상 미혹되지 않고 오히려 미혹된 자를 나올 수 있게 도와주는 역할을 하며 살겠습니다. 모두 감사하고 사랑합니다!

🌿 절대 못 보내줘, 우리는 너를 너무너무 사랑하니까!

박한희 (가명)

저는 신천지 인천 지역에서 2년4개월 동안 있다가 하나님의 복음을 듣고 나오게 되었습니다. 당시 22살이었던 저는 직장을 그만 둔 후 떨어진 체력을 회복하기 위해 친구랑 운동을 하며 지내고 있었습니다. 그 친구가 우연한 기회로 어떤 상담사에게 심리학공부를 배우는 중인데 진짜 실력 있고 좋은 분이라며 제게 그 분에 대한 얘기를 운동 때마다 하였습니다. 그 친구는 우연히 상담사랑 대화하다 저의 얘기를 하게 됐다며 저에 대해 궁금해 하니 저만 좋으면 상담사를 소개시켜주겠다고 했습니다.

평소 상담심리학에 관심이 많았던 저는 호기심에 만남을 갖게 되었고 그분은 자신을 프리랜서 상담사라 소개하면서 청년들에게 유용한 프로그램이 있으니 참여해보라며 권했습니다. 저는 그 프로그램을 통해 상담사분께 말하기 힘든 개인사를 털어 놓았는데 난생 처음 받아보는 위로를 경험하였습니다. 그 후 그분과 신뢰가 쌓여 갈 즈음 상담사는 저에게 "사실 난 기독교인인데 성경을 통해서 불우한 삶을 회복했다"며 성경은 지혜로운 책이니 저도 성경을 더욱 알아 더 나은 삶을 살아가길 권유했습니다.

너무나 신기했던 것은 상담사를 만나기 며칠 전 제 책상에 있던, 작은 이모가 선물해준 성경을 봤는데 그 성경으로부터 빛이 반짝반짝하는 신기한 광경을 목격했었습니다. 그 이후 성경이 머릿속에서 떠나질 않았는데 그런 불가사의한 일 후에 성경을 제안 받으니 이거 뭔가 하나님의 뜻인가 싶어 별 의심 없이 배우기 시작했습니다.

첫 수업 때 상담사는 제게 소개시켜 줄 아이가 있다며 "너보다 한 살 어린 내 제자가 있는데 배우는 진도가 같으니 함께 배우라"고 하였습니다. 그 동생은 작가 지망생인데 우연한 기회로 상담사를 만났고 또 성경에 대한 갈급함이 있다는 부분이 저랑 비슷해 금세 친해졌습니다. 하지만 나중에 알고 보니 그 프리랜서 상담사는 지파에서도 알아주는 복음방 교관이었고, 그 동생 또한 저를 관리하려고 붙인 섬김(잎사귀, 신입회원관리자)이었습니다. 제가 배운 성경공부는 센터 전꼭 거쳐야 하는 복음방이었습니다.

그렇게 한 달이 되었을 때 교사님은 자신이 아는 유명한 서울 신학대 교수님이 있다며 만나게 해주었는데 그 교수는 이번에 성경을 알고 싶어 하는 신앙인 대상으로 학원을 여는데, 운 좋게 두 자리가 남아 무료로 들을 수 있다며 유익한 시간이 될 테니 꼭 들어보라고 강조하였습니다. 평소 운이 없던 저는 '이게 웬 럭키야!' 하며 바로 센터까지 들어가게 되었습니다.

센터에서 비유를 배우는데 정말 달콤했습니다. 딱딱 맞아 떨어지는 말씀에 큰 매력을 느꼈고 성경에 무지했기에 금세 빠져들게 되었습니다. 모르는 게 있으면 저녁까지 보충수업을 할 만큼 열심히 공부했습니다. 그로부터 3개월 후 강사님이 저와 섬김이만 따로 불러서 "이제 밝힐 때가 왔다"며 이긴 자가 있는 시온산 즉 〈계 21장〉의 새 하늘 새 땅 신천지를 오픈하였습니다.

그 말을 들은 전 혼란스러웠습니다. CBS에서 방송한 신천지에 빠진 사람들의 일부를 봤기 때문인데, 직접 보니 방송처럼 나쁜 곳은 아닌 듯해서 고민이 되기 시작했습니다. 강사님은 그건 사실이 아니라며 정 의심되면 남은 3개월의 수업도 다 들어보고 그래도 세상이 손가락질 하는 이단 같으면 나가도 붙잡지 않겠다고 하셨습니다.

결국 저는 남은 3개월의 기간 동안 완전히 미혹이 되었고 오늘날 이만희 씨가 보혜사라는 거짓말을 진실로 받아들이게 되었습니다. 그후 저의 본격적인 신천지 생활이 시작되었습니다. 하지만 저는 처음부터 열심인 신앙인은 아니었습니다. 무신앙자이기도 했고, 무엇보다 세상과 너무 다른 신천지 문화에 적응을 못하여 반년이란 기간을 유약자로 지내며 방황했습니다. 그렇게 신천지 생활에 회의감을 느낄 때쯤 이런 저의 상태를 아신 교사님이 저를 따로 불러서 혼내셨습니다. 신천지 나가면 지옥이라며 센터 청강을 권유하셨고 믿음은 들음에서 나니까 청강하다 보면 믿음이 생겨날 거라고 말씀하셨습니다.

지옥으로 떨어지는 게 두려웠던 저는 바로 청강과 동시에 섬김이를 하게 되었고, 재 청강을 통하여 신천지에 대한 깊은 믿음이 생겨났습니다. 그 이후로는 억지로 하던 전도를 자원해서 하였고, 교회 활동도 열심히 하게 되었습니다.

열정적으로 전도하고 있던 2018년 1월, 이만희씨가 마태지파에 급방문했습니다. 자주 있는 방문이 아니기에 두근거리는 마음으로 예배 말씀을 듣는데 갑자기 분위기가 험악해졌습니다. "마태 지파는 땅이 이렇게나 좋은데 왜 아직 1만2천도 못 채우냐?"며 "마태지파는 쓰레기다. 전도 못하면 쓰레기통이나 다름없다."며 인 맞은 144,000명 완성하는 내년까지 못 채우면 쫓겨나는 지파가 될 것이라고 무섭게 몰아붙였습니다. 그때까지 재미있게 하던 전도가 제게 부담이 되기 시작했습니다. 또 얼마 지나지 않아 성도들에게 각서를 쓰라고 종이를 주었는데 최소 1년에 2명 이상 전도를 약속하는 각서였습니다. 그 각서에는 약속을 못 지켰을 시 어떠한 처벌도 달게 받아야 한다고 적혀 있었습니다. 그때 저는 처음으로 제사장에 못 들어갈 수도 있겠다는 생각에 너무 두려웠습니다. 그래서 진짜 목숨을 걸어야겠구나 다짐하며 다니고 있던 직장을 그만 두고 오전 8시에 나가서 밤12시에 귀가하는 종일 활동자의 생활을 시작하였습니다.

그렇게 지내던 6월 둘째 주 일요일, 가족과 외식 후 집으로 돌아가는 길에 갑자기 차가 방향을 틀면서 한적한 고속도로에 멈춰섰습니다. 그리고 엄마는 제게 "너 신천지에 다니는 거 다 알고 있으니 상록교회로 상담 받으러 가자"고 했습니다. '강제개종이 많이 된다는 그 상록교회라니…' 저는 매우 당황했지만 금세 생각을 바꿨습니다. 이참에 제가 말씀으로 이겨서 가족을 신천지로 전도할 수 있다면 이보다 더 좋은 기회가 없다고 생각했기에 당당하게 동의서도 작성하고 자신 있게 상담소로 향했습니다. 그러나 저의 예상과는 달리 만만치가 않았습니다.

분명 신천지에서 말하기엔 기존교회는 말씀에 무지한 사람들이라 했는데 상담을 받으면 받을수록 제가 밀리는 느낌이 들어 자존심이 너무 상했습니다. '어? 내가 원하던 시나리오가 아닌데…? 왜 이길 수가 없는 거지?' 하며 이상했지만 그때는 신천지가 틀렸단 생각은 못하고 성경지식이 부족한 자신을 탓하며 자책했습니다. 최대한 꿇리지 않으려 애쓰며 저 나름대로 반증하며 버텼지만 이러다가 미혹될 수도 있겠다는 불안감으로 부모님 몰래 주변 시민들에게 SOS를 청했고 다행히 신고를 받은 경찰이 찾아왔습니다.

저는 경찰관에게 제가 있는 그곳에서 빼내달라고 간청했지만 경찰이었던 오빠와 대화를 한 경찰이 제가 아닌 가족의 편을 들며, 신천지는 문제가 많은 집단이니 가족들의 마음을 이해해야 한다며 그냥 가버리는 것이었습니다. 전 그런 경찰이 너무 분하고 야속했습니다. 이 사건 이후 아빠는 제가 도망갈 가능성이 있다는 생각에 20년 다니던 직장까지 그만 두시고 저를 지켰습니다.

상담 2주가 끝나갈 무렵, 함께 상담을 받고 돌아온 아빠가 급기야 폭발하시며 "진리가 아닌데 계속 붙잡고 있는 이유가 뭐냐?"라며 제게 상과 냄비를 집어 던지셨고 저는 그런 아빠에게 "난 아빠 엄마랑 있으면서 단 한 번도 행복한 적이 없어! 이 순간이 나에게는 지옥이고 난 무조건 천국인 신천지로 돌아갈 거야!" 소리치며 적반하장으로 맞섰습니다. 그러자 갑자기 아빠가 창문을 열고 뛰어내릴 거라며 자살 시도를 하셨고, 놀란 엄마께서 그 걸 말리는 틈에 전 이때다 싶어 맨발로 미친 듯이 도망쳤습니다. 시민에게 폰을 빌려 또다시 경찰에게 신고를 하였고, 경찰이 오는 동안 저는 이번에야 말로 부모님과 완전히 인연을 끊으리라 다짐했습니다.

출동한 경찰에게 저는 아빠가 칼로 나를 죽이려고 했다며 거짓말을 늘어놓았고 이런 적이 한두 번이 아니니 더는 가족과 살 수 없고 따로 격리시켜 달라며 간청했습니다. 하지만 경찰은 또 가족을 옹호하면서 그럼 마지막으로 오빠랑 얘기해보라며 오빠에게 전화하였고, 이미 몸도 마음도 지쳐있던 저는 오빠에게 "나 설득할 생각하지도 말고 다 필요 없다"며 바닥에 주저앉아 대성통곡했습니다.

당시 오빠는 저를 진심으로 위로해주었는데 그때 오빠가 한 말을 아직도 기억합니다. 오빠는 "너무나 미안해. 네가 이렇게 고통스러워할 줄 몰랐어. 나는 네가 상담만 받으면 돌아올 줄 알았는데 너 보니까 오빠도 힘들다. 하지만 앞으로도 미안할 것 같아. 왜냐하면 너를 보내줄 수 없기 때문이야. 네가 우리를 평생 미워하게 된다 해도 너를 지옥에 보내는 것 보단 나으니까. 우리의 희망은 상담소 밖에 없어. 그러니까 절대 못 보내줘 우리는 너를 너무너무 사랑하니까"

오빠의 이 말이 저의 마음을 움직였습니다. 이런 게 가족이란건가? 마음이 녹아내린 저는 상담을 계속 받아보겠다고 오빠와 약속하고 다시 상담을 시작하게 되었지만 여전히 신천지가 틀렸다는 것이 인정이 안 되었습니다. 그로부터 이틀 후, 상담을 맡으신 조영란 전도사님이 저에게 "하나님은 자매를 정말 사랑하신다. 진짜 신천지에 하나님이 계셨다면 절대 너를 이곳으로 보내지 않으셨을 것이다. 이 위대한 사랑을 이미 하나님께 받고 있는데 너는 왜 그걸 모르냐"고 하셨습니다. 이 말을 듣는데 너무나 가슴이 아팠습니다. 뭔가 전도사님이 아니라 하나님의 음성처럼 들렸기 때문입니다.

저는 이때 처음으로 '아… 신천지가 진리가 아닐 수도 있겠구나'라는 생각이 들었고, 그날부터 하나님께 기도했습니다. "하나님 신천지가 진리가 아니어도 좋으니 저를 진짜 하나님이 있는 곳으로 인도해 주세요"라고 매일 같이 간절히 기도 했습니다. 그 후 6일 뒤 진용식 목사님의 특강이 있었는데 "계시"라는 주제였습니다. 이만희가 하나님의 계시 받은 자가 아니라는 내용이었는데 희한하게도 그날따라 말씀이 너무 잘 들렸고 결국 수업이 끝날 때쯤엔 이만희가 거짓 목자이며 신천지가 종교 사기집단인 사실을 깨닫게 되었습니다.

신천지가 틀렸다는 걸 인정하니 한편으론 편안했지만 반면에 속고 있는 것도 모른 채 이만희 종노릇하는 신천지 사람들이 너무 불쌍해 견딜 수가 없었습니다. 저에겐 가족같이 소중한 사람들이었기에 그립기도 했습니다. 그런 저에게 상담사분들과 새로 만난 상록 청년 분들의 존재는 힘이 되어 주었고 또 구원론을 들으며 서서히 저의 마음은 치유되어갔습니다.

그럼에도 저는 행한 대로 갚아주시는 하나님이 너무 뇌리에 박혀있었기 때문에 하나님을 위해 아무 것도 한 게 없는 나 같은 죄인이 과연 구원받을 자격이 될 수 있는지 끊임없이 의심했습니다. 하지만 믿음은 들음에서 난다는 말씀처럼 계속 듣다 보니 마음이 열렸고, 또 〈롬3:24~25〉에 죄인 된 나를 대신해 예수님께서 화목제물이 되어 내 모든 죄를 씻어주시고 그로 인해 값없이 의로운 자가 되게 해주셨다는 말씀을 보고 확신하게 되었습니다. 구원은 행위가 아니라 오로지 하나님의 은혜란 사실을 성령님을 통해 깨달은 것입니다.

마지막으로 우상숭배까지 한 미련한 저를 용서해 주시고 오직 사랑으로 이단에서 건져 주신 하나님께 진심으로 감사드립니다. 그리고 정말 버릇없게 굴고 막나갔던 저를 이해해주시고 끝까지 포기하지 않으신 가족들 그리고 제 상담에 들어오셨던 목사님, 전도사님들, 간사님, 권사님 모든 분들께 진심으로 감사드립니다. 앞으로의 인생은 상록교회 성도로서 하나님이 저에게 값없이 주신 사랑을 저도 모두에게 나눠주는 하나님의 자녀가 되도록 노력하겠습니다.

🌿 저를 인도하실 것을 확신합니다

전시후 (가명)

저를 여기까지 인도해오신 하나님께 진심으로 감사드립니다. 더불어 사랑하는 부모님, 이단사역 감당하시며 참된 복음으로 많은 영혼들을 살리시는 진용식 목사님과 상록교회 모든 분들께 감사의 말씀을 드리고 싶습니다

저는 복음방부터 시작해 신천지에 1년 반 정도 있다가 올해초에 상록교회로 와서 상담을 받고 회심을 했습니다. 어린 시절 제가 처음 교회를 접하게 된 것은 그토록 좋아했던 축구 때문입니다. 중고등학교 학창시절에도 교회를 다니긴 했지만 신앙심 때문이라기보다 해외유학 생활을 하며 한국음식이 그리웠던 이유가 컸습니다. 다만 저는 항상 이 세상, 그 자연과 대지의 아름다움을 볼 때마다 이 모든 것을 만든 신이 있다고 믿고 살았기 때문에 하나님을 창조주로 받아들이는 것은 어렵지 않았습니다. 하지만 성경이나 구원에 대해서도 잘 몰랐고 이단에 대해서는 아예 개념조차 없었기에 처음 신천지가 접근했을 때도 아무런 경계심이 없었습니다.

강남으로 학원을 다니고 있을 때입니다. 당시 강남역 부근에서 어떤 사람이 다가와 자기가 대학 졸업논문을 쓰고 있다며 도형심리검사를 부탁했고 다른 문의사항이 있으면 연락하겠다고 해서 제 연락처도 남겨줬습니다. 그 후 약 일주일 정도 지났을 무렵 그가 연락을 해와 질문할 것도 있고 설문지 결과도 알려줄 겸 만날 수 있냐고 물었습니다. 저는 학원수업 끝나고 잠깐 시간이 있었으므로 별생각 없이 그와 만나 질문 몇 개만 받고 헤어졌습니다.

며칠 뒤, 그는 또 제게 연락을 해서 자기 선배가 심리치료 상담사인데 제 얘기를 듣고 한 번 만나보고 싶다고 해서 또 만나줬습니다. 그 선배라는 사람은 저와 설문지를 번갈아 보더니 저에게 대뜸 상담이 필요한 거 같다며 자기는 가끔 지인들에게 무료상담을 해주고 있는데

저에게도 상담을 해주겠다며 호의를 나타냈습니다. 마침 그때 저도 공부 때문에 스트레스 받고 심리적인 상태도 좋지 않은 상황이라 그의 제안을 덥석 받아들이게 되었습니다.

처음 며칠은 심리상담을 하는 것 같더니 어느 날 갑자기 자기는 책을 가지고 상담을 하는데 신앙심이 좀 있는 사람들은 성경을 가지고도 한다면서 그때부터 갑자기 상담이 성경공부로 바뀌게 됐습니다. 제가 이때 마침 교회를 나가지 않고 있어서 이렇게라도 성경을 읽고 하나님을 알아가야 하는 건가 싶어서 그냥 계속 진행을 했습니다. 그리고 무슨 핑계를 대면서 상담 받는 것도 입막음을 시켰습니다. 그렇게 또 몇 주가 지나고 자기가 갑자기 나를 봐줄 시간이 없다며 대신 믿을만한 사람을 소개해주겠다고 하였습니다. 그때부터 복음방 교사를 통해 복음방을 시작하게 되었고 한 달 정도 지났을 때쯤 저희 집 근처에 있는 센터에 들어가게 되면서 정식으로 신천지에 가입하게 되었습니다.

저는 그나마 다행히 다 내려놓고 올인 하지도 않았고 학업을 관두지도 않아서 신천지에서 하는 많은 활동들-전도나 봉사-을 하지는 않았지만 마태지파 축구선수로 뽑혀서 매주 마다 경기를 뛰었습니다. 그러나 144,000명 안에 들어야 하기에 학교도 작년에 1학기 마치고 휴학계도 넣었습니다. 회심한 지금 생각해보면 정말 은혜인 것이 휴학계 내고 며칠 안돼서 어머니께서 제 방에서 제가 미처 못 치운 신천지 암송성구 노트를 보시고 제가 신천지에 빠진 것을 아시게 되어 그때부터 상담을 준비하셨고 당시 신천지에서 피드백 할 때도 어쩔 수 없이 저를 2학기 복학을 시켰기에 저는 학기를 잘 마치고 방학 때 그대로 잡혀서 상록교회로 오게 되었습니다.

상담을 시작할 때 저는 물론 순탄하지 않았습니다. 처음에는 버티고 소리 지르고 우기고, 이 시간을 견디는 것이 답이라고 생각했었습니다. 그냥 눈앞에 닥친 현실을 인정하기 싫었습니다. '도대체 무엇 때문에? 그래 내 신앙 때문에!' 라는 생각을 했지만 죽을 각오로 애원하시는 부모님의 손을 차마 놓을 수도 없었고 마지못해 계속 상담소에 나왔습니다.

처음에는 듣는 체 마는 체로 자리만 지키고 있었는데 반증교육을 계속 들으면서 신천지에서 배운 교리들이 역사적으로나 성경적으로나 다 잘못됐다는 것을 깨닫고 무엇보다 이만희가 계시 받은 사람이 아니라는 것을 깨달은 순간 자신한테도 화가 났지만 그것보다 살면서 그렇게 간절하게 회개를 해본 적이 없을 정도로 하나님께 죄송했습니다.

이후 후속교육을 진행하는 과정에서 구원론을 들으면서 구원은 행위에서 난 것이 아니고 하나님의 은혜이고 선물〈엡2:8~9〉이라는 것을 알고 신천지에서 영생을 위해서 그렇게 열심을 다하는 것이 잘못된 신앙임을 다시 한 번 알 수 있었습니다. 무엇보다도 제가 하나님의 사랑을 너무도 모르고 살아왔었던 것을 깨달았습니다. 가끔은 '내가 정말 누군가에게 사랑받고 있는 것인가?' 생각 할 때가 있었고 사랑받고 있는 것조차도 못 느낄 때가 있었습니다. 하지만 구원의 확신을 얻고 나서 하나님께서 나를 지금도 사랑하신다는 것을 마음 깊숙한 곳에서 느끼고 있습니다. 〈빌2:6~8〉 말씀에 "예수님은 근본 하나님의 본체신데 오히려 종의 형체를 가져 사람들과 같이 되었고 사람의 모양으로 나타나셔서 십자가에서 죽으셨다"는 이 말씀, 우리를 만드신 창조주가 피조물인 우리를 위해서 우리의 죄를 사하시기 위해 십자가에 못 박혀 피 흘리신 그 사랑에 감사를 안 할 수가 없었습니다. 죄 많고 흠 많고 부족한 나를 하나님이 이토록 사랑하시는구나. 그래서 믿는 자들에게 구원을 선물로 주셨구나. 무엇보다 〈엡1:4~6〉 말씀에 구원받을 사람들을 창세전부터 택하시고 예정하셨는데, 나를 구원하기 위해서 25년간 제 인생을 주관하시면서 이때까지 기다려오시며 얼마나 애가 타셨을까 생각하니 그 크신 사랑에 엄청 감격했습니다.

이제 저는 하루하루가 너무나도 좋습니다. 특별한 일이 없어도 그냥 좋습니다. 세상도 더 아름답게 보이고요. 구원의 확신이 들고 가장 큰 변화가 있다면 걱정이 없어졌다는 것입니다. 물론 어떻게 먹고살아야 하는지 걱정은 아직 있지만 제 삶 자체에 대한 걱정은 크게 없습니다. 왜냐하면 저를 이단에서 건지신 이가 저를 인도 하실 것을 믿기 때문에 그리고 천국 갈 것을 확신하고 소망하기 때문입니다.

이번 일을 계기로 제가 참된 복음을 듣고 깨닫고 구원의 확신을 얻을 수 있어 너무 행복하고 감사합니다. 다만 아직 부모님께 제대로 죄송하다고 하지 못해서 이제 와서 늦게나마 말씀드립니다. 너무 죄송했고 정말 사랑합니다.

🌿 진솔한 간증을 들으며 내 마음이 요동쳤습니다

박곤이 (가명)

저는 신천지에서 4년 동안 신앙생활을 하고 상록교회에서 회심하였습니다. 저의 신천지 생활은 2012년 겨울부터 시작됐습니다. 우연히 노량진에서 자신을 사랑의교회 간사 사모라 하는 분을 만나게 되어 어떤 인터뷰를 도와주게 됐습니다. 목회자 자녀들을 위한 큐티 책을 만드는 일을 하는데 이걸 감수해 줄 사람이 필요하다 했습니다. 같은 기독교인으로 고생하는 사람을 도와줘야겠다는 마음으로 만나게 되었고 그때부터 복음 방을 시작하게 됐습니다.

철학을 좋아하고 신학에 부정적인 마음이 컸던 저는 어렵게 센터를 가게 되었고 개강 수업 때 유명한 최OO 교육장의 강의를 듣게 됐습니다. 가족에게 알리지 않고 이런 곳에 왔다는 게 마음에 찔렸지만 유명한 수련회나 가야 겨우 들을 수 있는 재밌는 말씀을 육 개월 동안 들을 수 있구나하는 기쁨과 기대가 생겨났습니다.

신천지를 깨닫고 믿게 되는 상태인 유월이라는 말이 있습니다. 저는 센터를 얼마 안다녀 궁금한 말씀을 인터넷을 찾아보다 신천지를 알게 되었습니다. 며칠 흔들리는 마음으로 무엇이 맞을까 생각했습니다. 하지만 말씀이 맞으니 하나님을 따라가는 게 옳다 마음을 먹고 유월(일반교회에서 신천지로 넘어오는 것)하여 온 사랑을 바쳐 무엇이든 열심히 하게 되었습니다. 입교를 하게 되고 저는 빠르게 신천지 생활에 익숙해져갔습니다. 몸에 생기는 암처럼 제 영혼엔 신천지라는 암이 생기게 되었고 이 일이 나를 살리는 일인 것이라 굳게 믿고 암을 열심히 키워갔습니다.

그 4년간 학교를 다니지 않아 전일사역으로 이런저런 일을 하며 그날 동안 우리에게 하나님이 함께하신다는 경험과 기적 같은 일도 겪었습니다. 교사로 한번에 3~4명을 가르쳐보기도 하고 구역장을 하며 전도와 구역원 신앙관리를 사명으로 생각해 내 삶이 아닌 남의 삶을 위해 살았습니다. 이런 경험도 해봤습니다. 제게 있는 구역원이 믿음이 약해 예배를 잘 나오지 않았습니다. 예배를 끌고 오기 위해 몇 달

동안 2시간 걸리는 집으로 가 하루 종일 기다리는 일도 했습니다. 화가 나서 속으로 욕하고 때리고 싶을 정도로 말을 안 들었지만 이 생명이 있는 신천지에서 나가지 않도록 한 영혼을 위해 희생한다는 것이 제겐 가치 있는 일이었고 또 해야 하는 일이었습니다.

전도활동비를 벌기 위해 막노동을 하며 힘들게 살았고 밥 먹듯 굶어도 참고 참았고 우리에겐 하나님이 함께한다 생각하며 위로를 받았습니다. 신천지는 제 사랑이었고 모든 것이었습니다. 상록교회에 오기 석 달 전에 과천교회 10층 성전 건축이 시작됐습니다.

공사를 하면서 마음에 많은 감동을 받았습니다. 낮은 곳에서 봉사하는 마음을 하나님이 얼마나 기뻐하실까 이렇게 힘들게 일하면 나한테 상급도 굉장히 많겠다. 일하는 기술을 배우며 옛날애기처럼 새벽에는 성전건축을 하고 낮에는 전도하러 다녔습니다. 제 손으로 진 본부성전과 센터 그리고 봉사를 하며 사랑하는 형제들과 울면서 흘린 땀은 제 자랑이었고 신천지에 대한 사랑이 가슴에 깊이 사무치는 시간들이었습니다.

그러던 어느 날 저녁, 가족과 안산으로 오게 되었습니다. 안산에서 가족과 함께 상담을 받기위해 며칠 기다리다 받게 된 상담을 통해 제가 정신 차리기 까지 한 달이 걸렸습니다. 상담 받는 첫날 교회에 들어서는 순간부터 교회에 있는 모든 것 하나하나 저주했습니다. 전부 사탄의 것이라 새벽에 청소하는 전도사님과 아침 일찍 출근하는 목사님 등 모두가 날 대적하려는 사람들이라 여기며 다 싫었습니다. 나는 옳은 신앙을 하고 있었다는 걸 인정해주길 바랐고 이 지옥 같은 상황에서 천국 가는 길은 이 싸움을 이기는 길 밖에 없다고 생각하며 버텼습니다.

많은 날을 상담하며 이젠 말씀을 지킨다기보다 내 자존심을 지키고 있었고 이젠 더 이상 버틸 자신이 없어서 신천지를 포기해야겠다 생각하게 되었습니다. 하지만 배신자가 되는 것과 내가 틀렸다는 것을 인정하는 게 두려웠습니다. 상담해주신 강사님들도 너무 지치셨고 그래서 저에 대한 교육을 중지하고 돌려보내자는 의논도 있었다고 합니다. 그러나 강사님들께서는 끝까지 포기하지 않고 제게 구원론을 들려주셨습니다. 강사님들이 구원론을 시작할 때 그저 포기하는 마음으로 앉아있었습니다. 하지만 강사님들의 진솔한 간증을 들으며 움직이지 않던 마음이 움직이며 요동치기 시작했고 점차 편안해졌습니다.

저는 이제 진정한 복음을 가진 사람으로 구원이라는 가장 큰 선물을 하나님께 받았습니다. 어렸을 때처럼 다시 가족과 함께 교회를 다니고 있습니다. 저를 위해 기도해주고 상담해주신 강사님들 목사님들을 통해 역사하신 하나님께 모든 영광을 올려드립니다. 감사합니다.

🌿 신천지는 정말 너무 많은 허점들이 있는 곳입니다

박준엄 (가명)

저는 모태신앙인으로 가족들과 함께 어릴 적에 한국을 떠나 뉴질랜드로 이민을 가게 되었습니다. 뉴질랜드에서도 가족들과 함께 같은 교회를 섬기다가 대학을 갈 때 쯤 친구들과 함께 다른 교회를 섬기게 되었던 저는 늘 뭐든지 섬기고 봉사하고 헌신하였던 사역중심적인 사람이었습니다. 이렇게 하는 것이 제 모든 것을 내려놓고 주님께 다 맡겨 드리는 것 같았고 이렇게 하면 하나님이 제 마음을 보시고 기뻐하실 거란 마음으로 즐겁게 임하였던 것 같습니다.

찬양팀 리더로, 유초등부 교사로, 청년 셀 리더로 그리고 다른 외부 단체 찬양팀들을 섬기던 저는 성경에 대한 고민이 있었습니다. 성경에 대해 구체적이라기보다는 조금 두리 뭉실하게, 아무리 읽어보려고 해도 잘 읽혀지진 않고 다른 사람들과 진지하게 말씀을 나눠도 뭔가 구체적인 구절을 대며 이야기 할 수도 없고, 예수님에 대한 좋은 소식(복음)을 나누고 싶어도 그럴 수 없었던 저는 너무 아쉬운 마음이 컸지만 그래도 부족한 저를 사용하시는 하나님을 생각하며 계속 섬기게 되었던 것 같습니다.

그러던 중 저는 부모님의 권유를 받고 잠시 일적인 문제로 한국에 나가 머물게 되었습니다. 뉴질랜드 분위기와 한국 분위기는 사뭇 달라서 적응이 잘 안되었고 빨리 돌아가고만 싶었던 즈음에 우연히 동대문 역사문화공원역을 지나고 있을 때였습니다.

어느 조그마한 여자가 "잠시만요!"하며 저를 붙잡았습니다. 뭔가 하고 얘기를 들어보니 기독교 단체에서 뮤지컬을 만들고 있는데 시민들의 얘기를 바탕으로 다른 사람들에게 힘을 주겠다는 좋은 취지였습니다. 저는 출국하기 전까지 좋은 취지로 일하는 사람들에게 도움을 줘야겠다는 마음으로 "언제든지 다음 인터뷰할 때 연락하라"라고 말하고 헤어지게 되었습니다.

그렇게 그 여자 분과 만나게 되었던 저는 결국 한국에 온 게 솔직히 몹시 불편하고 그냥 그런 마음으로 뉴질랜드로 돌아갈 시간을 기다리고 있다는 마음을 털어놓게 되었고 그분은 그런 마음으로 돌아가는 내가 매우 안타깝다며 자기가 아는 심리학 하는 언니가 있는데 한

번 만나보라고 권유하였습니다. 어차피 가는 사람이었던 저는 '별 경험 다 하네' 라는 마음으로 알겠다고 가보자고 하였습니다. 그렇게 심리학 하는 그분을 또 보게 되었고 다양한 심리학으로 제 성향을 파악하는 것에 신기하기만 했던 저는 모든 것을 털어놓게 되었고 성경에 대한 고민도 나누게 되었습니다. 결국 어떤 교수님을 소개받기에 이르러 어떤 빌딩으로 들어가게 되었습니다.

그 곳엔 어떤 중년여자 분이 계셨고 강의를 시작하는데 전혀 생소한 내용의 성경말씀에 크게 충격을 받았습니다. '난 왜 이걸 뉴질랜드에서 들어본 적이 없지?'이때 의심할 법도 했지만 성경구절을 기본으로, 성경 역사를 바탕으로 강의를 하였으므로 큰 의심은 들지 않았습니다. 신기한 생각으로 그 다음날도 가게 되었고 또 다음날도 가고… 무엇보다 성경구절을 인용해서 강의를 한다는 사실이 분명 배울 점이라고 생각했었던 것 같습니다. 그렇게 뉴질랜드로 돌아가기 며칠 전, 하나님에 대해 먼저 제대로 알고 사역을 하는 게 낫지 않겠나 하는 마음으로 뉴질랜드 행을 잠시 미루고 말씀을 배우며 함께 모략을 짜게 되었습니다.

3주 후, 신천지라는 것을 오픈했는데 알고 보니 제가 있던 곳은 그냥 신천지인들이 아닌 신천지중의 신천지인 특전대가 운영하는 그룹복음방이었습니다. 신천지라는 소리에 뉴질랜드에서도 집회 때 이단 세미나를 몇 번 들었었던 저는 당연히 깜짝 놀랐지만 이단 세미나에서 들었던 것과 그룹 복음방에서 생활하던 사람들의 모습이 너무 달랐고 성경을 기준으로 행동하는 사람들처럼 보였기에 일단은 더 지켜보자는 마음으로 약간의 불편함 속에서도 그곳에 남게 되었습니다.

한 사람을 위해 정말 최선을 다하고 잠도 쪼개며 자는 특전대들과 거기 속해있는 복음방 학생들을 보며 '와, 거참 열심히 하네 성경대로 게으르지 않고 모이기에 힘쓰는 이곳이 맞나보다' 싶어(확실히 이런 모습은 성경에 관심도 없고 돈이나 사람문제로 싸우는, 내가 목격한 기성 교인들의 모습과 비교됐음) 잎사귀(신천지 새신자 담당)라고 하는 것을 열심히 하였습니다. 외국인 잎사귀 통역, 재능기부, 찬양인도 등의 활동을 하며 어쩔 수 없이 파트타임 직장을 구했지만 풀타임으로 열심히 하는 어린 지체들을 보며 대단하다고 여기며 그들이 맞을 거란 마음으로 나름 열심히 했던 것 같습니다.

그렇게 열심히 하던 저는 정말 감사하게도 저에 대해 아무것도 모르던 뉴질랜드 저희 부모님에게 제가 신천지에 있다는 연락이 가게 되었고 저는 아무것도 모른 채 잠깐 뉴질랜드에 갔다가 한국을 갈수 없는 상황이 되었습니다. 그러나 워낙 특전대에게 영향을 받은 것이 강해서인지 저는 아주 조용히 신중하게 한국에 있는 분들과 연락을 취하며 한국으로 다시 돌아오게 되었습니다. 그 이후로 강피연과 특전대와 센터를 오가며 두려움 없이 풀타임으로 신천지를 위해 일하다가 뉴질랜드에서 저를 위해 한국으로 들어오신 부모님과 함께 상록교회를 가게 되었습니다.

무조건 신천지가 성경적이라고 생각했던 저는 다른 사람들이 어떤 성경말씀을 전한다 해도 전혀 관심이 없었고, 상록교회에서 계시록 말씀을 들을 때까지는 회심할 마음도 없었습니다. 진 목사님을 보게 됐을 때는 '아 저 사람이 특전대에서 그렇게 말하던 진뱀이라는 사람이구나'(신천지에서는 진용식 목사를 진뱀이라고 부른다) 라고 생각하며 전투적으로 계시록 말씀을 듣는 중에 결국 신천지는 정말 구멍이 너무 많은 허점들이 있는 곳이었다는 걸 깨달을 수 있었습니다.

이 시간을 통해 모태 신앙으로서 늘 구원의 확신을 가지고 있었지만 다시 한 번 구원의 확신을 가지게 되었고 더욱 확고한 성경적인 가치관을 마음에 새길 수 있게 해주신 하나님과 예수님과 성령님께, 상록교회 그리고 가족들에게 너무나도 감사합니다.

🌿 눈에서 뭔가 벗겨지는 느낌이 들었습니다

김가연 (가명)

어느 날 교회에 같이 다니던 딸이 친구가 다니는 교회로 옮겼고 자기 교회에서 계시록 강해하는데 엄마를 초청하고 싶다고 해서 딸이 다니는 교회도 가 볼 겸 목사님께 인사도 드릴 겸 해서 계시록을 듣게 되었습니다.

제가 다니던 교회는 계시록을 전혀 다루지 않았던 터라 뭔가 새로웠고 노총각 목사님께서는 말씀도 잘 하시고 아주 신실하신 주의 일꾼으로 보였습니다.

"요새 교회는 말씀이 별로 없는 거 같아 정말 안타깝다" 하시면서 자기는 초 교파적으로 항상 말씀을 가르치는 것을 사명으로 하고 있다며 계시록 세미나에 온 성도들에게 후속 말씀을 배울 것을 종용하였습니다.

처음에는 내키지 않으나 엄마 집에서 놀면서 할 일도 없고 시간도 많은데 이참에 성경이나 좀 배워 보라고 딸이 계속적으로 설득해서 위장교회인줄도 모르고 성경공부에 참여하게 되었습니다. 목사님께서 가르쳐 주시는 성경말씀은 정말 꿀 보다 송이 꿀 보다 더 달게 느껴졌고 성경이 다 보이는 듯 했습니다.

한 달쯤 지났을까 목사님이 사정상 더 이상 가르치지 못한다고 하시면서 성경말씀만 가르치시는 선교사님께 저희를 보냈고 그곳 센터에서 말씀을 배웠는데 다 좋은데 매 시간마다 한 목자를 강조하는 것이 마음에 걸렸습니다. 분명 나중에 누구 하나 틀림없이 나올 것 같다고 같이 공부하는 언니에게 말하면 "가연아! 넌 그러니? 난 모르겠는데⋯."하며 말씀이 너무 좋으니 어쨌든 계속 들어보자 하였습니다. 그렇게 비유풀이를 배우며 말씀에 점점 빠져들게 될 때 교회 게시판에 붙어 있던 '이런 말씀 배우면 신천지'란 팜플렛을 보게 되었고 그 언니(나중에 알고 보니 잎사귀였음)에게 "신천지 같으니 안 나올까 보다"고 얘기 하니 지금까지 틀린 말씀 없지 않았냐며 끝까지 들어보고 아니면 나가면 된다고 하면서 저를 설득했습니다.

평소 이단이 궁금했었던 터라 "그래 내가 들어보고 신천지가 왜 틀린지도 알아보자" 하는 마음에 말씀을 계속 듣게 되었고 의심에 또 의심하며 계시록까지 왔을 때 내가 너무 의심하니까 의심이 계속 쌓이면 안 된다며 저를 가르쳤던 목사님과 만나게 했고 저는 궁금한 걸 여쭤보았습니다. 예수님께서 영으로 오시는 부분과 실상이 믿어지지 않는다고 했더니 자기도 믿어지지 않아서 계시록 배울 때 일주일 결석했다며 말씀이 다 맞는다고 했습니다. 제가 반문했습니다. "목사님 다 확인 해 보셨어요?" 다 확인 했다고 말하였고 옆에 있던 집사님도 우리 목사님이 어떤 분인데 확인 안 했겠냐고 했습니다.

처음 말씀 가르칠 때부터 확인을 엄청 강조 했던 터라 설마 목사님인데 나 같은 평신도도 아니고 이 엄청난 일을 확인 안했을 리가 없다는 생각이 들면서 그 말씀을 그대로 믿게 되었고 신천지에 들어가서 저는 아주 믿음이 신실한 집사가 되었습니다. 추수꾼으로 다니던 교회에 계속 남아서 집사 둘을 전도하였고 구역장 교육과 교사 교육을 받으면서 제사장 될 날만 손꼽아 기다리던 어느 날 제가 신천지인 것을 알고 조카가 찾아 왔습니다. 저를 두 번 찾아 왔는데 저는 저의 결연한 믿음을 보여 주었고 너는 너의 길 가고 나는 내 길 간다며 우리는 가족으로만 평상시처럼 보자 하면서 보냈고 네가 잘못된 신앙하고 있다는 것을 깨달을 때가 곧 올 것이라며 자만, 교만한 모습을 보였습니다.

그리고 얼마만큼의 시간이 흐른 후 언니의 칠순에 참석 한 후 조카 집에서 못 나오게 되었고 개종교육에 오게 되었습니다. 이렇게 된 이상 내 믿음 내가 지키면 된다는 생각과 도대체 개종교육에서는 무슨 말을 하는지도 궁금했습니다. 같이 참석했던 딸이 먼저 집에 가게 되었는데 엄마와 연락이 안 되자 딸이 경찰에 감금 폭행으로 신고해서 새벽 3시 반에 조카 집으로 경찰이 들이닥쳤습니다.

모든 식구들을 물리치고 저와 독대하였고 자기들과 같이 나가자고 했습니다. 순간 그냥 나갈까 하는 생각도 들었지만 신천지인인데 뭐가 무서워서 비겁하게 나가? 이미 동의서도 썼고 식구들과도 어색해질 텐데 내 믿음 내가 지키면 되지 하고 경찰은 돌려보냈는데 경찰이 나가기가 무섭게 화가 난 남편이 다 때려 치고 집에 가자고 하며 옷을 입고 있었습니다. 순간 그냥 갈까? 남편이 가자고 그랬는데. 그때 조카가 "이모 갈 거야? "라고 물었습니다. "아니 내가 받는다고 그랬잖아." 그렇게 아침이 오고 도살장에 끌려가는 개 마냥 이단 상담소에 오게 되었습니다.

이만희의 불륜 영상, 김남희 후인(后人) 묘비, 사람이 어찌 영생 하겠노 하는 이만희의 음성 등등을 보면서 신천지가 아닐 수도 있겠다는 생각이 들었고, 둘째 날 '100프로 아니구나'라고 깨달았을 때 내 눈에서 뭔가 한 꺼풀이 벗겨지는 느낌이 들었습니다. 갑자기 정신이 번쩍 들면서 내가 미쳤구나 도대체 무슨 짓을 한거지?

순간 딸의 얼굴과 내가 전도한 집사님들의 얼굴이 떠올랐습니다. 내가 지옥으로 끌고 갔다는 죄의식이 들었고 신천지가 가짜인 것이 너무나 화가 났습니다. 사라진 제사장의 꿈도, 속은 것도, 내가 너무 바보 같은 것도… 25년 동안 열심히 한 신앙생활이 물거품 되는 순간이었습니다. 나는 뭐지? 버림받았나 하는 생각에 자존감은 무너질 대로 무너지고 자괴감, 자멸감, 상실감에 내색은 안 했지만 너무 힘들었습니다. 내가 왜 이단에 빠졌을까? 내가 뭘 그렇게 잘못한 걸까? 길을 가다가도 눈물이 났습니다. 교회 앞을 지날 때면 내가 그렇게 불쌍히 여겼던 교인들이 부러웠습니다. 내가 조소했던 목사님께도 죄송한 마음이 들었습니다.

그렇게 힘들 때 구원론을 듣게 되었고 내가 신앙생활 하면서 하나님의 은혜가 아닌 내 의로, 내 열심이 구원받았다고 생각했던 교만한 저의 모습을 보게 되었고 하나님의 사랑과 은혜가 얼마나 큰지 다시금 깨닫고 말씀을 통해서 체험할 수 있었습니다. 그리고 구원의 확증을 받게 되었습니다. 움츠려지고 작아만지던 나의 모습이 이젠 하나님의 자녀로 당당하고 떳떳하게 신앙생활 할 수 있게 되었습니다.

그리고 하나님의 섭리 가운데 교회생활 안 하던 남편이 저와 교회에 출석하며 말씀에 은혜 받고 구원의 확증을 받았습니다. 아직 딸이 돌아오지 않았지만 그 또한 하나님의 섭리와 계획 가운데 있을 것을 믿고 기도 하고 있습니다.

이단에서 해방된 기쁨을 만끽하며 삽니다. 항상 기뻐하고 범사에 감사하며 사람을 주님으로 믿고 있는 불쌍한 영혼들을 위해 기도하면서 열심히 신앙생활 하려고 노력합니다. 그리고 이단상담학 과정 열심히 해서 주님 일에 꼭 쓰임이 되었으면 합니다. 부족하고 또 부족하지만… 주님의 은혜로!

🌱 분노가 씻어지고 마귀는 떠나갔습니다

우미정(가명)

저는 신천지에서 만들어 놓은 위장교회를 통하여 신천지에 미혹되었습니다. 위장교회란 〈대한 예수교 장로회〉 간판을 붙이고 장로교회로 위장을 하여 신천지에서 운영하는 교회를 말합니다. 신천지에서는 전국에 100여 곳의 위장교회를 만들어 놓고 성도들을 미혹하고 있습니다. 천국의 임시정부인 교회에서 성도의 삶을 잘 살고 있는데 악한 마귀 신천지가 위장교회를 전국 곳곳에 세우고 양의 옷을 입고 쉼 없이 공격하는 것을 알리기 위해 이 자리에 세워주신 주님께 감사와 영광을 드립니다.

2016년 2월 18일 보험을 하시는 믿음이 좋으신 김 권사님이라는 분이 보험 증권을 전해주시면서 진지한 표정으로 한 번만 가서 말씀을 들어보라고 권면하시기에 어디냐고 하였더니 화성시 봉담에 있는 하늘샘 교회라고 하였습니다. 이 교회는 〈대한 예수교 장로회〉 라는 간판을 붙이고 장로교회로 가장한 신천지 위장교회였습니다.

처음에는 멀어서 안가겠다고 거절을 하였는데 안타까운 표정을 지으시며 한 번만 들어보라 하여 가보겠다고 약속하였습니다. 퇴근하여

40km나 되는 봉담 하늘샘교회에 가서 말씀 듣고 저녁식사하면서 담임 목사인 이OO 목사가 하늘샘교회를 세우게 된 과정을 말했는데 거짓으로 꾸민 내용이었습니다. 이 사람의 거짓말을 주님의 음성으로 받아들인 것이 저에게는 씻을 수 없는 치욕이었습니다.

이 목사는 서울강남에 있는 사랑의 교회 옥한흠 목사님의 제자로 훈련을 받고 이스라엘과 필리핀에서 선교사로 파송되어 사역할 때 끔찍한 사건을 겪은 일을 말했습니다. 필리핀에 산적을 만나 일행들이 총에 맞아 다 죽었는데 혼자서 살아남아 귀국하여 전도사로 사역을 하다가 봉담에 하늘 샘 교회를 개척하여 3개월 만에 100명이 예배드리는 것은 말씀이 좋아서 급성장 했고 하나님께서 은혜를 내려주셨다고 하였습니다. 저는 이러한 거짓말에 은혜를 받았습니다. 저는 이 사람의 거짓말에 미혹되어 30년 동안 섬기던 교회와 목사님, 성도들에게 말 한마디도 못하고 고별인사도 안하고 미친 사람처럼 도망치듯 나왔습니다. 저 나름대로 내세의 상급을 쌓기 위해 헌신 봉사했는데 한순간에 너무나 허망한 짓을 한 것입니다.

성도님들은 장로교회라고 해서 아무 교회나 함부로 가는 것이 위험한 것임을 알아야 합니다.

2016년 2월부터 아카데미에서 성경공부가 시작되었습니다. 아카데미란 신천지 성경공부를 하는 센터입니다. 그때 까지도 전혀 신천지인 줄 알지 못하고 성경공부를 한 것입니다. 요셉이 하나님과 함께 하시므로 한 민족을 이루어 애굽에서 젖과 꿀이 흐르는 가나안 땅으로 인도하셨고 아담, 노아, 아브라함, 모세 등 성경인물을 중심으로 가르쳐줄 때 스펀지가 물을 빨아들이는 것처럼 은혜가 넘쳤습니다. 김권사님과 함께 감사기도를 하면서 성경공부에 푹 빠졌습니다. 2개월 후, 외부강사를 초청하여 예배드리고 나서 한 사람씩 면접을 보고 합격한 성도들은 수원역 앞 로데오거리 끝에 있는 비오스선교회 위즈팀 아카데미 야간반에 입학하게 되었습니다. 야간반 반장까지 선출되어 더욱 책임감이 있어서 직장에서 퇴근하여 무궁화 열차로 통학하였습니다. 여러 강사들이 돌아가면서 가르치는 내용에 빨려 들어갔습니다. 나무와 새의 참 뜻, 창세부터 감추인 생명나무와 선악나무의 실체, 정통과 이단, 때를 따라 주는 양식, 성경에서 말하는 누룩의 의미, 성경에서 말하는 그릇의 의미, 비유풀이, 봉함된 말씀을 풀어주는 목자, 아론의 싹난 지팡이를 그림을 그리면서 강의를 들었습니다.

그런데 휴식시간에 김 권사님이 비오스센터가 신천지가 아니냐 하며 큰 소리로 외쳤습니다. 순간 적막이 흘렀고 강사는 분위기를 바꾸기 위해 당황하는 모습이 제 눈에 들어왔습니다. 김 권사님도 신천지인 줄 몰랐다가 신천지 위장교회인 것을 알게 된 것입니다. 요한계시록까지 가면 신천지 이만희가 나오는데 졸업과 동시에 충성 서약을 하고 과천본부에서 훈련과 공부하고 나면 추수 꾼이 된다는 겁니다.

김 권사님을 만나 위장교회에서 철저히 속고 또 속은 것이 분해 이가 부득부득 갈렸지만 엎질러진 물을 도로 담을 수도 없고 소문은 순식간에 퍼져서 평택에서 만나는 사람마다 "우집사 믿음이 그것밖에 안됐어? 여자 따라 가더니 신천지에 빠졌어" 하며 위로보다는 조롱과 책망과 비웃음뿐이었습니다. 정말 생지옥 같은 고난과 고통이었습니다.

위장교회와 비오스센터를 정리하고 있는데 위장교회 목사, 전도사, 보기 싫은 골수들이 수차례 평택에 내려와서 돌아오라고 갖은 모략을 동원하여 회유하였습니다. 정말 그들을 주먹으로 한 방 날리고 싶은 마음이었고 사탄의 세계를 제대로 톡톡히 체험한 것 같습니다. 그들은 또한 김 권사님께서 위장교회 성도들에게 계약한 보험을 목사 지시로 해약하며 공갈협박을 서슴지 않았습니다.

그 후 곧바로 권사님을 통하여 이단상담소를 찾아가서 이단상담 강의와 교육을 받았습니다. 그리고 상록교회에서 주일 예배를 드림으로써 분노가 깨끗이 씻어졌으며 마귀는 떠나갔습니다.

2016년, 상록교회 전교인 여름수양회에서 오직 구속함을 입은 자라는 말씀으로 회심하고 개종하여 세례를 받았습니다. 하나님께서는 구원을 확증하셨고 저는 구원의 확신을 가졌기 때문입니다. 상록교회 신앙 공동체 생활에 저는 정말 행복합니다.

끝까지 참고 인내해주신 하나님께 감사드립니다

박라윤 (가명)

저는 초등학교 6학년 때부터 교회에 출석하였고 대학 땐 C.C.C에서 교육받고 열심히 전도활동도 하였으며 믿는 남편과 결혼하여 근심 걱정 없이 행복한 가정생활을 해왔습니다.

2001년 8월 어느 날, 고향이 같은 강원도라는 이유로 알게 된 아파트 위층에 사는 한 집사님으로부터 성경공부를 같이 하자는 제의를 받았습니다. 처음에 조금 망설이다가 거절하지 못하는 성격 때문에 집에서 몇 차례 성경공부를 하게 되었는데 그것이 3년이 넘는 긴 세월, 지옥과도 같은 고통의 서곡이 될 줄은 당시로서는 꿈에도 알지 못했습니다.

당시 전 이단에 대해 잘 몰랐고, 이단 때문에 고생하는 사람도 보지 못한 터라 성경공부를 하면서 제가 성경을 너무 모르고 있으며, 성경을 알고 싶다는 강한 욕구를 느껴 자연스럽게 신학원으로 가게 되었습니다. 처음에 비유를 풀어주는데 그 말씀이 너무나 달콤하고 재미있어서 한 번도 빠지지 않고 성경공부에 참여했습니다. 성경공부를 시작한지 약 두 달 후에 남편에게도 같이 성경공부를 하자고 설득하여 결국 남편은 없는 시간 쪼개서 주말에 따로 성경공부를 하게 되었습니다.

남편이 다른 두 가정의 집사님 부부와 같이 성경공부를 시작한 지 두 달쯤 지난 어느 날, 갑자기 남편은 성경공부를 가르치는 곳이 이단이니 당신도 공부를 중단하라고 말했습니다. 언제부턴가 신학원의 본부가 어딘지 궁금해 하던 남편이 어느 날 성경공부 도중, 신학원 강사가 '보혜사'를 풀어주는데 '어떤 특정한 사람'을 지칭하는 것 같아 이상하게 생각되어 밤새도록 인터넷을 검색했던 겁니다. 남편은 책 한 권도 넘는 자료를 출력해서 곧장 신학원 강사에게 찾아가 대판 싸우고 나서 공부를 중단해버렸습니다.

그때부터 남편과의 전쟁이 시작되었습니다. 신천지에선 보혜사를 한자로 풀어 '은혜로 보호하는 스승'으로 가르쳤는데 이미 미혹된 저는 그것을 철썩 같이 믿었고 남편이 이단이라고 주장하는 인터넷자료는 '보암직하고 먹음직한 사탄'으로 여겼기에 남편 말을 듣지 않았습니다.

이미 비유풀이 말씀에서 미혹된 저는 신학원에서 나오는 말들을 믿고 실행하게 되어 남편의 극심한 반대도 뿌리치고 신천지 교회로 출석하게 되었습니다. 남편과의 싸움보다는 눈물, 고통, 사망이 없는 천국이 더 우선이었고 나 하나 희생하여 나의 가족, 조상들 모두가 천국만 갈 수 있다면 그 어떤 것도 두렵지 않았습니다.

신천지에선 이만희씨를 그곳 해석에 따라 '보혜사'라고 하였고 계시록이 이미 다 이루어졌으며 단지 남은 건 14만4천명 채우는 것만 남았다고 가르쳐 전도에 모든 것을 건다고 해도 과언이 아닙니다. 14만4천명만 다 채우면 이 땅에 천국이 완성된다고 믿기 때문입니다. 따라서 신천지에선 아침부터 저녁까지 모든 시간을 투자할 것을 요구하며 전도에 힘쓰길 바랍니다.

하지만 저는 남편의 핍박 때문에 남편 눈 속이고 아이들 유치원 간 시간을 내서 낮에만 잠깐씩 함께 전도활동에 참여하게 되었습니다. 많은 시간을 바쳐 전도활동에 참여하지 못했기에 저는 신천지에서도 믿음이 없는 자로 여김 받았고 남편에게서도 소외되어 너무 외로웠습니다.

삼 년이 넘는 전쟁과 방황의 시간을 돌이켜보면 기억하기조차 두렵습니다. 가정적이던 남편은 차츰 폭군으로 변해갔고, 심지어 어느 차가운 겨울날 가출까지 한 후 나흘 만에 돌아오기도 했습니다. 아파트 10층에서 같이 뛰어내리자고 협박하는가 하면 밤새도록 싸우고 출근하는 경우도 많았습니다. 한창 자라는 아이들 앞에서 부모로서 부끄러운 모습을 보인 적도 많았습니다.

주일이면 저는 신천지로, 남편과 아이들은 기존교회로 가서 예배를 드렸기 때문에 졸지에 이산가족이 되곤 했습니다. 편안한 안식을 얻어야할 주일에 안식은커녕 불안하고 답답한 날이 되었습니다. 전 그래도 물러서지 않았습니다. 오직 신천지만이 구원을 주는 곳으로 믿었기에 이를 악물고 버텼습니다.

그러던 중 지난 해 10월, 남편의 요청에 의해 이곳 상록교회에 상담을 받으러 오게 되었습니다. 진용식 목사님이 계신 곳이었습니다. 남편이 내게 어떻게 이런 일을 할 수 있나…! 전혀 상상도 못했던 일이었습니다. 전 너무 싫었습니다. 신천지만이 구원을 주는 곳이고 특별하다고 믿고 있었는데, 상담하시는 분들은 "신천지도 다른 이단과 별반 다를 게 없다"고 했습니다. 당연히 반발심이 생겼습니다.

첫 번째 충돌은 계시록에서 인을 떼는 자는 누구인가? 에서 난 예수님이라고 하였고, 상담하시는 분들은 신천지에서 그렇게 안 가르친다고 하였습니다. 그때부터 감정은 더 안 좋게 되었고 태도도 삐딱하기만 했습니다. 나중에 알게 된 것은 신천지에서 처음엔 인 떼는 자를 예수님으로 가르치지 않다가 나중에 문제가 되자 바꿔서 가르치게 되었다는 것입니다.

저는 신앙생활을 포기하고 싶었습니다. 정말 성경을 알고 싶어서 성경공부를 했는데 그 결과가 이렇다면… 모든 것이 싫었고 도피하고 싶었습니다. 한 달 정도 교회에 가지 않고 버티다가, 남편과 다툼 끝에 결국 다시 상록교회를 나오게 되었습니다. 마침 상담 받은 한 집사님을 만났는데 그 집사님의 '두 증인' 이야기를 들으면서 '뭔가 좀 석연치 않다'라는 생각을 갖게 되었고, 함께 상담 받은 네 가정을 만나면서 조금씩 마음을 열게 되었습니다.

몇 달 후 상록교회에서 이단 세미나가 있었는데 신천지 교리의 문제점이 무엇인지 다시 한 번 정확하게 확인하고 싶어서 처음으로 제 의지로 함께 참여했습니다. 그곳에서 많은 깨달음이 있었습니다.

배도자가 될 수 없는 엘리야를 배도자라고 '계시록의 진상'에 써진 글, 신천지에만 있다고 배웠던 '두 증인'이 신천지에서도 이미 여러 번 바뀐 '두 증인'이라는 것, 신천지에서만 풀어진다고 배웠던 비유풀이가 이미 다른 이단종교에서도 거의 똑같이 이용돼 왔다는 점, 이만희 씨는 분명히 '보혜사'라고 배웠는데 정작 이만희씨 자신은 몇 달 만에 '보혜사라고 한 적 없다'라고 말한 신문의 내용 등을 보면서 '참 많이도 속았다'라는 느낌이 들었습니다. 신천지를 다른 이단들과 동일시 여기는 상담자들을 보며 자존심이 많이도 상했었는데 '별 수 없이 똑같은 이단이구나'라는 생각을 하며 창피하기도 했습니다.

이미 신천지 교리에 세뇌된 사람들은 질문을 하는 것이 두렵습니다. 뭔가 이해가 안 되는 부분을 다른 집사님께 물으면 '믿음이 없다'라든가 아니면 '어린양이 인도하는 곳은 어디든지 따라가야 한다'는 억지 속에 파묻혀 내 주장을 내려놓아야 합니다. 자연히 눈이 가려져 객관적으로 판단할 수 없게 되고 맙니다.

진용식 목사님의 '구원론' 테이프를 들으며 구원은 결코 '노력'에 의해 되는 것이 아니고 믿기만 하면 '값없이, 은혜로' 주어지는 하나님의 선물이라는 것을 깨닫게 되었습니다. 이제야 두 손 들고 고백합니다. 예수 그리스도만이 나의 주 나의 하나님이시고 나의 구원자이심을. 다른 이름은 있을 수 없음을. 새 이름을 사모했던 나의 무지, 창피함, 자존심 모든 것을 버립니다. 어린아이 같은 마음으로 처음 신앙하는 자세로 하나님의 사랑을 하나하나 느끼고 배우고 싶습니다.

왜 이렇게 먼 길을 돌고 돌아 이제서야 제자리에 올 수 있었는지… 하지만 끝까지 참고 인내해주신 하나님께 감사드립니다. 이제 와 지난 시간을 돌아보면 제 고통의 경험조차도 하나님의 섭리가 아니었을까 하는 생각이 듭니다. 무지한 저를 끝까지 포기하지 않으시고 건져주신 하나님의 뜨거운 사랑에 감사할 따름입니다.

그리고 고집스런 저를 사랑으로 상담해주신 목사님과 전도사님, 집사님들께 진심으로 감사드리고 제가 교회에 잘 적응할 수 있도록 도와주신 상록교회 모든 성도님들께도 감사드립니다. 저의 딱딱한 표정 때문에 상처받은 상록교회 식구들이 있다면 용서해 주시기 바랍니다.

끝으로 저의 답답함 때문에 고생한 남편과 하나님께서 주신 귀한 선물 지혜와 승렬이, 그리고 시댁, 친정식구들과 저를 위해 기도해주신 모든 분들께 감사드립니다.

🌿 진정한 마음은 전해지나 봅니다

서머나 (가명)

"사랑하는 자들아 우리가 서로 사랑하자 사랑은 하나님께 속한 것이니 사랑하는 자마다 하나님께로 나서 하나님을 알고 사랑하지 아니하는 자는 하나님을 알지 못하나니 이는 하나님은 사랑이심이라 (요일 4:7~8)"

성경에 '하나님 날 사랑하심' 이라고 쓰여 있습니다. 하나님께서 날 사랑하십니다. 예전에는 그저 듣고 쉽게 말하던 어느 찬송가의 가사였습니다. 그러나 이제는 저의 신앙으로 고백합니다. 전에는 거짓에 속아서 오해했던 그 사랑이 이제는 제 기도의 주제가 되었습니다.

저는 2004년 3월에 신천지 이만희 집단에 미혹되어 약 1년 동안 신천지 집단의 신도로서 교주 이만희를 위해서 활동하다가 2005년에 진용식 목사님께 이단 상담을 받고 신천지 집단의 교리가 잘못되었고 교주 이만희가 거짓 그리스도라는 것을 깨닫고 구원받고 다시 예수님께 돌아왔습니다.

이 시간 저는 제게 임한 하나님의 사랑을 말하려고 합니다. 신천지 이단에 빠져서 헤매던 불쌍한 제 영혼을 구하신 하나님의 사랑을 말입니다.

신천지에 본격적으로 다니게 된 때는 2004년 3월부터였습니다. 저를 신천지집단으로 미혹한 사람은 선배 언니들이었습니다. 고2때, '새벽이슬'이란 봉사동아리에서 그 언니들을 만났습니다. 언니들은 저에게 성경의 중요성에 대해서 진지하게 말했습니다. 저는 그런 언니들을 무척이나 신뢰했습니다. 성경에 대해서 잘 몰랐고 알아야 된다고 동감했기 때문입니다. 저는 언니들과 같이 QT공부, 성경공부를 시작하였습니다. 그리고 조금 더 성경에 대해서 체계적으로 배우기 위해 신천지 시온 기독교 신학원에 들어가게 되었습니다. 처음에는 기독교 문화센터라는 간판만 봤기 때문에 어떤 의심도 하지 못했습니다.

신학원에서는 주로 비유풀이에 대해서 말씀공부를 합니다. 그리고 비유풀이는 비유와 비유가 성취된 실상을 같이 설명해서 선악을 구분하고 시대를 분별하는 안목이라고 가르칩니다. 그 외에도 저는 배도자니 멸망자니 구원자니 하는 기존교회에서는 많이 듣지 못했던 것들을 배웠습니다. 막상 생소한 것들을 접하다 보니 이상한 느낌이 들고 '이단 아닐까?'하는 의심이 들었습니다. 하지만 이런 생각은 적어도 제가 너무나 신뢰하는 언니들과 관계를 끊는 것이기에 말도 하지 못하고 마음 고생만 했습니다. 그렇게 조금씩 시간이 지났습니다. 그런데 처음에는 이상했던 것들이 마치 바늘 실처럼 딱 딱 들어맞기 시작했습니다. 의심했던 것들은 진리처럼 보였습니다. '말씀을 깨닫는 것이 이런 것이구나!' 속으로 감탄하며 저도 모르는 새에 이단에 빠져들었습니다. 오히려 더 열심히 믿으려고 노력했고, 모든 의심은 사탄이 주는 생각이라고 믿게 되어 버렸습니다.

가장 의심이 들었던 부분은 역시 '이만희'라는 사람이 또 다른 보혜사라는 부분이었습니다. 물론 신천지 안에서도 이 부분에 대해서는 매우 민감합니다. 초신자에게는 말하지 않지만 시간이 지나면 조심스럽게 "이것이 실상이다." 라고 배우게 됩니다. 하지만 고직분자들은 기도할 때 '이만희의 이름으로 기도합니다.'라고 할 정도로 그 믿음이 확고합니다. 저도 처음에는 '보혜사가 왜 저렇게 늙었을까?' 했지만 그런 생각하면 안 된다고 스스로 자책하며 억지로 믿음을 키워나갔습니다.

그러자 저의 하나님 안에서의 가치관과 세계관은 신천지에서 배운 교리가 대신하였습니다. 원래 다니고 있던 교회를 이단인 마냥 사납게 바라봤고 저를 많이도 아끼고 날마다 새벽기도에 제 이름을 부르며 기도하시던 담임목사님을 삐뚤게 바라보게 되었습니다. 밤이 되어 옥상에서 바라본 수많은 빨간 십자가들은 제 마음의 아픔이 되었습니다. 세상이 온통 사탄의 손에 있는 것처럼 보였기 때문입니다.

이때부터는 저의 생활이 거짓말로 가득해졌습니다. 가족을 속여야만 했습니다. 신학원은 도서관에서 늦게까지 공부한다고 했습니다. 그리고 신천지 사칭 수법인 EBS동아리에 다닌다며 용돈을 받았습니다. 그러나 부족한 용돈을 채우기 위해서 5Km가 넘는 거리를 버스도 타지 않고 걸었고 점심 굶기를 밥 먹듯 했습니다. 그러면서도 빠득빠득 돈을 모아 헌금을 했습니다.

9월쯤 부모님도 저의 모습이 어딘가 이상하다는 것을 알게 되었습니다. 가끔씩 성경을 들어서 가족의 말을 비꼬는가 하면 교회에 가서는 고개를 푹 숙이고 있고 목사님을 째려보는 저의 눈을 부모님도 눈치 채게 되었던 것입니다. 결국 이단에 빠진 것도 알게 되었고 처음에는 '안상흥 하나님의 교회'라고 했다가 '신천지'라는 것까지 듣기게 되었습니다. 결국 가출까지 하게 되었고 가족 간에 갈등은 깊어만 갔습니다.

　이것은 저희 가정에 엄청난 시련을 가져다주었습니다. 하루도 조용히 넘어가는 날이 없었습니다. 이웃집까지 다 들리는 목소리로 매일 싸우고 울었습니다. 저는 제 영을 지키는 길이라고 생각했기 때문에 필사적으로 부모님께 대들었습니다. 그러다 겨울이 되어서는 부모님을 연기로 속이고 가출까지 하게 되었습니다. 부모님은 하던 가게 일도 그만두고 저 때문에 하루하루를 근심 속에 사셨습니다.

　그러던 어느 날 부모님은 저를 기도원으로 데려가려 했습니다. 이것을 알게 된 저는 순간 생명의 위협과도 같은 긴장을 느꼈습니다. '이대로 기도원에 갔다가는 내 영이 멸망하겠구나. 이를 어쩌나.'

　저는 급히 꾀를 내어 순순히 기도원을 따라가는 척하다가 도망갈 계획을 세웠습니다. 그러나 그 계획이란 어리석은 것이어서 하마터면 제 스스로 생명을 버릴 뻔했습니다. 저는 옷을 챙기고는 제게 관심이 적어진 틈을 타, 베란다 쪽 제 방으로 들어가서 문을 잠갔습니다. 그리고 이불과 담요를 창문 밖으로 던졌습니다. 이미 수차례 가족을 놀라게 한 저라 오빠는 방문을 발로 차고 어머니가 제 이름을 간절히 불렀습니다. 저는 더 이상 생각할 겨를도 없이 4층에서 뛰어 내렸습니다. 앞이 깜깜해지고 곧 정신을 잃었습니다.

　깨어보니 전주예수병원 응급실이었습니다. 다행히도 엉덩이부터 떨어져서 목숨은 건졌지만 골반 뼈 한쪽이 부서지고 갈비뼈 몇 개가 부러졌습니다. 부러진 갈비뼈 중 하나는 간과 폐를 찔러서 출혈이 계속 있었고 척추 뼈에도 충격이 가서 살짝 부러졌습니다. 나중에 알게 된 사실이지만 응급실에 실려 왔을 때는 온몸이 차고 얼굴이 창백했다고 합니다. 혈압도 계속 떨어져서 첫날에는 많이 위험했습니다. 응급실에서 첫 날 밤에 오빠는 옆에서 4시간 동안 마태복음을 1장부터 28장까지 천천히 읽어 주었다고 합니다. 하나님께서 지켜 주시지 않았으면 저는 이 자리에 없을지도 모릅니다.

병원에 있으면서도 온몸이 망가졌으면서도 저의 영은 여전히 사탄의 노예로 있었습니다. 거짓 진리란 참으로 무서운 것입니다. 한번 잘못 믿음을 가지면 헛되이 생명을 버리기까지 한다는 것을 저는 알게 되었습니다. 어쨌든, 저는 여전히 이전 상태로 계속 있었고 병원과 가족으로부터의 탈출을 위해서 신천지와의 전화연락을 어렵게 성공시켰습니다. 당장은 할 수 없었지만 완전히 치유가 되기 전에 퇴원한 저는 결국 신천지 사람의 도움으로 다시 한 번 가출을 했습니다. 이번에는 단단히 결심한 가출 이였습니다. 전주에서는 위험하다고 해서 광주로 서울로 수원으로 목포로 이동하면서 신천지 시온 교회에 있었습니다.

부모님은 몸도 성하지 못한 제가 너무도 걱정이 되셔서 전주신천지 신학원 앞에서 돌아가면서 추운 겨울날 하루 종일 일인시위를 하셨습니다. 그렇게 몇 주씩이나 계속 하셨습니다. 이것이 뉴스에 나면서 신천지에서도 위기를 느꼈나 봅니다. 저를 버리다시피 집으로 보내버린 것입니다. 앞으로 1년간 교회 나오지 말라고, 금식하면서 집에서 결정을 보라고 하면서 말입니다.

그리고 저는 부모님들과 함께 안산에 있는 상록교회에 오게 되었습니다. 상록교회에서 이단상담을 받게 되었습니다. 이단상담이란 신천지의 이만희 집단에서 배운 교리들이 어떻게 잘못된 것인지 공부하는 것입니다. 목사님과 많은 지체들과의 상담을 통해서 저는 조금씩 깨우치게 되었습니다. 처음에는 너무도 혼란스러웠습니다. 믿기 싫었고 도망가고만 싶었습니다. 하지만 15일만 참으면 부모님이랑 같이 신천지에서 교육받기로 약속을 했기에 어쩔 수 없이 견디기로 했습니다.

그러나 복음 안에서 하나님의 사랑을 들으면서 제 앞에서 눈물을 흘리면서 진심으로 안타까워하는 언니를 보면서 제 마음은 조금씩 열렸습니다. 제 앞에 있는 사람은 다른 사람이 아닌 저와 같은 신천지에 있었던 사람이었기 때문에 더욱 그러했습니다. 배도자라고 밀게 보면서 나는 절대 믿음을 지키겠노라고 했지만 진정한 마음은 전해지나 봅니다. 무엇보다 할머니 아버지 어머니 오빠 남동생 그리고 많은 기도 동역자식구들의 끊임없는 간절한 기도의 응답이었습니다. 이렇게 저는 하나님 품안으로 다시 돌아오게 되었습니다.

🌿 반증교육 첫날부터 너무 당황했습니다

김연오 (가명)

저는 신천지 다대오지파 구미교회에서 4년간 종일 활동을 하며 그곳이 지옥인지도 모르고 행위로 구원받고자 온갖 노력을 다하다가 구원의 복음을 듣고 하나님의 사랑 안으로 돌아왔습니다. 지금은 너무나도 행복하고 마음이 편안합니다.

맨 처음 신천지의 복음방 공부를 하면서 창세기부터 계시록까지 모든 성경을 알기 쉽게 하나하나 알려주는 곳이 구미에 생긴다는 소개를 받았습니다. 저는 교회를 다니지는 않았지만 평소에도 성경이라는 책에 궁금증을 가지고 있던 터라 매우 좋은 기회라고 생각했습니다.

또한 신의 생각이 담긴 성경이라는 책을 배움으로 저의 사상 또한 하나님의 사상을 닮아 더 높게 변화될 것이라는 말에 미혹되어 저는 그곳에 가고 싶다고 말해버렸습니다. 그렇게 6개월간 공부를 하고 교회로 넘어가자 6천년 만에 처음 열린 진리의 말씀을 받은 사람이 바로 나라는 생각에 감사가 절로 넘쳐나고 제 모든 것을 쏟아 부어 그곳에서 말하는 천국 완성을 위해 모든 시간과 인생을 바쳐 일했습니다.

새벽 6시 30분 전도 특공대모임, 7시 30분 복음방 스피치 훈련, 9시 오전모임을 기본으로 주말도 공휴일도 없고 쉴 새 없이 움직여야 했던 시간들, 한 명 한 명 전도하기 위해 수도 없이 전략을 짜고 만남을 하며 바쁘게 보냈던 시간들. 조금의 마음의 여유도 없이 하나님께 더 잘 보이려고 일한대로 갚아주신다는 말씀만을 의지하여 뭐 하나라도 더 많이 하려고 있는 시간 없는 시간 쪼개가며 밥도 못 먹고 행했던 많은 일들…. 그것이 천국에 가는 자격을 갖추어가는 일로 알았지만 모든 것이 쓸모 있는 것이 단 하나도 없었다는 생각에 많이 화가 났습니다. 신천지의 비유풀이에 매료되어 가족도 친구도 세상도 모든 것을 버릴 준비가 되어 있었는데… 그래도 지금은 정말 아찔하면서도 너무 다행이라는 생각이 듭니다.

어릴 때부터 부모님 속을 잘 안 썩이고 할 일은 알아서 잘하는 편이었던 저이기에 아침 일찍 나가서 밤늦게 들어와도 부모님은 제가 정말 열심히 공부하는구나 생각하시며 저를 믿어주셨습니다. 거짓말을 하는 것이 마음속으로는 찔렸지만 이렇게 속여서라도 내가 하나님의 일을 더 많이 하면 나중에 이 땅에 천국이 이루어지는 날이 왔을 때 부모님께서 그동안의 모든 것을 이해해 주시며 저에게 잘했다고 그동안 수고 많았다고 네가 정말 자랑스럽다고 그렇게 말해주실 줄 알고 아무리 힘들어도 꼭 참았습니다. 밥좀 못 먹어도, 사고 싶은 거 못 사도, 돈이 없어도, 제대로 쉴 수 있는 날이 없어도 완성의 그날을 생각하며 버텼습니다.

저는 정말 하나님을 위해서 일하는 것이라고 생각했습니다. 하나님께서 저를 보시며 정말 기뻐하실 것이라고 생각했는데…. 지금은 사람의 마음을 가지고 장난치며 지옥으로 몰아넣는 교주와 속이는 자들에게 너무 화가 날 뿐입니다. 그곳에서 속아서 지금도 그것이 하나님의 의를 행하는 일인지 알고 인생을 바쳐 일하고 있는 친구들을 생각하니 하루에도 몇 번씩 마음이 답답합니다.

잘못된 교리를 가르쳐 예수님의 십자가를 가리고 그 자리에 사람을 내세워 겉으로는 거룩한 척 외식하면서 많은 영혼들을 죽이는 이 사탄을 도대체 어떻게 해야 할지를 모르겠습니다. 하나님을 향한 그들의 순수한 마음을 도둑질하여 우상을 섬기게 하는 신천지의 모습을 볼 때 저도 이렇게 화가 나는데 하나님은 얼마나 마음이 찢어지실까 하는 생각이 듭니다.

저도 처음에 이곳에 올 때는 내가 그렇게 하고 싶다고 하는 신앙도 못하게 하고 가족이라는 이유로 나를 강제로 잡아둔다고 속으로 온갖 욕을 다했습니다. 그러나 이런 가족의 정에 넘어가 신천지를 배도하는 것은 나도 가족들도 모두 죽는 일이라고 생각하며 이 핍박을 꼭 이겨내고 여기서 꼭 살아 돌아가서 가족들도 신천지의 말씀을 듣고 함께 신앙할 수 있는 날을 소망하며 하루하루를 눈물로 보냈습니다. 그렇게 반증교육을 들으러 가는데, 다행이었던 것인지 저는 신천지에서 신앙을 워낙 열심히 하는 편이었고 어린 나이부터 사명자로서 많은 시간을 보냈기에 제 마음은 온갖 교만으로 가득 차 있었습니다. 또한 내가 진리의 말씀을 가지고 있으니 어떤 누구와 말씀으로 싸워도 지지 않을 자신이 있다고 생각했습니다. 아주 교만했습니다.

상담실로 가며 내가 비유로 다 이길 수 있다고 자신하며 반증교육을 처음 들었는데 솔직히 첫날부터 너무 당황했습니다. 너무 성경대로만 말씀을 하시니 그게 맞긴 맞는데 이걸 어떻게 비유로 이해시켜서 뭐라고 반박을 해야 할지 고민이 많이 되었습니다. 그러면서 아 내가 너무 교만한 모습을 보여서 하나님이 도와주시지 않는가보다 생각하며 엄청 회개하고, 여기서 나에게 낮아지는 마음을 가르치시려 하시는가보다 하며 나 자신을 위로했습니다. 신천지에 가면 육하원칙에 딱딱 맞게 다 풀 수 있는데 내가 실력이 부족해서 나로 인해 하나님을 욕되게 하는구나 생각하며 정신 못차리고 나름 혼자 열심히 회개를 했습니다.

"성경이 맞냐 틀리냐, 성경에는 분명히 이렇게 나와 있는데 너는 왜 그렇게 말을 하냐?" 하고 강사님이 말씀하실 때마다 '성경이 분명히 맞기는 맞는데 왜 내가 하는 말이 다 틀리지?' 하는 의문이 들었습니다. 도대체 뭐가 잘못된 걸까 하며 머리가 많이 혼란스러웠습니다. 그러나 내가 맞다고 생각하고 선택한 신천지가 틀렸다고는 절대 인정하지 않았습니다. 그런데 교육을 들으면 들을수록 실상의 날짜는 다 틀리고, 몇 년마다 개정되는 책의 내용들은 너무나도 터무니없이 바뀌어버리고, 내가 이렇게 허술한 교리에 속아 넘어 갔던가 하는 생각이 들면서 정말 믿을 수 없고 인정하기 싫었습니다. 그러나 인정하는 것도 용기라고 하셨던가요. 2주 만에 저의 영혼은 너덜너덜해져서 그동안 붙잡고 있었던, 나의 전부라고 생각했던 신천지를 다 놓아버렸습니다. 이것도 저것도 다 싫고 아무데도 가기가 싫었습니다.

그런 마음으로 구원론을 듣기 시작했는데 신천지에서 말하는 두려운 하나님과는 너무나도 거리가 먼 하나님의 모습에 처음에는 당혹스러웠습니다. 내가 노력해야 하고 내가 행해서 구원을 받는 것이 아니라는 생각에 너무나 허무하다는 생각이 들었습니다. 그럴 거면 누구나 구원받는 거 아닌가 생각을 했는데 다시 생각해보니 나 스스로도 오직 믿음이라는 말을 믿지 않는 모습을 보고 순간 지옥에 갈까봐 너무 무서워졌습니다. 그래도 계속해서 구원에 대한 복음을 듣고 읽으면서 그동안 비유를 들으며 가려졌던 저의 눈이 점점 떠지는 느낌이 들었고, 교주를 신격화시키기 위해 전부 끼워 맞춰 놓은 구절구절들이 제대로 보이기 시작했습니다. 그리고 성경은 시대별 구원자가 아닌 오직 예수님만을 증거하고 있다는 사실에 저는 너무나 놀랐습니다.

이렇게도 구원에 대해서, 예수님의 십자가의 보혈에 대해서 세세하게 말씀해 두셨는데 왜 이것을 보지 못하고 미혹되어 사람을 구원자라고 믿으며 그토록 충성했는가? 하나님께 너무 죄송한 마음뿐이었습니다. 그동안 그렇게 열심히 우상숭배 했다는 생각을 하니 내가 이 죄를 과연 씻음 받을 수 있을까 하는 생각이 들며 너무 무서웠습니다.

그러나 만물보다 부패했고 누구보다 죄 많았던 저의 모습을 다 아시고도 저를 창세부터 택하신 하나님께서는 누구에게서도 끊을 수 없는 그 크신 사랑으로 저를 지옥에서 꺼내어 주셨습니다. 그 많은 사람들 중에서 저를 불러내시어 구원의 복음을 듣게 하시고 천국으로 인도해 주시는 하나님의 그 사랑 앞에 저는 너무 감사해서 더 이상 할 말이 없습니다. 그저 이제는 하나님께서 이끄시는 대로 천국의 영원한 기업을 위해 이토록 짧은 인생이지만 하나님을 위해 살고 싶은 마음이 너무나 간절합니다.

아직도 많이 부족하고, 신앙의 경험도 없고, 배워나가야 할 것들이 많지만 나중에 천국에서 하나님을 뵈올 때 부끄러운 모습을 보여드리지 않기 위해 최선을 다해 제가 할 수 있는 일들을 하고 싶습니다. 앞으로도 계속 올바른 구원의 복음을 듣고 새기어 저뿐만이 아니라 주변의 많은 사람들에게 신천지의 비유가 아닌 예수님의 십자가를 전할 수 있는 제가 되도록 노력하겠습니다. 그리고 지금도 신천지에서 사탄의 종노릇을 하고 있는 친구들이 하루빨리 돌이켜 하나님의 품안으로 돌아오길 항상 기도하겠습니다. 감사합니다.

🌿 그날밤, 진심으로 우상숭배 했음을 회개했습니다

김신이 (가명)

저는 시몬지파 서대문교회에서 나온 김미형입니다. 센터 포함 약 3년이라는 시간동안 신천지에서 생활했습니다.

제 소개를 간략히 하자면, 저는 목회자 자녀로 태어나 어렸을 때부터 신앙생활을 해왔고, 고등학교 때부터는 예배 반주와 기도회도 매주 참석하였고, 20살 때부터는 주일학교 교사와 성가대로 봉사했으며, 청년부 모임(제자훈련)까지 모두 참석한 신실한 기독교인이었습니다.

어렸을 때부터 교육에 꿈이 있었던 저는 신학대학교에서 기독교 교육을 전공하였고, 유아교육을 복수 전공했습니다. 이러한 제가 어떻게 신천지에 가게 되었고, 어떻게 나오게 되었는지 받은 은혜를 함께 나누려고 합니다.

20대 초반까지 아무 탈 없이 신앙생활을 했었습니다. 그러던 중 대학교 엠티 때 조별로 터닝 포인트가 언제였는지 대화를 나누는 시간이 있었습니다. 대부분의 사람들이 인격적인 하나님을 만남으로 인생이 변화되었고, 신학대학교까지 오게 되었다고 했습니다. 이러한 이야기를 들으니 문득 이런 생각을 했습니다. 나도 모태 신앙이었는데 언제 하나님을 만났지? 하나님이 계시다는 건 알고 믿는데 느껴지는 것도 없고 과연 나는 하나님을 만났나? 제대로 믿고는 있는가? 하는 생각이 들었습니다.

대학교 4학년 때, 졸업을 앞두고 목회를 꿈꾸고 있던 친구와 신앙적인 이야기를 나누다가 어떤 일을 통해 싸우게 되었고, 그 친구가 말하기를, 너는 하나님의 말씀도 잘 모르고 인격적인 하나님을 만난 뜨거운 경험도 없고, 만약 너가 하나님의 택한 백성이 아니면 어떻게 할 거냐고 했습니다. 그 말을 듣는 순간 충격을 받았습니다.

어렸을 때부터 신앙생활을 해왔던 저는 하나님의 택한 백성이라고 생각했었고, 천국 갈 확신이 있었는데 말입니다. 그 당시에는 혼란스러워서 아무 말도 하지 못하고 그 친구와 싸우고 돌아섰습니다.

그 친구 말대로 택한 백성이 아니라서 천국 못가면 어떡하지 생각하며 그 당시에 불안했습니다. 지금 생각해보면 그 친구가 자기가 하나님도 아닌데 왜 네가 그런 판단을 하냐며 오히려 뭐라고 했어야 했는데 그 당시에는 너무 충격 받아서 그런 말을 하지 못했습니다. 그 후 하나님을 만나고 싶어서 마커스나 뉴젠 워십 등 여러 집회에 매주 찾아가서 예배도 드렸습니다. 하나님을 알고 싶었고 믿음의 확신을 가지고 싶었습니다. 아마 이때부터 혼란스러워서 계속 생각하고 있었던 것 같습니다.

대학교 졸업과 동시에, 유치원 임용고시를 1년 동안 준비하였고, 2015년도에 발표를 기다리고 있을 때 즘 홍대 길거리에서 노방을 당했습니다. 원래 길거리 설문조사 다 무시하고 지나치는데 저를 붙잡은 분들이 활기차게 밝게 웃으면서 다가와서 저도 모르게 대답에 응해줬습니다.

인터뷰 당일에 비가 와서 나가기 싫었는데 약속을 했기에 저도 모르게 인터뷰 자리까지 가게 되었고, 상담까지 받게 되었습니다. 성경에 호기심이 많았던 저는 말씀 코칭을 하게 되었고 자연스럽게 복음방까지 하게 되었습니다. 사실, 밖에서 성경공부를 하면 이단이라는 소리를 많이 들어서 의심을 많이 했습니다. 그러나 복음방 할 때 저에게 붙은 잎사귀 2명 중 한명이 저처럼 목사님 딸이라고 해서 더 믿음이 갔고, 저랑 비슷한 부분이 많아서 그 잎사귀 영향으로 복음방에 이어 센터까지 가게 되었습니다.

평소에 하나님에 대해 알고 싶었고, 말씀이 궁금했던 저는 점점 말씀에 빠져들었고 말씀에 대해 조금씩 알아가고 이치에 맞게 알려주셔서 뭔가를 알고 있다는 느낌이 들어 좋았습니다. 사실 상담인데 왜 상담은 안하고 말씀 공부하는 느낌이 나지? 라는 생각이 들면서 의심은 했지만 그럴 때마다 의심을 풀어주시고 말씀대로 알려주시니 빠져 들어갈 수밖에 없었습니다. 특히, 저는 목회자 자녀였기에 신천지임을 복음방 때 밝히고 인정해야 센터에 들어갈 수 있었습니다. 그래서 복음방을 거의 6개월 동안 했고, 계시록도 조금씩 배웠습니다. 복음방 6개월이 지날 때쯤, 복음방 교사가 말하기를 이제야 이곳이 궁금하지 않니? 라고 하시면서 시온산이 어디일까? 〈계 21장〉을 펴보라고 말하면서 "새 하늘 새 땅이야" 이 말을 듣는 순간 속으로 신천지가 떠올랐습니다.

설마 아니겠지, 신! 천! 지! 설마 설마 했는데 신천지만은 아니길 바랐는데 신천지라니 큰 혼란과 두려움이 들었습니다. 사실 신천지가 이단이라는 것만 들었지, 어떤 곳인지는 잘 몰랐습니다.

센터를 가야할지 말아야 할지 망설이고 있었던 순간, 저와 같이 복음방을 듣던 잎사귀 2명이 "이단이라도 하나님 말씀이 맞으니 갈래요"라고 하는 순간 저도 모르게 가겠다고 대답해버렸습니다. 이렇게 자연스럽게 센터 6개월 과정을 듣게 되었습니다.

2015년 6월부터 센터 초등을 시작하였는데 그 때부터 갑자기 저희 교회 주보에 신천지는 어떤 곳인가 라는 전단지를 껴서 주었고, 그때서야 신천지가 어떤 곳인지 알았고, 제 마음이 무거웠고, 불편해서 센터 전도사님한테 전단지를 보여주면서 이런 거 받아서 마음이 불편하고 여기가 진짜 맞는지 모르겠다고 말했더니 신천지 식으로 다시 풀어서 이야기해주어 그 당시에 의구심이 풀렸습니다.

저는 점점 말씀에 빠져들게 되었고, '아, 이게 바로 하나님의 진리 말씀이구나, 신천지에 오게 된 것이 정말 하나님의 택함 받은 백성이구나' 하는 생각이 들면서 기분이 좋았습니다. 그러면서 속으로 대학교 때 그 친구의 말이 떠오르면서 그 친구야말로 택함 받지 못했다는 생각에 속 시원해 했습니다.

여러 우여곡절 끝에 입교도 하고 새신자부에서 열심히 활동하였습니다. 센터 잎사귀를 하면서 신천지 믿음은 더해졌고, 노방과 상담, 복음방 교사로 활동을 했습니다.

아이들을 좋아하는 저는 유년회 교사 사명을 맡았고, 심지어 유년회 아이들에게 유년회 부장을 대신하여 설교까지 하면서 점점 믿음이 성장하였고, 제 삶의 대부분이 신천지 활동이었습니다. 노방할 때도 재미있게 놀면서 했습니다. 직장생활을 해야 하는 저는 고민이 많았지만, 구역장이 지금 때가 어느 때인데 세상일을 하냐면서 이제는 대부분의 사람들이 세상일을 줄이고 신천지 일만해도 모자를 판에 육신의 일을 계속 생각할거냐면서, 저 스스로 세상일을 줄일 수 있도록 했습니다. 그래서 직장도 파트타임으로 방과 후 교사 일을 하면서 저녁 먹는 시간도 아까울 정도로 열심히 활동하였습니다.

어렸을 때부터 부모님 말씀을 잘 들었던 저는 부모님이 항상 절 믿고 계셔서 늦게 들어와도 임용공부하는 줄 아시고 간섭하지 않으셨습니다.

새신자부였을 때, 신천지 교회 안에서 어렸을 때부터 같이 교회 다녔던 언니도 우연히 만나게 되었고, 언니가 말하기를 언니네 엄마도 전도하였고, 저희 교회 집사님 두 분도 전도했다는 것입니다. 그 말을 듣는 순간 소름 돋았고, 정말 신천지가 진리네 하면서 부모님께 오픈이 되어도 교회 집사님 세분이 계시니 든든하고 안심이 되었습니다. 그러나 일 년 후, 언니네 엄마가 안산에서 개종이 되었다는 사실을 듣게 되었습니다. 그 집사님이 저를 부모님께 오픈 시킬까봐 초조해 했고, 섭외부에서는 반증교육을 반복적으로 들으라고 했습니다.

결국 2017년 3월부터 부모님이 이상하게 간섭하시고 뭔가 이상한 낌새가 있어 섭외부장에게 말했더니 이제는 부모님께 인정받으면서 신앙할 때다 부모님과 하나님 말씀으로 싸워 이겨서 신앙을 인정받아야 한다고 말했습니다. 그래서 먼저 부모님께 신천지 교회 다니고 있다고 오픈을 했고, 예상대로 부모님은 다 알고 계셨고, 그 때부터 전쟁이 시작됐습니다. 교회에서는 집을 나와 독립해야만 자유롭게 신앙생활을 할 수 있다면서 독립해야 한다고 했습니다. 그러나 저는 직장도, 신천지 교회도 집에서 가까웠기 때문에 독립할 이유가 마땅하지 않아서 돈 낭비라는 생각에 저 스스로 집에서 나와 살고 싶지 않았습니다. 그래서 독립을 하지 않고 집에서 계속 지냈습니다.

그러다 아빠가 아시는 목사님을 통해 일주일만 상담받자고 해서 섭외 부장한테 허락을 받고 개종 목사님과 싸우고 승리해서 신앙을 인정받고 오라고 했습니다. 평소에 신천지에서 반증교육을 많이 들었던 저는 감금이 아니니깐 괜찮겠지 생각했습니다. 그 당시에 핸드폰이 있어 그날 반증한 내용들을 정리해서 창에 올리고 궁금한 것들을 섭외부장에게 질문하니 하나하나 다 알려주었습니다. 제가 반증교육 때 꿈적도 하지 않아서 목사님께서는 한 달 동안 교육받아야 한다고 했습니다. 그래서 저는 아빠에게 왜 약속을 어기느냐 일주일만 받기로 하지 않았냐고 따졌고, 아빠는 주일에 신천지 교회도 못 가게 하고 강제로 그 목사님께 데리고 갔습니다. 그래서 청년회 섭외부장에게 몰래 연락했습니다. 섭외부장이 개종 교육하는 목사님 사무실에 왔고, 문전박대를 당한 섭외부장은 문을 걷어찼고, 경찰에 신고하였습니다.

저는 처음으로 화난 아빠의 모습을 보게 되었습니다. 섭외부장은, 감금당한 것 아니냐면서 다 큰 딸을 감금하면 어떡하냐 하며 자기랑 같이 가자고 했고, 저는 섭외부장을 따라 가려고 했지만, 이 상황이 너무 무서워서 어찌할 바를 모르고 있다가 아빠가 제 손목을 잡아 당겼고 결국 섭외부장이 아닌 아빠를 따라가게 되었습니다. 이런 상황이 처음이라 너무 무서웠고, 속으로 이렇게까지 해야 되나 라는 생각을 하면서 집에 왔습니다. 이후 유치원 출퇴근도 아빠가 다 태워주시고 정말 고문이었습니다.

어느 날 퇴근 후 친구 만난다며 집 근처에 내려달라고 했습니다. 그 사이에 신천지 교회에 가서 섭외부장과 피드백을 했고, 아빠는 저를 찾아 다녔습니다. 밤 11시에 아빠와 통화를 하면서 협상을 했습니다. 그 후부터 밤 9시 전에만 집에 들어가면 크게 뭐라고 하시지 않았고, 점점 부모님의 간섭에서도 벗어났습니다.

주일에도 오전에 신천지 유년회 예배 갔다가 점심에 아빠 교회 갔다가 다시 신천지 3시 대체 예배드리러 가도 뭐라고 하지 않았습니다. 사실 주일마다 그렇게 왔다갔다하는 것이 너무 힘들었습니다.

부모님이 이제 인정해주셨나보다 하면서 이제 아무 일도 없겠지 하며 안심 했습니다. 신천지 교회에서는 저를 승리자라며 모두 고생했다며 응원해주고 격려해주고 반증교육 때 간증하라고 했습니다.

그렇게 몇 개월이 지나고, 2017년 성탄절에 가족들과 같이 인천에 놀러가자는 것입니다. 당일치기로 가는 거라 안심했습니다. 인천 놀러 가는 길에 제가 운전을 하였기에 더 의심을 하지 않았습니다. 올라오는 길에는 너무 피곤해서 차에서 잠을 잤고, 저녁을 먹자며 식당에 갔는데 도착한 식당이 단독주택이었습니다. 저녁에 밥을 먹고 이제 집에 가야하는데 다들 9시가 넘어도 일어날 생각을 안해서 집에 가자고 했더니 갑자기 엄마가 할 말이 있다면서 사인을 하라는 거였습니다.

결국 개종교육이라는 것을 알게 되었고, 사인하면 집에 가겠다고 해서 가족들과 씨름한 끝에 사인을 했지만, 엄마는 시간이 늦었다면서 자고 가자는 거였습니다. 내일 출근도 해야 되고 온갖 걱정이 들어서 빨리 집에 가야한다고 했지만 소용이 없었습니다. 예전에 섭외부장이 이제는 소리 지르고 물건 던지고, 도망가면 계속 도망 다니면서 신앙을 해야 한다면서 오히려 지는 것이 되기 때문에 저한테 감정을 잘 다스려서 말씀으로 무조건 싸워서 이겨야 한다고 이야기해줬던 것이 생각이 났습니다. 저는 너무 화나고 짜증이 났지만 그 말이 생각나서 참았습니다.

직장이 걱정됐던 저는 직장 다니면서 하고 싶다고 했더니 그러면 안 된다면서 1년 동안 이 집에 있어야 한다고 했습니다. 그래서 더 화가 났지만 그곳에 갇혀있는 시간이 너무 아까워서 빨리 교육받고 집에 가자는 생각을 했습니다. 지난번처럼 승리하고 돌아오면 되지 라는 마음을 가지고 상담받기로 하였고, 27일부터 상담을 받기 시작했습니다.

신천지에서 반증교육을 총 세 번 받았기 때문에 당연히 반증이 될거라 생각했습니다. 최근 신천지 반증교육은, 사람들이 상담소에 가서 신천지에 대해 모르는 안 좋은 내용들을 들으며 개종되기 전에 예방을 하자는 차원으로 상담소에서 어떻게 비방하는지 다 알려주고 그것을 어떻게 반증하면 되는지 교육을 했습니다. 그래서 저는 어떻게 말하는지 70%정도 미리 들었습니다. 따라서 전도사님들이 이야기해도 '저거 다 들었다. 알고 있다 '하면서 신천지에서 교육 받았던 대로 반증을 하였습니다.

그러나 전도사님들도 제가 한 반증에 말씀으로 또 반증하셔서, 말문이 막혔고, 반증교육할 때 계속 우기면서 딴생각하며 잘 듣지 않았습니다. 반증교육을 들으면서 저 스스로 마음이 흔들리고 있다는 것을 느꼈고, 개종이 될까봐 두려웠던 부분이 컸습니다. 그래서 신천지가 틀려도 신천지에 가야 된다고 우겼습니다. 그러다 진용식 목사님 특강 때, 신천지에서 반증 들었던 대로 또 반증을 하였고, 제가 하는 반증들이 억지 주장이라는 것을 그제서야 깨달았습니다.

사실, 신천지에서 이미 상담소에서 어떻게 이야기하는지 다 들었기 때문에 마음이 흔들려도 틀리다는 것을 인정하기가 어려웠습니다. 굳게 신천지가 옳다고 믿고 있었던 것이 아니라는 것이 하나 둘씩 들어나면서 자존심이 상했고, 신천지가 틀리다는 것을 인정하고 싶지 않았습니다.

　구원론 들으면서도 계속 신천지 교리가 생각났고 신천지에서 자주 썼던 성경구절이 나오면 자꾸 신천지 교리로 생각하게 돼서 스스로 너무 힘들었습니다.

　반증과 구원론을 들으면서 하나님이 어디에 계시는지, 어디가 진짜일까 혼란스러웠고, 이제는 하나님도 믿고 싶지 않았고 하나님이 살아계시다면 어떻게 날 이단으로 인도했을까 하면서 아무도 믿고 싶지 않았습니다. 저는 지옥가기 싫어서 천국가고 싶어서 하나님을 믿었던 건데, 선택하는 것조차 너무 힘들어서 아무도 믿고 싶지 않았습니다.

　하지만 전도사님께서 성경을 믿으면 된다라고 말씀하셨습니다. 그래서 성경을 믿고 싶었습니다. 곰곰이 생각을 해 보니 제 인생에서 하나님이 안계시다는 생각을 하니 너무 무서웠습니다. 생각해보면 어렸을 때부터 제 인생에 있어서 하나님이 안 계셨던 적이 없었는데 말입니다. 그래서 하나님을 다시 용기 내어 믿고 싶어졌습니다.

　구원론을 들으면서 제가 우상숭배를 하고 있었다는 것을 깨달았지만, 신천지에 있을 때 어렸을 때처럼 정말 하나님과 예수님을 믿었다고 생각했기 때문에 우상숭배를 인정하는 것이 힘들었습니다. 이만희는 하나님이 보낸 약속의 목자이지 예수님으로 신격화 해서 생각해 본 적이 없었기 때문입니다. 신천지에 갔다 오지 않은 사람들은 어떻게 사람을 믿을 수 있냐면서 비아냥거리면서 쳐다보는 것이 느껴져서 힘들었습니다. 물론 그렇게 생각은 안하겠지만 저 스스로 사람들을 볼 때마다 그런 느낌이 들어 견디기가 힘들었습니다. 저는 하나님과 예수님을 믿어서 말씀 따라 천국가고 싶어서 신천지에 간 거였는데….

신천지에 있을 때 이만희를 믿은 것이 아니라 하나님과 예수님을 믿으면서 신앙생활을 했다고 생각했기 때문에 우상 숭배 했다는 거 자체를 인정하기까지 시간이 많이 걸렸습니다. 아마 자존심이 상해서 그랬던 것 같습니다. 엄마가 너 우상숭배 했어라고 지적하는 것이 너무 힘들었고, 인정하고 싶지 않았습니다.

구원론을 배우면서 하나님의 은혜와 사랑에 대해 다시금 생각하게 되었고, 20살 때 주일학교 교사를 하면서 아이들에게 전했던 복음이 떠올랐고, 내가 정말 하나님의 은혜와 사랑을 잊고 살았구나 깨달았습니다.

또한 교육 중에 상록교회에서 청년부 수련회가 있어 참석하였는데, 저녁예배에서 '은혜 아니면' 찬양을 부를 때, 가사를 묵상해보니 정말 내가 하나님의 은혜를 잊고 살았구나, 우상숭배 했음을 깨달았고, 하나님께 너무나 죄송한 마음이 들어 눈물이 났고 진심으로 우상숭배 했음을 회개했습니다. 우상숭배를 인정하기까지 시간이 많이 걸렸습니다.

하나님께 너무나도 죄송한 마음이 들었고, 내가 어떻게 하나님의 복음을 잊고 신천지에 갔을 까 스스로를 자책하면서 원망했습니다. 하지만 지금 생각해 보면 신천지에 갔다 왔기 때문에 오히려 예전보다 더 구원의 확신을 가질 수 있었고, 하나님의 자녀로 주장하면서 하나님을 더 올바르게 믿을 수 있도록 도와주신 것 같아서 감사했습니다. 지금이라도 하나님의 은혜와 사랑을 깨닫고 구원의 믿음을 나의 것으로 믿을 수 있도록 해 주셔서 너무 감사했습니다.

만약, 신천지에 있을 때 교회 언니를 만나지 않았더라면 나오기 힘들 수도 있었는데 이렇게 그 언니를 만날 수 있도록 도와주신 것도 다 하나님의 은혜인 것 같아서 감사했습니다. 처음에는 몰랐지만 상담 받을 때 주변에서 저를 도와주신 분들이 많이 계셔서 너무 감사했습니다.

특별히 상담 받을 때 만약 저 혼자서 받았더라면 많이 힘들었겠지만 좋은 집사님과 함께 받았고 저와 같은 지파에서 온 친구도 같은 시기에 와서 교육을 함께 받아서 많은 위로와 힘을 얻었습니다.

하나님께서 신천지에서 나올 때도 좋은 친구를 붙여주셔서 때에 맞게 나올 수 있는 환경을 만들어 주셔서 감사했습니다.

잘못된 길로 갔지만 지금이라도 신천지에서 건져내 주셔서 때에 맞게 올바른 길로 인도해주신 하나님께 너무나도 감사드리고, 진용식 목사님을 비롯하여 김경천 목사님, 진정한 목사님과 모든 전도사님들 그리고 저를 위해 기도해 주신 모든 분들께 감사의 말씀 전해드리고 싶습니다. 감사합니다.

🌿 신천지 교리에 의문을 갖기 시작했습니다

이별초 (가명)

저는 3년 동안 신천지에 빠졌다가 예수님의 품으로 다시 돌아왔습니다.

모태신앙으로서 꾸준히 신앙생활을 해왔지만 20대 초반에 하나님을 만나 제 삶의 목적과 가치관은 바뀌게 되었습니다. 일평생을 내가 아닌 하나님의 뜻을 따라 살겠노라고 다짐했습니다. 예수님께 받은 사랑이 제가 거하는 장소와 만나는 사람들 가운데에 전파되길 기도했고, 그러다가 길거리나 카페에서 만나는 다른 종교 사람들과 대화를 나누며 복음을 전하기도 했습니다.

카페에서 공부를 하던 어느 날, 두 학생의 설문조사에 응하게 되어 인터뷰 후 에니어그램 상담까지 하게 되었지만 당시의 저는 바쁜 환경으로 인해 신천지에서 원하는 합당한 자가 아니었습니다. 1년의 시간이 흐르고 여유가 생긴 시점에 우연히 상담사와 마주치게 되었고 그 옆에 있던 CBS 기자의 인터뷰에 응하게 되어 신천지 복음방의 세계로 들어가게 됐습니다.

당시 저의 기도제목은 하나님의 뜻을 더 알고 싶다고, 분별할 수 있는 지혜를 달라는 것이었고, 타이밍 적절하게 시작된 성경공부가 하나님께서 인도하신 길이라고 확신했습니다. 새롭게 배우는 말씀에 완전히 매료됐고, 복음방 교사님의 툭툭 튀어 나오는 성경구절에 놀라 저도 그렇게 되고자 열심을 다했습니다. 구원의 확신이 굉장히 강했기에 교사와의 갈등도 있었지만 구원관은 결국 깨지게 됐고 계시록에 대한 궁금증이 날로 커져갔습니다. 이후 센터에 들어갔고 그곳이 하나님의 진리가 나오는 곳이라 믿게 됐습니다.

초등과정에서 '산'을 배울 때는 센터가 신천지임을 스스로 짐작하면서 충격을 받기도 했지만 여기가 맞는 곳이라 확신하며 이겨냈고, 고등이 되어서는 그토록 궁금해 했던 계시록과 신천지 실상의 말씀을 배우게 됐습니다. 신천지 교육으로 인해 제 삶의 목적은 180도 바뀌게 됐습니다. 하나님의 뜻에 따라 살겠다는 마음만큼은 그대로였지만, 그 뜻을 새 하늘 새 땅의 인 맞은 나라와 제사장으로 믿게 됐기에,

이를 위해 헌신하게 됐습니다.

제 인도자는 둘째 동생이었는데요, 제가 입교한 후에 막내 동생까지 센터로 인도하게 됐습니다. 그러던 어느 날, 부모님께 오픈되었음을 눈치 채게 되었습니다. 막내 동생은 센터가 신천지임을 알게 된지 1주일도 안 되어 두 언니까지 신천지임을 알게 됐고, 아직 신천지 교육을 다 받지 않은 막내 동생이 집에서 지내면 위험하다 생각했기에 세 자매는 가출을 했습니다. 가출 후 숙소에 거주하면서 더욱 열심히 활동했습니다.

인 맞은 144,000이 되기 위해서 매일 밤 시간을 쪼개어 공부했고 나라 완성을 위해 전도활동을 끊임없이 했습니다. 자정이 되어서까지 노방 전도를 하기도 했지만, 이 모든 게 하나님의 일이라는 생각에 힘들다는 생각 한번 하지 않고 최선을 다했습니다.

가출 후 1년 2개월이 지나 집에 돌아갔습니다. 부모님과 함께 지내면서 싸움이 끊이질 않았습니다. 저는 마귀가 우리 부모님을 들어 쓰고 있다고 생각했으며 교리적인 부분에 있어서는 더욱 강하게 대응했습니다. 활동 시간이 줄어든다는 것에 스트레스를 받아 이를 방해하는 부모님께 버릇 없이 굴기도 했습니다. 당시의 저는 정말 못된 모습이었습니다.

그럼에도 불구하고 어머니께서는 지속적으로 상담을 받도록 설득하셨습니다. 사실 예전부터 부모님께 인정받기 위해서는 상담을 받고 이기는 방법이 유일하겠구나 생각했고, 신천지 섭외부에서 저는 가도 된다고 했습니다. 하지만 제 스스로의 갈등으로 인해 바로 결정하진 못했습니다. 그래도 집에서 떳떳하게 신앙생활 하고, 신천지가 결코 이상한 곳이 아니며 하나님의 말씀이 나오는 곳이라는 것을 밝히기 위해, 한

달을 약속하고 세 자매의 대표로 상담을 받기로 약속했습니다.

2018년 1월 3일, 안산 상록교회에서의 상담이 시작됐습니다. 신천지 교리가 진리라는 확신이 가득했던 저는 그 어느 반증교육을 들어도 신천지가 옳다는 생각뿐이었습니다. 사람들은 제 말을 알아듣지 못하는 것 같아 답답한 마음이었습니다. 매일 밤 부모님을 설득하려고 했고, 약속의 목자와 신학과 성전에 대한 믿음을 지켜달라고, 진리의 씨로 났으니 반드시 승리하게 해달라고 기도했습니다.

매일 잠들기 전마다 양측의 내용을 되새겼는데요. 상담 시작 후 3주 정도가 흘렀을 때 내가 성경과 신천지 교리 중 어느 것을 믿는지에 대한 생각을 하게 되었습니다. 성경은 바뀐 적이 한 번도 없으며 계시 받은 선지자들의 말은 모두 이뤄졌는데, 신천지 저서와 교리가 바뀌었다는 점에 의문을 갖기 시작했습니다. 신천지에서만 반증교육을 몇 번이고 들었기 때문에 반증이 계속 생각났지만, 하나님께서는 저의 눈을 밝히 열어주셨습니다. 교육 내용을 다시 떠올릴 때마다 신천지 교리가 성경적으로 맞지 않다는 게 점점 깨달아졌습니다.

하나님께서는 신천지에 향해 있던 제 마음을 돌려주셔서 결국 나오기로 결정했고, 후속 교육을 들으며 다친 마음의 치유를 얻게 됐습니다. 저를 위해 십자가에 달리시고 죄를 용서해주신 예수님. 그분의 부활과 구원의 축복. 이 모든 것을 믿게 해주신 은혜. 시간이 지날수록 감사함은 커져 갔습니다. 부모님의 사랑, 하나님의 위로가 있었기에 저는 회복될 수 있었습니다.

가출하고, 거짓말을 일삼고, 자녀로서 하지 말아야 할 행동들을 했음에도 부모님은 용서해 주셨고, 미혹되어 있던 저와 동생들을 위해 몇 년이고 기도하며 포기하지 않으셨습니다. 부모님의 사랑이 있었기에 주님의 품으로 돌아올 수 있었습니다. 우상숭배라는 큰 죄를 범했음에도 불구하고 그걸 깨닫게 해주시고 용서해주시며 저를 다시 구원의 길로 인도해주신 아버지 하나님께 감사와 찬양을 올려 드립니다.

앞으로의 생애 가운데 하나님 붙잡은 손 놓지 않고, 제게 허락해신 소명을 다하며 살아가길 소망합니다. 그리고 저를 빼내주신 은혜를 기억하며, 아직 신천지에서 왜곡된 말씀을 믿고 섬기는 성도들을 위해 기도하겠습니다. 이렇게 간증을 할 수 있게 이끌어주신 하나님께 감사와 영광을 올려 드리며 이상으로 간증을 마치겠습니다.

🌱 다시 평화를 찾았습니다

김려원(가명)

저는 목회자 자녀로 어렸을 때부터 신앙생활이 너무나 당연한 삶을 살아왔습니다. 모태신앙을 가진 사람들은 대부분 나이가 들며 세상을 접하게 되면서 자신의 신앙에 대해 돌아보거나 깊게 생각하는 시간을 갖듯 저도 대학교에 들어서며 신앙을 돌아보기 시작했습니다.

어렸을 때부터 반주자로 교회에서 섬기다 보니 교제나 말씀 나눔이 제대로 되지 않고, 또래친구들과의 활동도 제한이 많아지게 되어 혼자 답답한 신앙생활을 꽤 오래 해왔습니다. 그러다 대학교 2학년 때 더 이상 이렇게는 신앙생활을 할 수 없겠다 생각되어 담임목사님과 상담 끝에 청년들이 많이 활동하는 다른 교회를 찾아 떠나겠다는 결정을 내렸고, 그런 게 이 교회 저 교회 다니며 정을 못 붙이던 중에 우연히 학교 역 근처에서 길거리 인터뷰를 당하게 되었습니다.

크리스천 영화를 만들고 있는 청년 단체인데 영화제작을 위해 인터뷰에 응해달라는 말에 같은 기독교인으로서 지나칠 수가 없었고, 인터뷰에 응해줬습니다. 말도 재밌게 잘하고 여러 가지 흥미로운 이야기들도 많이 나누다 보니 단체에 대해 마음이 열렸고 혹시 다음에 한 번 더 심층 인터뷰를 해줄 수 있냐는 제안에 흔쾌히 번호를 교환했습니다. 신앙적으로 고민도 많고 생각도 많을 때라 이것 또한 하나님이 뭔가 답을 주신건 아닐까 하는 설렘으로 인터뷰에 응하였고, 제 이야기를 아무 의심도 없이 다 해주었습니다. 인터뷰 후 제게 감사하다며 기독 상담사를 소개시켜 줄테니 한번 신앙에 도움을 받아보라는 권유에 또 좋은 기회 같다며 심리상담 및 기독상담을 받기 시작했습니다. 부모님에 대한 상처가 많다면서 제 심리적인 의지대상이 이젠 더 이상 부모님이 아닌 하나님이 되어야 한다며 성경을 모르니 하나님을 의지 할 수가 없으므로 앞으로 함께 알아가 보자는 말에 솔깃하여 성경공부를 시작했습니다.

공부를 하면 할수록 너무 이 말씀이 맞는 것 같았고, 정말 내가 하나님을 너무 몰라 무지했음을 고백하고 눈물로 하루하루 말씀을 배워갔습니다. 복음방 한 달 정도 교육을 받다가 이 곳이 신천지라는 곳을 도저히 받아들일 수 없었지만 그래도 말씀이 좋으니 한번 들어보자는 생각에 센터까지 가게 되었습니다. 들으면 들을수록 빠져들게 되어 진짜 이 곳이 하나님이 함께 하는 곳이구나 하는 생각에 학업이며 친구며 가족이며 여러 가지 생활들에 소홀히 하게 되었고, 결국 모든 것을 끊은 후 24시간 신천지 생활에만 매진하게 되었습니다. 초등 중등 고등을 수강하며 계시받은 자가 오늘날 나타났고 예수님의 영을 입고 있는 사람이 있다는 사실을 받아들이며 신천지 생활에 매진했었습니다.

　제가 있는 곳은 시몬지파 명동지역인데 제가 그 곳 개척멤버가 되어 할 일이 너무나 많았습니다. 센터수강 중에는 전도특전대에 이제 막 복음방을 시작한 친구들이 말씀을 잘 깨달아 갈 수 있도록 도와주는 잎사귀 역할을 매진했었고, 수강을 마친 후 입교를 했을 때는 구역장 생활을 하며 전도팀장을 맡아 매진했습니다.

　인천이 집이었고 명동까지 4시간이라는 통학시간을 가지고서도 매일을 빠지지 않고 새벽 6시부터 밤 12시까지 매진하며 살았습니다. 아직도 생각이 나는 하루가 있는데 새벽교육을 듣고 구역모임을 한 후 복음방을 2개 교육하러 나갔어야 했던 날이 있었는데 너무 힘들고 아파서 잠깐 틈이 나는 시간에 병원에 가서 영양제를 맞고 다시 복음방과 구역원들 관리를 하러 뛰어다녔던 날이 아직도 스스로 좀 많이 미안한 하루였습니다.

　이런 삶을 1년 동안 살다가 학교를 가야하는 상황이 생기게 되어 학교를 다니면서도 신천지 생활에 대한 매진은 날로 더 깊어졌습니다. 그러다 보니 학교 친구들과도 자연스레 멀어지게 되고 CCC 생활을 했었는데 친구들을 전도하려다가 들통 나게 되어 소문도 나게 되었고, 여러 가지로 학교생활은 힘들었습니다. 하지만 신천지에서 구역장을 관리하는 팀장을 맡고 기획부 일까지 맡아 하면서 시몬지파 체전 응원단장을 해 1등상을 받기도 하였고 명동지역 헌신예배 때는 지휘자를 하며 100명이 넘는 인원들을 찬양대로 이끌기도 하였습니다.

　정말 이 곳에서 일하는 것은 하루하루가 힘들었지만 행복했고 즐거웠기에 20년 넘게 치던 피아노를 내려놓으면서까지도 매진을 했었고, 하지만 올해 1월에 학교생활과 너무 많은 일들을 쉬지 않고 해왔던 것 때문에 건강에 문제가 생겨 집에서 쉬어야 했습니다. 그러면서 신천지에서 내가 했던 생활들을 돌아보며 더 이상은 이렇게만 살 수 없겠다 싶을 때 상록교회에 오게 되었습니다.

상록교회에 오기 전 엄마를 전도하려 복음방을 하다가 엄마에게 신천지에 오래 다니게 된 사실을 들키게 되었고 그 때부터 저희 가족은 거의 전쟁수준의 생활을 하게 되었습니다. 6개월을 그런 지옥 같은 생활을 한 우리 가족은 이미 지칠 때로 지쳐있었고 저는 매일 엄마가 신천지가 하나님의 나라라고 믿고 오길 기도했습니다. 그러는 것이 하나님의 뜻이고 그래야 우리 가족이 회복이 될 것이라고 믿었기 때문입니다. 하지만 개종교육을 받으며 느낀 것은 이 교육이 우리 가족이 회복 되는 하나님의 뜻이었구나 하는 것을 알게 되었습니다.

가족이라는 것은 모든 것을 공유하고 서로 신뢰하며 사랑하는 공동체가 되어야 함을 개종교육이 진행되며 수많은 대화들을 통해 깨달았습니다. 요즘 가장 감사한 부분이 바로 이 부분입니다. 끝나지 않을 것만 같았던 전쟁은 다시 평화를 되찾았고, 서로 의지하며 힘을 내서 살아가는 저희 가족의 모습을 보니 하나님께 감사하다는 말 밖에는 할 것이 없습니다.

그리고 제가 어떤 행위를 하지 않더라도 이미 하나님은 선택하셨고 책임지시고 구원을 주시는 사랑에 감사하게 되었습니다. 이단에 빠졌더라도 포기하지 않으시고 건져내주시고 지켜 보호해주시는 그 크신 사랑에 앞으로도 감사하는 마음 잊지 않고 살아가겠습니다. 사람은 구원자가 될 수 없고, 또한 사람에게 죽음은 한번 정하신 것이기에 성경말씀을 믿는 사람이라면 이 말씀을 믿고 앞으로 신앙생활을 해나가야겠다는 다짐도 더욱 들었습니다. 구원의 확신을 가지고 살아 갈 수 있도록 교육해주시고 알려주신 모든 강사님들 목사님들께도 감사합니다.

🌱 반증을 듣고 확 깨졌습니다.

김라헬(가명)

　저는 2014년 풋풋한 스무 살 여름에 복음방을 시작해서 약 1년 8개월 정도 신천지 시몬지파 명동지역에 있다가 나오게 되었습니다.

　처음에 신천지를 알게 된 건 친언니가 저를 전도했기 때문입니다. 이미 신천지를 다니고 있던 언니는 그 당시 휴학을 하고 서울에서 자취를 하고 있을 때였고 음악치료 공부를 하는 것으로 알고 있어서 언니가 공부하면서 알게 된 상담사가 있는데 친해져서 무료로 심리 상담 해주기로 했다며 같이 받아보자고 얘기를 했습니다. 저는 언니니까 아무 의심이 없었고 그때 당시 저도 심리에 관심이 있던 터라 좋아하면서 만남을 갖게 되었습니다.

　처음엔 미술심리로 하면서 일주일에 한 번씩 만났는데 미술심리결과를 보고 변화 받고 싶은 부분을 극대화하면서 하나님을 믿는 사람이니까 같이 말씀을 공부하면서 그 부분을 변화시킬 수 있다고 하며 다음 만남으로 계속 연결시켰습니다.

　그 당시 여름방학이어서 저는 서울에 올라올 이유가 없었지만 언니가 같이 있으니 언니도 만날 겸 그 성경공부를 하러 서울을 일주일에 네 번씩 꼬박꼬박 갔습니다.

그러나 제가 처음부터 순순히 신천지에 간 것이 아니었습니다. 언니가 저 전도할 때가 가장 힘들었다고 나중에 이야기를 했었습니다.

복음방을 했을 때 어느 순간 내가 왜 이 성경공부를 하러 서울을 가고 있는지 문득 생각하니 하기 싫어져서 언니한테 안 간다고 하니 언니는 저를 열심히 설득했습니다. 그러다 어느 날은 서울역 한복판에서 울면서 싸운 적도 있습니다. 저는 배우기 싫다고 하고 언니는 하나님이 주신 기회인 것 같다면서 계속 저를 잡았습니다.

한번 싫은 건 싫어하는 성격이라 복음방 교사가 정이 안 가 배우기 싫다고도 핑계를 댔지만 교체 된 복음방 교사와는 잘 맞았기에 조금씩 마음을 열기 시작했습니다. 그 당시 신천지에서 말하는 영적교만형이었던 저는 처음엔 다 아는 말씀얘기를 한다고 생각해서 말씀엔 별로 관심이 없었고 언니 말에 못 이겨서 계속 배우다가 센터까지 가게 되었습니다. 센터를 초반에 다닐 때도 저는 그 동기들과 친해지기 싫어서 가도 언니랑만 말하고 매일 본 강의 나가기 전에 하는 선 보강 수업과 수업 끝나고 하는 후 보강 수업도 핑계대면서 늦게 가고 끝나면 칼같이 일찍 집에 갔습니다.

신천지 센터에 들어오기 전에 교역자나 신학생은 이곳이 신천지인 것을 오픈 하고 센터에 들어와야 된다는 법이 있습니다. 신학생인 저는 센터에 들어오기 전에 이미 오픈수업도 다 하였지만 신천지에서도 상태가 좋지 않았던 수강생이었습니다.

모태신앙이고 신학교도 다니고 있던 저는 이단에 대해서 별로 관심도 없었고 잘 알지도 못했었습니다. 그래서 이곳이 신천지인 걸 오픈했을 때 처음엔 당황했지만 세상에서 말하는 신천지와 내가 직접 배웠던 말씀이 있는 신천지는 다른 곳으로 생각했고 그동안 인정하고 받아들였던 말씀이 10개중에 9개는 다 맞다고 했는데 '신천지'라는 세 글자 때문에 다 아니라고 부정할 수가 없었습니다.

센터 다닐 당시 학교를 같이 다니고 있어서 오전엔 학교에 있다가 저녁반 수강을 했습니다. 1학년 2학기 종강을 하면서 겨울방학이 시작되고부터 신천지에 올인 하기 시작했습니다. 그때가 제일 중요하다는 고등을 시작할 때였습니다. 아침마다 일어나 서울에 올라가서 계시록 실상을 배우고 동기들이랑도 친해져 노방도 뛰고 성경공부도 하면서 점점 깊이 빠져 들어갔습니다. 신천지 센터과정을 다 끝내고 저는 바로 전체서기라는 사명을 그곳에서 맡게 되면서 신천지의 행정시스템을 배우게 되었습니다. 제가 있던 명동지역의 행정을 모두 관리하는 일이라서 정말 할 일이 많았습니다. 그래서 학교를 다니기 싫었지만 그 때 엄마에게 휴학을 할 타당한 이유를 말 할 수 없었기에 어쩔 수 없이 학교를 다니면서 서기 일을 하게 되었습니다.

2학년 1학기를 다니던 21살 상반기의 삶은 아직도 생각하면 어떻게 살았는지 정말 대단했던 것 같습니다. 다시 그렇게 살라고 하면 다시는 못할 것 같습니다. 하루 일과가 서기라서 아침회의시간에 참여해야 하기 때문에 회의가 7시 30분이여서 저는 집은 인천이기에 새벽5시에 일어나서 6시가 안 되서 집을 나와서 명동까지 7시 30분에 도착해서 회의를 참여한 다음 학교에 아침9시 수업을 들으러 갑니다. 당연히 학교에선 잠만 자고 수업은 제대로 듣지 못했습니다.

신천지에서 비난하는 신학교를 다니고 있으니 학교에 가서 수업을 들어봤자 저는 매일 비진리, 독을 먹는 것이라고 생각했으니 학교는 그냥 잠자러 가는 곳이었습니다. 당연히 학점은 제 행동과 비례하면서 F가 나왔습니다. 그땐 상관없었습니다.

그리고 신천지 보고체계상 마감시간은 무조건 엄수와 보안문서로 되어있기 때문에 문서작업을 하려면 꼭 신천지성전에 있는 컴퓨터로만 할 수 있는 작업이 대부분입니다. 그래서 저는 갑자기 학교에 있을 때 보고하라고 명령이 내려오면 학교에 있다가 출석만 체크하고 바로 성전으로 달려가서 서기업무를 하는 것이 일상이었습니다. 그러면서 생활비도 벌어야 했기에 교통비를 줄여보려고 성전 근처에 알바를 구해서 알바까지 하고 집에 가면 항상 새벽1시가 다 되어있었습니다.

　아침부터 밤까지 정신없이 뛰어다녔고 이런 생활을 6개월 동안 계속 하다 보니 당연히 체력은 바닥이 나고 건강도 악화되었습니다. 너무 힘들었던 6개월이라 그 안에서 슬럼프가 찾아와 서기의 사명을 내려놓고 일반 성도로 내려갔습니다.

　신천지 안에서 사명이 있다는 건 좋은 것이기 때문에 다른 할 일을 찾다가 신나고 재밌는 걸 좋아해서 문화부의 응원단에 들어갔습니다.

　새로운 신천지생활이 시작되면서 응원단도 6개월 정도 하면서 제가 살면서 경험해보지 못할 것들을 많이 경험했던 것 같습니다. 일주일에 두 번 정도 춤 연습을 하고 신촌에서 거리 공연도 서보고 행사장도 가봤습니다. 뮤지컬도 하면서 밝은 에너지를 문화부에 쏟으며 21살의 하반기를 보냈습니다.

　이렇게 살던 와중에 언니와 저는 엄마를 전도하기 위해 같이 힘을 모아서 엄마 복음방을 시작했습니다. 그러나 엄마는 말씀을 배우면서 이상함을 느끼고 나중에 신천지인 것을 알고 더 이상 배우지 않겠다고 확 끊어버렸습니다. 전도에 실패한 저희 자매는 실망했지만 포기하지 않고 저희도 신천지인 것을 몰랐던 것처럼 연기 하면서 기회를 엿보고 있었는데 신천지 자료가 걸리고 말았습니다.

제가 2학기 때는 너무 학교에 가기 싫어서 휴학을 일단 지르고 보자는 마음에 엄마한테 말도 없이 휴학을 신청하고 말할 타이밍을 보고 있을 때였습니다. 학교에서 엄마에게 전화를 하여 엄마가 저의 휴학 사실을 알게 되었고, 저희가 신천지에 깊이 빠져있다는 것이 엄마에게 들통이 난 것입니다. 그 후부터 집에 가면 항상 전쟁이었습니다. 집에 있던 시간이 언니보다 제가 더 많았기 때문에 엄마와의 교리전쟁은 거의 제 몫이었습니다. 그 시간은 지금 생각해도 지옥 같았습니다.

보통 집에 오픈이 되면 특별 관리 대상자가 돼서 강피연교육과 실상교육을 더 받게 되는데 언니와 저는 좀 특별한 케이스였습니다. 일단 둘이고 엄마도 신천지에 대해 아는 정보가 없으니까 엄마가 개종목자나 이단상담소라는 곳이 있다는 걸 알 리가 없다고 생각하고 계속 싸우면서 신천지 생활을 계속 했습니다. 그러던 어느 날, 엄마가 〈신천지에 빠진 사람들〉 방송을 다 봤다는 말을 듣고 그때부터 조금씩 경계하기 시작했습니다. 그러나 이미 엄마는 그 전부터 개종교육을 준비하고 계셨다는 것을 나중에 알게 되었습니다.

엄마에 의해 저는 펜션으로 끌려가게 되었고, 그곳에서 저는 계속 기도했습니다. 그때는 제가 믿고 있던 하나님은 예전이나 지금이나 달라지지 않았다고 생각했기에 선택의 순간이 오면 하나님이 뜻하신 대로 제가 선택할 수 있게 해달라고 속으로 계속 기도했습니다. 펜션에서 도망갈 생각이었으면 도망갈 기회는 많았지만 차마 엄마를 두고 도망을 갈 수가 없었습니다. 같이 도와줬던 친척 분들로부터 그동안 듣지 못했던 엄마의 인생을 듣게 되었고 저희 둘을 키우셨던 과거는 변함없는 사실이기에 엄마를 등지고 갈 수 없었습니다. 그렇게 버티면서 안산 상록교회까지 와서 진용식 목사님의 반증교육을 듣고 확

깨졌습니다. '이만희는 구원자가 될 수 없다, 계시 받은 사람이 아니다' 라는 강의를 듣고 신천지에는 더 이상 믿을 게 하나도 없었습니다. 교육을 들으면 들을수록 정말 헛웃음만 나오고 세뇌 당한다는 것이 얼마나 무서운 것인지 몸소 체험하고 정말 무서웠습니다.

상록교회에서 후속교육도 잘 받으면서 다시 구원론을 제대로 듣고 배우며 말씀을 다시 볼 수 있게 되었고 이제는 누가 뭐라 해도 구원 받았다는 확신이 생겼습니다. 그리고 이곳에서 교육을 받으면서 제일 많이 변한 것은 학교에 대한 생각입니다. 학교를 자퇴하려는 생각까지 했던 저였기에 학교에 대한 불만이 정말 많았습니다. 기성교회를 비판하는 신천지에서 거짓목자를 배출해 내는 곳이 신학교니 말씀이 없는 곳이고 정말 제가 직접 학교 다니면서 눈으로 보니 더 신천지가 맞다고 생각했습니다. 지금 생각하면 자퇴 안한 것이 정말 감사합니다.

학교에서 신학전공이라 헬라어 수업을 배울 때 원문을 왜 봐야하는지 이걸 왜 배워야 하는지 몰랐는데 여기서 후속교육을 받으면서 왜 원문을 봐야 하는지 이유를 깨달았습니다. 그리고 신학교를 갈 때 목회를 생각하고 간 것이 아니었으나 이번 일을 겪고 나서 오기가 생겼습니다. 여러 이단에서 비판하고 있는 신학교를 다니고 있지만 모두가 다 썩은 것이 아니며 그 안에는 분명 말씀이 있고 정말 신앙인이 있다는 것을 증명해 보이고 싶은 오기입니다.

지금도 이 마음을 두고 기도하고 있습니다. 하나님께서 앞으로 어떻게 제 미래를 펼쳐 가실지 저도 기대가 커졌습니다. 성경에 대해 더 공부하고 싶어지고 학교를 가서도 이젠 공부도 열심히 하고 싶어졌습니다.

사람에 대한 정이 많다보니 신천지에서 친했던 사람들과의 정을 때기가 정말 힘들었습니다. 그래도 이것 또한 하나님께서 계획하신 일

중에 하나이고 앞으로도 절대 혼자 두지 않으실 걸 믿기에 다 감사함으로 생각을 바꾸었습니다.

지금은 다시 일상생활을 찾아가고 있다는 것에 감사하고 남들이 경험해보지 못한 세계를 경험해 봤다는 것에 감사하고 있습니다. 정말 죽기를 각오하고 신천지에서 나오게 해준 엄마께 감사합니다. 또 색안경을 끼고 있던 저를 다시 바른 세상으로 바라볼 수 있게 해주신 목사님, 강사님들 정말 감사합니다. 정말 귀한 사역 하시는 모습을 보고 많이 배우고 느끼고 존경합니다.

앞으로 진짜 말씀 안에서 잘 성장하는 모습으로 이 은혜 보답하겠습니다.

🌿 제대로 된 나침반을 손에 쥔 기분입니다.

유시라 (가명)

저는 2014년 봄, 신천지의 잘 짜인 전략 하에 미혹되었습니다. 그다지 친하지 않았던 교회 친구에게 연락이 왔고 학업 때문에 한창 바빴지만 오랜만에 연락 온 친구가 반가워 만나게 되었습니다. 이후 만남이 잦아졌고 그러던 중 친구의 소개로 친구 교수님의 지인이라며 심리전문가를 사칭한 신천지 전도사를 만나게 되었습니다. 이후 여러 신천지 사람들이 제 전도에 투입되었고 저는 진로상담으로 시작해 성경공부까지 하게 되었습니다.

저는 모태신앙이었지만 구원이 무엇이고 구원이 중요한지조차도 제대로 알지 못했습니다. 그러던 제가 집중적으로 신천지 성경공부를 하게 되었습니다. 의심도 들었고 준비하고 있던 시험도 있었던 제게 신천지 성경공부는 큰 압박으로 다가왔지만 그럴 때마다 제 교사님은 의심 낮추기용 멘트와 네 가지 밭 이야기 등을 통해 세상욕심에 눈이 멀어 가시떨기 밭이 되려느냐며 저를 교육했습니다.

아무한테도 말할 수 없고 너무도 여유 없어진 삶이 숨 막히게 답답하고 괴로웠지만 이겨내려 노력했습니다. 이렇게 답답하고 괴로웠던 신천지 교육과정을 끝까지 마치고 신천지 성도가 되기까지 버틸 수 있었던 것은 '소망'이었습니다. 제가 신앙을 열심히 잘 하면 가족이 모두 구원에 이를 수 있고 새 하늘 새 땅의 완성을 조금이나마 앞당길 수 있을 거라는 소망이었습니다.

저는 식량 구호에 비전을 가지고 있었는데 요한계시록을 공부하며 하나님 나라가 다 이루어지면 기아 난민 문제 또한 하나님께서 다 해결해주실 거라는 소망을 찾게 되었습니다. 인간의 힘으로는 도저히 개선하기 어려울 것 같은 이 땅의 상황을, 이 땅에서는 보이지 않는 희망을, 신천지에서는 하나님이 다 이루어주실 것 같이 말했습니다.

신천지에서 성경에 없는 말을 가르치는 것도 아니고 구구절절 성구만을 이용해 설명하는데 하나님과 하나님 나라인 신천지를 받아들이지 않을 수가 없었습니다. 동화에나 나올법한 유토피아를 이 땅에 건설한다는 이야기를 믿는다는 게 우습기도 했지만 한 편으로는 희망을 가져보고 싶었습니다. 또 이 세상에 어떤 저명한 정치가, 사회학자, 철학자라도 이룩하지 못한 천국 같은 세상을 하나님께서 이 땅에 이룩하신다니 한 번 인생을 걸고 믿어보리라 다짐했었습니다.

그렇게 열심히 신천지 생활을 하다 보니 구역장이 되어있었습니다.

더 이상 신천지의 정체를 의심할 틈도 없이 저는 10명을 치리하고 수십 명의 전도대상자를 두고 전략을 짜며 상담사, 작가, 다큐멘터리 감독, 라디오 피디 등을 사칭하는 미혹을 위한 사명을 감당하게 되었습니다. 밥 먹듯이 거짓말을 하고 위법행위인 줄 알면서도 하나님께서 지켜주실 거라는 믿음과 하나님 나라를 위해서라면 희생을 감행해야 한다는 마음으로, 사명이 생명이라는 정신으로, 전도라면 속이는 일이라도 마다하지 않았습니다.

혼신을 다해 숨기려 노력했지만, 신천지 생활 2년 만에 부모님께서 제 수상한 귀가시간과 행세를 눈치 채시고는 저를 개종교육으로 인도하셨습니다. 상록교회에 개종상담을 받으러 오기까지 하나님께, 그리고 가족에게 참 많은 고통을 주었습니다. 짐승과도 같았던 저였음에도 가족들은 저를 포기하지 않았고, 하나님의 은혜와 가족의 헌신으로 참 복음을 들을 수 있었습니다.

신천지에 있을 때에 하루도 빠짐없이 가족구원을 위해 기도했었습니다. 신천지에서 신앙을 시작하고 구원의 중요성을 깨달은 후부터는 항상 가족기도를 우선으로 기도했었습니다. 당시에는 신천지로 전도를 하는 것이 구원이라고 믿었었지만 하나님께서는 저부터 바른 신앙의 길로 인도해주셨고, 이 과정을 통해 믿음이 연약했던 저희 엄마께도 구원의 복음을 접할 기회를 주셨습니다.

그러나 상록교회와 총신대학교에서 복음을 듣는 동안 사탄이 저를 가만히 두지만은 않았습니다. 끊임없이 죄책감으로 저를 짓밟았고 가족 내에 갈등을 야기했고 어둡고 불행함으로 엄습하며 공격하기도 했습니다. 사탄에게 지는 날들이 적지 않았고 그런 제 자신이 너무 싫어 모든 걸 다 포기하고 싶은 때도 있었습니다. 그러나 하나님께서 저를 놓지 않으셨고 구원론 듣기를 끝까지 소홀히 하지 않을 수 있었습니다.

너무 바쁘게 살아왔던 지난 몇 년간과는 달리 혼자 생각할 시간이 충분히 주어졌습니다. 어릴 적부터 순교자의 믿음을 가진 건 아니었지만 그래도 매일 기도하며 하나님과 함께 호흡하는 삶을 살아왔다고 생각했는데 왜 저에게 이런 시련을 주셨고, 이를 통해 저에게 주시려는 교훈은 무엇이며 앞으로 저는 어떻게 살아가야 하는 것인지 생각하게 되었습니다.

참 많이 돌아왔지만 이제 조금 방향을 잡은 것 같습니다. 인생을 시작하는 이 청춘의 시점에 제대로 된 나침반을 손에 거머쥐게 된 기분입니다. 주 안에서 승리하는 삶, 하나님께서 기뻐하시는 삶을 살아야겠다는 굳은 다짐이 제 마음의 중앙부에 자리 잡게 되었습니다. 신천지에 가기 전까지 제가 누군가에게 복음을 전한다는 것을 상상해 본 적도 없습니다. 친구들 사이에서 종교 이야기가 나오면 얼굴 붉히기 싫어 회피하기 일쑤였습니다. 이제는 하나님께서 인간이 되어 죽기까지 지키신 구원의 약속이 무엇인지 확실하게 알게 되었으니 두려워 할 필요가 없게 되었습니다. 쉽지 않은 과정이었고 마냥 즐겁기만 하지는 않은 시간이었지만 하나님께서는 이렇게 부족하고 연약한 저를 성장 시키시는가 봅니다. 제가 여기에 오기까지 기도해주시고 도움 주신 분들 모두 진심으로 감사합니다. 아직 미혹에서 벗어나지 못한 이들이 너무 많은데 모두가 결국에는 하나님께로 돌아올 수 있기를 간절히 기도합니다.

🌱 하나 둘씩 틀린 것이 보이기 시작했습니다

이윤미 (가명)

저는 원래 모태신앙이었습니다. 하지만 개신교에 대한 이미지가 안 좋았고 그렇기에 신앙에도 소홀했습니다. 그래서 고3 때는 신앙을 거의 하지 않았습니다. 누구나 스트레스를 받는 고3 시절 저는 세월호를 통해 사촌동생을 잃고 나서 다른 사람들보다 집중을 할 수 없었고 누군가를 의지 할 수도 없었습니다.

그 아픔이 채 가시지도 전에 저는 졸업식을 했고 그날 저녁 친구와 만나자고 하며 친구를 기다리다가 신천지 사람을 만났습니다. 인터뷰를 하는데 도와달라고 해서 선뜻은 아니지만 기다리는 동안 도와 드리자는 마음이 생겼고 그 시간동안 재미있게 보냈고 다음에도 도와줄 수 있냐는 말에 흔쾌히 도와주겠다고 말했습니다.

만남이 이어졌고 그림 상담을 해주겠다며 지인을 통해서 하는 거라며 조심스러워했습니다. 그때 저는 TV에서만 보던 그 심리테스트를 할 수 있게 되어 너무 좋다고 말하며 열심히 그렸고 며칠 후 상담사를 만났습니다.

상담사는 상담한 내용을 다른 사람에게 이야기하지 않는 것이 원칙이라는 말로 시작하며 나에 대해서 쪽 집게같이 잘 아는 것 같아 신기했고 그동안 누구에도 털어놓을 수 없었던 것들을 털어 놓아서 더 좋았습니다. 그래서 그런지 더 자연스럽게 복음방을 시작하게 되었습니다.

복음방 당시 학교 기독교 동아리 CCC를 하고 있었는데 일이 있어서 동아리를 나가야겠다고 말했고 순장과 간사님은 뭔가 거기 이단인 거 같다고 붙잡았지만 내가 내 눈으로 확인했기 때문에 이단이 아니다 라는 확신이 있었습니다. 제가 하나님이 내미신 손을 뿌리치고 우상숭배의 길을 걸어간 것입니다. 그 후에는 순조롭게 초등 중등을 지났습니다. 배우면서 나로 인해 가족이 모두 구원을 받는다는 말에 더 열심히 해야겠다는 생각을 했습니다.

고등 때 신천지 안에서 고등학교 동창을 만났고 그 친구가 개종을 하면서 비상이 걸렸습니다. 얼마 안가서 부모님에게 알려졌고 처음에는 부정했고 나중에는 다녔었다가 지금은 안다닌다는 거짓말을 했습니다. 그리고 약 두 달간 안 나갔는데 그때 학교로 강사랑 전도사가 찾아와서 "이럴 때 일수록 담대해져야 한다. 긴장하지 마라" 라는 말을 많이 해주었습니다.

주변 상황이 어느 정도 잠잠해지면서 저는 또 엄마에게는 독서실 간다고 거짓말하고 오전에 가서 수업만 듣고 집으로 가곤 했습니다. 개강 후 학교에 다닐 때 신천지 다니는 것을 또다시 들키게 되어 차라리 오픈하자라는 생각에 신천지 이야기를 했습니다.

그때부터 부모님과의 관계가 조금씩 틀어졌습니다. 그럼에도 불구하고 입교 후에 안에서의 활동은 처음에는 신기하고 재밌게 다가왔습니다. 그래서 궐기대회 잠깐 참석하기 위해 학교를 한 시간 빼먹기도 하고, 노방을 하면서도 처음에는 모르는 사람에게 얘기하는 것 자체가 쉽지만은 않았고 학교를 다니면서 하니 시간 또한도 너무 부족했습니다. 그래서 노방을 하지 못하더라도 땅 밟기만이라도 하라는 말에 정말 시간 쪼개서 땅 밟기를 하러 가면 "진짜 땅만 밟고 갈 거냐 한 사람한테라도 말 걸고 가라"며 제게 부담을 많이 주었습니다. 무엇이든지 짧은 시간에 이루어내야 했고 그것이 이루어지면 하나님께서 도와주신 것이라 생각했습니다.

예로는 작년에 열렸던 체전에서 마스를 급하게 하기로 결정이 되었고 원래 3,4달이 걸리는 것을 단 4일 만에 완성해야 했습니다. 더운 여름날 뙤약볕에서 하얀색 천을 뒤집어쓰고 운동장을 달려야 했습니다. 그렇게 운동장을 뛰어다님에도 불구하고 제대로 된 밥을 챙겨먹지도 쉬지도 물을 마시지도 못했습니다.

그 안에 있으면서 구역장 부구역장을 맡지는 않았지만 찬양단과 팀 전도서기라는 사명을 맡으면서 내가 이 모든 것을 해낼 수 있을까 라는 생각을 많이 했습니다. 전도서기 하면서도 섭외자의 어려움과 아픔을 스스럼없이 얘기하고 그 열매의 환경이 나아지도록 기도했었는데, 그럼 나를 가지고도 그렇게 했겠구나 내가 말한 것도 어쩌면 다 공유가 되었겠구나 하는 생각이 들어 은근히 배신감이 들었습니다.

저는 무슨 사명을 맡던 제대로 잠을 잔 적이 없었던 거 같습니다. 찬양단은 조금이라도 더 듣고 자야했고 전도서기는 하루의 전도 동태 살피고 전도 현황 정리 등을 했어야 합니다. 한창 지쳐있는 생활을 계속 하던 중 크리스마스 날이 되었고 저녁먹자는 부모님의 말씀에 의심 없이 밖에서 저녁을 먹고 저는 그날 안산 숙소로 오게 되었습니다.

오면서도 저는 계속 튀쳐나갈 방도와 어떻게 해야 그들의 말을 안 들을 수 있을까에 대해 생각하였습니다. 왜냐하면 신천지 사람들이 늘 말했던 것처럼 개종 갈 때 납치되어 펜션에 감금되고 말씀보다는 인신공격부터 한다는 말이 떠올랐기 때문입니다.

그러나 막상 반증이 시작되면서 인신공격보다는 오히려 말씀으로 풀어나가 주셨습니다. 교육 초반에는 들어도 대답도 안 해서 연기하는 것이 아니냐 라는 오해도 받았습니다. 그러다 보름이라는 시간이 지났고 아버지도 기다리다 지치셔서 그냥 신천지로 가라고 하면서 답답해 하셨습니다.

처음에는 신천지 갈까 라는 생각을 아예 안한 것은 아닙니다. 내가 감으로 인해 거기에 피해를 주고 싶지도 않고 부모님과도 헤어지기 싫다 라는 생각도 있어서 선뜻 가지 못했습니다. 그러다 어머니가 넌지시 "서울 가고 싶다"라고 하시는 말이 제 마음을 움직였고 부모님을 위해서라도 제대로 다시 들어보자 라는 마음을 가지게 되었습니다.

그러한 저에게 하나 둘씩 틀린 것이 보이기 시작했습니다. '내가 이런 걸 믿고 있었구나'하면서 어이도 없고 화도 났습니다. 반증을 받으면서 구원은 일대일이라는 말이 제 마음을 힘들게 하였습니다. 세월호로 잃은 동생이 구원을 받지 못했다면 천국에 갈 수 없다는 것이 너무 충격이었습니다.

교육을 받고 이런저런 일들을 겪으면서 더욱더 신천지에 정이 떨어졌고 조금이나마 성숙해지는 느낌을 받게 되었습니다. 이곳에 데려온 가족이 원망스럽고 오히려 가족이 뭐를 몰라 이러는 구나 조금 불쌍한 때도 있었지만 교육을 듣고 보니 너무나도 감사하고 제 마음 또한 움직여 주신 하나님께 너무나도 감사합니다. 교육을 받으면서 사역하시는 목사님, 전도사님들, 강사님들을 위한 기도가 정말 필요하구나 라고 느꼈고 또한 그분들이 없었더라면 내가 그곳에서 나왔을까 라는 생각이 들면서 너무나도 감사하다는 말을 전하고 싶습니다.

아직 이단에 있는 사람들이 많은데 그 사람들이 하루 빨리 나와서 구원받았으면 좋겠습니다. 정말 다시 한 번 저를 위해 기도해주신 분들, 교육해주신 분들, 기다려주신 분들, 그리고 하나님 아버지께 너무나도 감사합니다!

영어성경과 비교하면서 깨지기 시작했습니다

한혜랑 (가명)

저는 작년 8월에 센터에 들어가서 올 2월까지 6개월 동안 신천지 빌립지파 청평에 있는 특전대에서 활동하였습니다. 특전대는 전도를 위주로 하면서 하루 종일 전도를 위해 뛰는 곳입니다. 그래서 다른 곳보다 빡세며 가평에 거주하는 이만희 씨랑 가까워서 더 잘 보여야 하는 곳이었습니다.

저는 무교였고 종교가 없는 집안에서 태어났습니다. 이제 갓 20살이 되고 방학을 보내는 중에 10년 된 가장 친한 친구와 점심약속이 있었습니다. 그 친구와 점심을 먹고 카페 가던 중에 그 친구 아는 언니가 친구의 상담결과를 알려 주려 온다고 하였습니다. 저는 낯을 가리고 불편해서 싫다고 하였지만, 잠깐이면 된다고 하여 셋이 갑작스런 합석을 갖게 되었습니다. 저도 애니어그램 상담을 하면서 번호도 자연스럽게 주고받았습니다.

며칠 안 되서 그 언니와 단둘이 만나는 약속을 잡고 진로상담을 이어가는데 나도 모르게 이야기를 하면서 펑펑 울었습니다. 그러자 그 언니는 내게 더 필요한 것은 진로상담보다 내적상담이라며 또 다른 사람을 소개해주었고 그 분이 저의 복음방 교사였습니다.

무신론자인 저에게 성경을 갑자기 꺼내며 이야기 하는 것이 불편했습니다. 하지만 어릴 때부터 나는 누구일까, 나는 어디서 생겼을까 라는 철학적인 문제에 궁금해 했습니다. 그러면서 성경공부가 재밌으면서도 하기 싫어서 갈등도 하였습니다.

사실 복음방 할 때 운 날이 너무나도 많았습니다. 성경공부를 하기 위해서 포기해야 할 것이 많았습니다. 갓 20살인 저에게는 하고 싶은 것도 많고 놀고 싶은 생각도 많았지만, 학교도 포기하고 남자친구도 포기하고 친구들도 포기하며 결국엔 센터에 들어갔습니다. 센터에 들어가기 전에 많은 영적 체험이 있었던 경험 덕분에 더 끌리기도 했습니다.

센터에서 초등 중등을 배울 때 많이 혼나는 대상이었습니다. 환경을 버리긴 했지만 거기서도 많이 울고 마음이 약해서 정신교육도 받고 하였습니다. 그래서 하루하루 지내며 적응하면서 거기 있는 지체들과 친해지고 추억도 많이 쌓았습니다. 제가 센터에서 이만희 씨를 굳게 믿어야겠다고 다짐했던 체험이 있었습니다.

어느 날 센터에서 가족들 사진을 보내달라고 한 적이 있었습니다. 며칠뒤 센터에서 지옥체험을 하였는데 수강생들의 눈을 손수건으로 가리고 자신이 죽었다고 가정하고 백보좌 심판에 서는 체험이었습니다. 센터 배경을 다 지옥 분위기를 만들며 너무나도 무서웠습니다. 죄인인 제 차례가 되어서 하나님 역할을 하는 강사 앞에서 무릎을 꿇으며 제 죄를 다 고백을 하고 눈물을 쏟았습니다. 하지만 지옥이라는 판결을 받고 눈이 가린 채로 지옥이라는 자리에서 무릎을 꿇고 울었는데 눈을 뜨라 하여서 떠봤더니 제 앞에 저의 가족사진이 놓여 있었습니다. 그걸 보고 오열을 하는 저에게 강사가 말하기를 "이렇게 함께 지옥으로 들어갈 운명이었는데 이만희 씨를 통해서 우리가 살 수 있다"고 하는 것이었습니다. 가족을 너무도 사랑하는 저는 가족을 구해야겠다는 생각을 가지고 그 사람(이만희)을 절실히 믿게 되었습니다.

드디어 삼 개월 센터과정을 마치고 작년 12월 6일 청평으로 유월을 하면서 저는 내가 다시 태어난 날이라고 뜻 깊게 생각하였습니다. 그곳에서도 사랑이 넘치고 너무나도 재밌고 서로 챙겨주며, 그곳이 정말 진리가 있는 곳 인줄 알았습니다.

유월한지 한 달도 안 된 12월 27일, 청평에 이만희 씨가 설교하러 왔습니다. 저는 예수님을 보는 것처럼 너무나도 기쁘고 설레었습니다. 등장하자마자 눈물을 왈칵 쏟으며 설교 내용도 잘 못 듣고 그분을 계속 보았습니다. 이렇게 저는 인상 깊은 경험을 많이 하면서 신천지에 올인하게 되었습니다.

계시록을 배울 때 사실 이해가 안 되는 부분이 많아서 물어보기도 했으나 잘 대답을 못해주는걸 보고 혼자 답답해서 울기도 하였습니다. 그래도 제가 못 깨닫는 것이라고 생각하고 넘어갔습니다.

점점 말씀에 대하여 갈급하게 되고 신천지 생활 4개월 만에 제가 한 친구를 전도하며 함께 센터에서 초등수업을 또 들었습니다. 고등을 듣는 동시에 초등도 같이 들어서 모두 다 제가 복 받은 거라고 하였고 제 자신도 행복했습니다. 그래서 아침 9시부터 저녁 11시까지 청평교회와 센터를 오가면서 생활했습니다.

그러던 어느 날, 전도를 너무 열심히 해서 친구들에게 소문이 나고 가장 친한 친구들에게까지 귀에 들어가게 되었습니다. 결국엔 가족한테 걸리게 되었고 상담소 끌려가기 전 새벽에 너무나도 겁나고 영이 죽게 된다는 생각에 저의 인도자한테 엄마 폰으로 문자를 보내며 신변보호 요청서를 썼습니다.

다음날 아침 정장을 입은 사람들 8명이 찾아와서 저를 데리고 갈려 했지만 가족들은 저를 서울에 있는 상담소에 데려갔습니다. 저는 절대 깨지지 않고 버티기로 작정하였습니다. 그런데 친척집 온지 3~4일 되던 날에 아빠가 새벽에 쿵 하고 쓰러지셨습니다. 지금 생각하면 너무 가슴이 아픈데 그때는 정말 이 모두가 사탄이 하는 짓이라고 생각하며 별거 아니라고 생각하였습니다.

아빠가 중환자실에 입원하여 의식이 없을 때에도 저는 오로지 신천지 생각뿐이었습니다. 지금은 아빠에게 너무나도 미안하고 죄송합니다. 그 당시에 저는 엄마, 언니들과도 많은 충돌과 싸움을 벌이며 상록교회로 오게 되었습니다.

반증교육을 하였을 때, 안 들으려 하였지만 〈고전15장〉에서 썩지 않는 것을 다 영으로 세뇌 당했던 저를 발견하며 영어성경과 비교하면서 틀린 부분들을 보고 깨지기 시작하였습니다. 그리고 구원상담을 하였을 때 하나님의 사랑을 듣고 울컥하고 마음이 찡했습니다. 무교였던 저에게는 들은 적이 없는 하나님 사랑 안에서 구원이었기 때문이었습니다.

구원론을 통해 〈로마서3장25절〉 "우리 죄를 간과하심"이 구절을 가지고 전에 있던 죄를 해결하며 평안하게 살고 있습니다. 거기서는 오로지 제사장이 되기 위해 뛰었지만, 결국 그것은 이만희씨의 종이 되는 길이었습니다.

이제 예수님만 증거하는 상록교회에서 〈요5:24〉 구절을 붙잡고 구원의 확신을 가지며 살고 있습니다. 신천지에서 동기인 모태신앙 형제님이 신천지라고 밝혀지던 날에 온몸을 떨며 화장실에서 제발 신천지가 진리였음 좋겠다고 기도한 간증이 생각났습니다. 제가 나와 보니 너무나도 안타까운 영혼이었습니다.

하나님의 계획하심은 무신론자였던 저를 이단에 빠지게 하고 결국 참 복음을 듣게 하신 것이었습니다. 하나님이라는 존재에 관심도 없던 저를 이렇게라도 하나님의 자녀로 만들어주심에 너무나도 하나님께 감사드리고 저를 사랑해주셔서 감사드립니다. 또, 그 사랑을 알려주신 상록교회 모든 목사님들, 강사님들 진심으로 감사드립니다. 그리고 가족에게 알려준 친한 친구들에게 고맙고 언니들 남자 친구분들에게 감사합니다.

마지막으로 저를 살려준 너무나도 사랑하는 아빠, 엄마, 언니 감사하고 고맙습니다. 많이 대들고 마음도 아프셨을 테고 힘드셨을 텐데 끝까지 지켜주셔서 감사드립니다. 또 친척집에 머물면서 도움준 고모와 친척들에게 감사드립니다. 우리가족 모두 다 사랑합니다.

이단상담소에서 감금, 폭행은 전혀 없었습니다

김효은 (가명)

저는 CBS '신천지에 빠진 사람들' 1부에 가명 김효은으로 출연했었으며 일산 화정과 서울 지역에서 활동하고 있는 시몬지파에서 1년 정도 있다가 2014년에 개종상담을 받고 회심하였습니다.

최근 신천지에서 자칭 강제개종교육 피해자라고 주장하며 이단상담소를 공격하고, 상담소의 목사님과 상담을 받도록 설득하는 가족들을 비난하는 시위와 여러 기사들을 보았습니다. 신천지에서 말하는 강제개종교육이란 이단상담소에 가면 감금, 폭행하고 가족이 개종목사에게 돈을 바쳐서 강제로 교육받게 한다고 주장하는 것입니다.

하지만 그것은 사실이 아닙니다. 저는 신천지에 있을 때 강제개종교육이란 단어 자체를 처음 들었습니다. 신천지에서는 "절대로 강제개종교육에 끌려가면 안된다, 거기 가면 '영'이 죽는다, 상담소에 가면 온갖 거짓말과 연기를 해서 무조건 도망쳐 나와야 한다"는 식으로 겁을 주었습니다. 심지어는 상담소에 갔을 때 어떻게 대처하고, 도망쳐 나와야 하는지 드라마로 제작된 영상까지 보면서 끊임없이 교육을 받았습니다.

최근 신천지 탈퇴자들의 이야기를 들어보면 개종목사와 가족의 역할을 가상으로 만들어놓고 어떤 말과 연기로 도망쳐야 하는지를 미리 체험하고, 반복하는 시뮬레이션 교육까지 받는다고 합니다. 상담소에 가서 기물파손 하는 것은 정당방위이며 행패를 부리고, 상담사의 얼굴에 침을 뱉어도 된다며 비인간적인 행동을 강요하였고 상담소에서 상담 받다가 도망쳐 나온 청년들이 있으면 그들의 간증을 많은 사람들 앞에서 영웅담처럼 듣게 하며 그 사례와 같이 행동해서 도망쳐야 한다며 강압적인 교육을 받기도 했습니다.

또한 신천지 교리에 개종목사를 개, 돼지 등으로 가르쳐서 부정적인 인식을 갖도록 만들었고 교육을 받도록 설득하는 가족들을 짐승 또는 악한 영이라며 세뇌시키는 반인륜적인 행위를 만행하였습니다.

저 역시도 그러한 교리와 교육에 세뇌되어 모든 상황을 왜곡해서 바라볼 수밖에 없었고, 상담을 받지 않으려고 아빠를 발로 차고, 엄마의 어깨와 동생의 손을 물어뜯기 까지 하면서 도망치려 했고, 상담을 받을 때도 아주 건방진 태도로 상담사님 앞에서 행동을 하였습니다.

그러나 이단상담소에서 감금, 폭행은 전혀 없었습니다. 저는 교리 반증교육과 후속교육 등의 체계적인 상담을 받으면서 신천지의 교리가 잘못되었다는 것을 깨닫고 제 스스로 마음을 돌이켜 나오게 되었습니다.

상담소에서는 상담 받지 않으려는 신천지 신도에게 절대 상담을 강요하거나 강압적인 태도를 취하지 않고, 본인이 상담을 받겠다는 의사를 밝힐 때부터 상담을 시작합니다. 그러나 신천지 신도가 상담을 받겠다고 의사를 밝힌 후에 상담을 하는 과정에서 의견이 충돌될 경우, 신도들이 자신들이 믿는 교리와 맞지 않으니 반항하고 거부하고 경찰이 올 정도로 소란을 피우고, 가족을 고소하기까지 하며 상담소에서 강제로 교육을 시킨다고 주장을 하는 것입니다.

오히려 강제개종교육이라 주장하며 교육하고, 상담을 받지 못하도록 객관적인 분별을 할 수 없도록 세뇌시키는 신천지가 억지 주장을 하고 있다는 것을 상담을 받으며 알게 되었습니다. 본인 스스로 의사를 결정하는 민주주의 국가에서 연기, 거짓말을 하게 만들며 직장을 그만두게 만들고 가족과 단절시키고 처음부터 신천지라고 밝히지 않고 전도하는 신천지가 강제개종이며 그곳의 전도수법이 종교의 자유를 억압하는 행위라 생각합니다.

미혹의 영이 세뇌시키는 교리에 더 이상 속지 마시고 용기를 내셔서 왜 그곳을 이단이라 하는지 이단상담소에 오셔서 객관적으로 들어보시고 판단해 보시기를 신천지 신도분들께 간곡히 부탁드립니다. 하루 빨리 가족의 품으로 주님의 품으로 돌아오길 간절히 기도하겠습니다. 감사합니다.

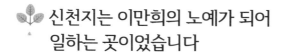

신천지는 이만희의 노예가 되어
일하는 곳이었습니다

권민지 (가명)

저는 얼마 전까지 신천지 만희교에서 노예생활을 했습니다. 먼저 저를 자녀 삼아주시고 지옥에서 꺼내주신 하나님께 감사를 드립니다. 또 저를 위해 기도해주신 분들께 감사드립니다.

저는 신앙인 부모님 밑에서 태어나 모태신앙으로 자랐습니다. 어렸을 때는 별 생각 없이 부모님에게 끌려 다니는 신앙을 했습니다. 끌려 다녔지만 내가 기독교라는 것에 대한 부정적인 생각은 없었습니다. 하지만 중고등학교 친구들을 사귀면서 그 마음이 바뀌어갔습니다. 전도를 하기 위해 말을 꺼내면 그런 걸 왜 믿냐고 반박하기 시작했습니다.

성경 지식도 별로 없던 데다가 철학적으로나 과학적으로나 지식이 많은 친구들의 논리적인 얘기를 들을 때마다 믿음이 깨지기 시작했습니다. 심지어 고등학교 때는 믿음이 바닥까지 내려가서 부모님께 하나님이 어디 있냐고 보여주면 믿는다고 소리친 적도 있습니다. 그런 와중에 수능도 망쳐서 지방으로 내려가게 되었습니다.

2013년 8월, 1학기를 마치고 방학을 맞아 서울로 왔을 때 신천지 시몬지파 고등학교 친구가 갑자기 연락이 와서 서강대에서 하는 아카펠라 공연을 보러가자고 했습니다. 재미있을 것 같아서 갔는데 학교에 도착해보니 친구의 고등학교 때 과외선생님이었다는 여자가 기다리고 있었습니다. 이분이 초대해 주신 거라고 했습니다. 별생각 없이 공연을 재밌게 보고 나왔는데 그 사람이 서강대 심리학과 대학원생이라고 심리테스트 한번 받아보겠냐고 했습니다. 별로 거부감 없이 오히려 좋다고 하게 되었습니다.

그때 애니어그램이라는 성향 테스트를 받고 복음방을 시작했습니다. 한 2주를 매일같이 나가서 들었는데 이제는 더 잘 가르쳐 주는 곳이 있다면서 센터로 이끌려고 했습니다. 저는 학교에 다시 가야하는 상황이라 못 할 것 같다고 했지만 끝끝내 친구가 그쪽 지역과 연결이 되었는지 지방에서도 계속 할 수 있다고 그곳에 가서 하라고 했습니다. 저는 듣도 보도 못한 말씀을 계속 듣게 되어서 좋았습니다.

군산에서 복음방을 2주간 더 한 뒤 9월말 센터를 들어가게 되었고 비유풀이를 배우기 시작했습니다. 지방에 혼자 있어서 많이 외로웠던 저에게 센터 동기들과 잎사귀들이 정말 크게 다가왔습니다. 말씀도 재미있고 외롭지도 않아서 매일 매일이 행복했습니다. 중등이 끝날 무렵 강사님이 따로 불러서 여기 신천지라고 했을 때 좀 놀랐지만 이단이라고만 알았지 자세하게는 몰랐고, 또 말씀이 맞으니까 별 거부감 없이 인정하게 되었습니다.

고등까지 끝마치고 도마지파 군산 지교회에 입교했습니다. 이제는 수료도 해야 하고 총등(총회등록의 준말)까지 하려면 전도를 해야 한다 해서 매일 새벽부터 전도대다 교육이다 하는 것은 다 참여하고 비유풀이도 열심히 공부 했습니다.

여름에 서울에 올라갔을 때 이 좋은 말씀을 부모님께도 전하려고 슬쩍슬쩍 비유풀이를 말했습니다. 부모님은 처음에 내가 신앙이 성장해서 좋다고 생각했지만 하는 말을 들어보니 신천지인 것 같다고 했습니다. 그 말을 들었을 때 엄청 뜨끔했습니다.

그 일이 있고 난 뒤 다시 군산에서 신천지 생활 열심히 하다가 방학이 되어 서울로 가게 되었습니다. 방학 두 달 동안 인도자인 고등학교 친구와 함께 시몬 영등포교회를 다녔습니다. 주일 오전에는 부모님 교회에 가고 오후 5시쯤 신천지 교회에 나가면서 부모님의 눈을 속이면서 계속 신천지 생활을 이어갔습니다.

별 탈 없이 방학을 보내고 다시 학교에 갔다가 추석을 맞아 다시 서울로 올라왔을 때 추석 연휴 마지막 날에는 가족여행 갈 거니까 약속을 잡지 말라고 해서 그런가보다 했습니다. 그날 아침까지만 해도 몰랐는데 여행 가려고 차를 타는데 운전석에 교회 목사님이 있었습니다. 그때 딱 '이건 말로만 듣던 개종교육에 끌려가는 상황이다' 생각하고 바로 구역장한테 문자를 했습니다. 보내는 것과 동시에 아빠가 바로 핸드폰을 빼앗고 문을 잠갔습니다.

어느 주차장에 도착했을 때 문이 열리자마자 저는 이때까지 내본 적 없는 빠른 속도로 달려 나갔습니다. 그때 아버지가 "너는 지금 가면 내 아들 아니다!"라고 소리쳤습니다. 저는 내 영을 살려야 우리 가족도 구원받는다는 생각에 뒤도 안돌아보고 뛰어서 주차장을 나간 뒤에 택시를 타고 터미널로 갔습니다.

택시를 탔을 때 이제 집에 가지 못한다는 생각에 눈물이 계속 났습니다. 그렇게 울면서 군산까지 가서 구역장을 만나 상황을 설명하고 구역장 집에서 하룻밤을 잤습니다. 다음날 엄마가 목사님과 함께 군산에 와서 "신천지 다니는 거 인정하겠다. 학교공부는 놓지 말고 열심히 해라" 라고 말했습니다.

그 뒤로부터는 편안한 마음으로 신천지 생활을 할 수 있었습니다. 군산교회에서는 개종교육 끌려갔다가 도망 나온 첫 번째 사람이라고 막 영웅이 되었습니다. 다시 열심히 활동하다가 2015년 1월에 입대를 하게 되었습니다. 군 생활 하면서 처음에는 그곳에서도 열심히 신앙생활 하며 전도도 하려고 생각했지만 갈수록 그곳 사람들과 연락도 뜸해지고 신앙도 식어갔습니다. 그냥 그런가보다 생각했었는데 나와서 보니 엄마의 기도제목이 군 생활 하면서 마음이 변하게 해달라고 하는 것이었다고 합니다.

제대할 때 즈음에는 심각하게 생각을 했습니다. 나는 지상 천국과 같은 곳에 있는데 왜 압박감에 전도를 하고 교육을 받으러 가야되나 하는 생각도 했습니다. 그러면서 복학하면서 다시 그런 생활을 할 수 없을 것 같아 양쪽 다 안가기로 결심했습니다.

제대를 하고 집에만 있은 지 일주일이 됐을 즈음에 아버지가 저에게 "그쪽 말을 다 들어봤으니 이쪽 말도 들어봐야 하지 않겠냐. 한쪽 말만 듣고 믿으면 그것은 맹신이다. 직접 판단해라"라고 말했습니다. 듣고 보니 맞는 말이라 사인을 하고 개종교육의 현장인 안산교회에 오게 되었습니다.

별 생각 없이 왔는데 이럴 수가. 반증을 듣는데 하나도 맞는 게 없었습니다. 계시록의 좋은 것들은 다 갖다 붙여 놓은 것과 세례요한이 배도자가 아니라는 것까지 알고 나니 정말 속았다는 생각이 들었습니다. 그 뒤에 후속교육으로 구원론을 들었습니다. [하나님이 나를 사랑하셔서 독생자 예수님을 보내 내 죄를 다 짊어지시고 십자가에서 죽으셨다. 이것을 믿으면 하나님의 자녀가 된다.] 정말 어렸을 때부터 많이 들었던 말씀이었지만 이제야 깨닫게 된 것 같습니다. 아. 이 복음의 말씀을 깨닫게 하기 위해서 하나님께서 나를 신천지에 담갔다가 빼내 주신 거구나 하는 생각도 들었습니다.

신천지에 있었을 때에는 여전히 예수님 잘 믿는다고 생각했지만 그

쪽 말씀에는 예수님의 십자가 구속의 말씀이 없었습니다. 오직 이만희를 예수님과 동급으로 만들기 위한 비유풀이밖에 없었습니다. 그곳에서 하나님만 찬양하는 줄 알았습니다. 그런데 찬송가에 이긴자 이만희를 찬양하는 구절을 매일같이 불렀다는 것을 알게 되었습니다. 나와 보니 그곳은 우상숭배의 현장이었고 이만희의 노예가 되어 일하는 곳이었습니다.

지금은 예수님 안에서 복음을 듣고 생각이 바뀌었고, 삶도 점점 바뀌고 있습니다. 그곳에 아직 남아있는 형 누나 친구 동생들 강사님 전도사님들도 진짜 진리가 무엇인지 깨닫고 다시 하나님께 돌아왔으면 좋겠습니다.

사람을 찬양하고 우상숭배 하던 저를 깨닫고 돌아오게 해주시고 덤으로 천국의 시민권을 주시고 자녀로 삼아 주신 하나님께 다시 한 번 감사드립니다.

🌿 이 짧은 시간이 제게는 운명의 시간이었습니다

이철령 (가명)

저는 어려서부터 교회를 다녔지만 성경도 예수님도 모르는 무늬만 기독교인이었습니다. 그러던 중 대학원에 들어가면서 새로운 시작과 동시에 신앙생활도 열심히 해야겠다고 다짐하며 교회를 다니기 시작했습니다. 학교 축제날이었어요. 친구들을 기다리고 있었는데 어떤 여성이 다가오더니 "인터넷 ○○뉴스에서 나왔습니다. 20대에 관한 설문조사를 하는데 답변 부탁드립니다."라고 말했습니다. 축제날이라 들뜬 마음에 기분 좋게 설문조사에 응했지요. 그렇게 저는 신천지에서 어려운 케이스라고 말하는 '노방전도'로 신천지에 들어갔습니다. 그 여성을 통해 제 3의 인물, 연세대 기독 상담사 겸 강사라는 분을 소개받았습니다. 그는 내게 성경공부를 해보지 않겠냐고 권유했습니다. 마침 신앙생활을 열심히 해야겠다는 다짐으로 뒤늦게 교회생활에 열심을 내던 때였지요. 성경을 알고 싶었는데 이건 하나님이 주신 기회라고 생각하며 성경공부를 시작하게 됐습니다.

저는 무늬만 기독교인이었기에 신천지가 뭔지도 몰랐고 교회 밖에서 성경공부를 하지 말아야 한다는 것도 잘 몰랐습니다. 이단에 대한 경계심이 거의 전무한 저였습니다. 성경공부를 하면서 재미도 있었지만 한편으로 성경공부 강사에 대한 의심이 든 적도 있습니다. '진짜 연대에서 일하는 분일까? 한 번 알아봐야겠다'라는 생각도 했습니다. 그러던 어느 날 그 강사라는 사람과 성경공부를 하던 중이었습니다. 그때 어떤 여학생 두 명이 지나가며 "교수님 안녕하세요"라고 인사를 하는 것이었습니다. 그 한마디로 저의 의심은 눈 녹듯 사라져 버렸습니다. 속으로 '아! 정말 연대에서 일하시는 분이 맞구나!'라고 생각했습니다.

그대로 의심은 사라지고 그분을 믿고 성경공부를 계속했습니다. 역시나 나중에 신천지에 들어가 보니 그 강사는 연대에서 일하는 사람도 아니었고 그 때 인사한 여학생 두 명도 연대 학생이 아니었습니다. 신천지에서 말하는 모략으로서 성경 공부하는 사람의 의심을 없애기 위해 속이는 연기를 하며 지나간 것이었습니다. 그 후 신천지 신학원인 센터로 옮겼고 그 센터에서는 장로교에서 하는 성경공부라고 다시 저를 속였습니다. 그곳에서도 저는 의심 없이 월화목금 하루 3시간씩 성경공부를 했습니다. 처음 해보는 성경공부는 정말 재미있고 즐거웠습니다. 대학원 공부보다도 더 많은 시간을 투자하며 성경공부에 전념했습니다.

3~4개월이 지나자 저는 이미 신천지 교리로 세뇌가 돼 갔습니다. 센터에서는 이곳이 신천지이며 이 비유풀이 계시를 받고 계시록을 성취한 자가 이만희 총회장이라고 밝혔습니다. 그러나 이미 저는 세뇌가 돼 있었기 때문에 이 말씀이 진리이고 이곳만이 하나님께서 인정하는 하나님의 나라라고 믿고 그렇게 신천지 교회를 다니기 시작했습니다.

저 역시 이만희 교주를 보혜사로, 구원자로, 예수님의 영이 함께하는 대언자로 생각했고 14만 4천에 들어가기 위해 예배출석, 헌금생활, 포교활동을 열심히 했습니다. 대학원 수업이 있는 시간을 빼고는 매일같이 신천지교회로 가서 많은 사람들을 성경공부로 미혹하기 위해 몇 시간씩 포교 피드백을 한 후 사람들을 만나 성경공부로 유인했고 저녁이면 신천지 센터로 가서 처음 듣는 척 하면서 새로 온 미혹의 대상인 수강생들을 관리하는 역할도 했습니다.

그렇게 신천지에서의 생활이 1년이 될 때쯤이었습니다. 그 날도 역시 전도활동과 수요예배를 드리고 밤 12시쯤 집에 들어갔습니다. 아빠가 아파트 밖에 나와 계셨습니다. 아빠는 제가 신천지에 다닌다는 것을 아시게 된 것이었습니다. 저는 그대로 가족의 권유와 설득을 따라 한국기독교이단상담소협회로 가게 됐습니다. 부모님이 제가 신천지에 빠진 걸 알게 된 경위는 이랬습니다. 엄마가 내 방을 들어갔다가 나도 모르게 흘린 쪽지를 발견하셨습니다.

그 쪽지에는 전도, 찾기, 복음방 몇 명 등 의심의 소지가 다분한 말들이 적혀 있었습니다. 그것을 시작으로 부모님은 은밀히 알아보시다가 결정적인 증거를 발견하게 된 거죠. 6개월의 성경공부를 마치고 경기도

파주에서 수료식을 했다는 내용의 쪽지였습니다. 저는 그때 이만희 교주를 좀 더 가까이 보기 위해 앞으로 바짝 다가서 앉았습니다.

그때 찍혔던 사진이 인터넷 뉴스 기사에 너무 활짝 웃고 있는 사진으로 올라가 있던 것이었습니다. 그것을 보고 부모님께서는 내가 신천지에 빠졌다고 확신하셨고, 저에게는 비밀로 하고 이단상담소에서 가족 상담을 받았던 것입니다.

이단상담소에서 상담을 받기 시작했는데, 계속 속으로 신천지 교리로 반박하고 강사 질문에 대답도 안하고 어떻게 하면 상담을 끝낼 수 있을까 고민만 했습니다. 강사의 말을 전혀 듣지 않고 딴 생각만 했던 것입니다. 이틀째 되는 날 6시가 되고 모두 퇴근한 상황에서 우연히 신천지 탈퇴자와 대화를 하게 됐습니다. 그 대화를 시작으로 정말 하나님의 은혜로 다시 상담을 받아보고 싶은 마음을 갖게 됐습니다.

그 때 신천지 탈퇴자가 해줬던 말은 구원의 복음에 대한 설명이었습니다. 특히 이사야 43장 11절에 '나는 여호와라. 나 외에는 구원자가 없느니라'는 말씀이 너무나 마음에 와 닿았습니다. '하나님 외에는 구원자가 없다고 하셨는데 그럼 이만희 교주는 누구일까? 정말 내가 믿었던 신천지가 모두 거짓된 것일까?' 라는 의구심이 생기기 시작했습니다. 이때부터 상담을 거절하기보다 한번은 제대로 들어봐야겠다고 결심을 하게 됐습니다. 정말 이 짧은 시간이 제게는 운명의 시간이었습니다. 하나님의 은혜로 복음을 들을 수 있는 마음을 주시고 들을 귀와 깨닫는 은혜를 주신 것을 감사드립니다. 이 마음을 먹고 이단상담을 듣기 시작했을 때였습니다. 신천지측에서 제가 이단상담소에 온 것을 알고 찾아왔습니다.

한 때 신천지 신앙의 동지였던 친구, 선후배들이 눈에 들어왔습니다. 하나님의 역사를 이뤄보자고 함께 울며 웃었던 그들이었습니다. 경찰을 대동하고 들이닥친 그들 중 가장 가까웠던 친구가 말했습니다. "철령아, 나랑 1분만 얘기하자." 절체절명의 순간이었습니다. 만일 제가 1분만 그와 얘기했다면 역사가 어떻게 바뀌었을지 모르는 순간이었습니다. 그러나 저는 그들 앞에서 말했습니다. "아니! 나 이거 끝까지 들어보고 얘기하자!" 만일 신천지측 교인들이 내가 상담을 받을 결심을 하기 전 찾아왔다면…. 생각만 해도 아찔합니다. 아마 저는 간증문을 쓰지 못했을 수도 있습니다.

그 후 진용식 목사님의 반증 교육을 통해 확실히 신천지 교리가 거짓이었고 이만희 교주는 이단 교주요 종교 사기꾼에 불과하다는 것을 깨달을 수 있었습니다. 그리고 전도사님의 구원론 강의를 통해 복음을 더 깊이 알고, 예수 그리스도가 어떤 분이신지 확실히 깨닫게 됐습니다. 신천지에서 저는 이렇게 위대하신 예수님을 인간으로만 알고 그분의 능력을 너무나도 협소하게만 여겼습니다. 그것이 얼마나 큰 잘못이었는지 알게 됐습니다. 그리고 로마서 3:25 말씀처럼 이렇게 피조물에게 우상숭배까지 한 저를 예수님의 보혈을 믿음으로써 죄를 간과해주시고 죄인을 의롭다 칭해주심으로 구원을 받게 해 주신 하나님께 감사와 기쁨의 눈물을 흘렸습니다.

또한 구원은 하나님의 은혜에 의하며 믿음으로 말미암아 받는 것이요 행위에서 난 것이 아니니 누구도 자랑치 못한다는 에베소서 2:8~9 말씀을 본 순간, 신천지에 있을 때 내가 예배든, 전도든, 기도든 열심히 하면 구원받을 수 있겠지 라고 생각했던 것이 얼마나 교만한 것인지 깨달을 수 있었습니다.

구원이이라는 최고의 선물을 주신 하나님께 정말 감사드립니다. 하나님께서 저에 대한 예정 아래 이렇게 귀한 복음으로 불러주시고 하나님

나라에서 하나님의 통치를 받으며 하나님의 은혜를 구할 수 있어 기쁘고 행복합니다.

또한 제가 신천지에 다닌다는 것을 아셨을 때 매일같이 기도하실 때마다 어머니가 들려주셨던 성경 말씀이 로마서 8:28 '하나님을 사랑하는 자 곧 그 뜻대로 부르심을 입은 자들에게는 모든 것이 합력하여 선을 이루니라'였습니다. 이 말씀의 소망처럼 비록 신천지에 빠져있는 저를 구하기 위한 반증교육을 통한 것이었지만 하나님의 부르심을 입고 나뿐만 아니라 같이 내 뒤에서 복음을 듣던 아빠까지도 예수님을 만나고 그리스도를 영접하게 된 건 큰 축복이었습니다. 이처럼 저와 저희 가정에 대한 하나님의 사랑을 알게 해 주시고 놀라운 역사를 경험하게 하신 하나님께 감사드립니다.

그리고 제가 있던 신천지교회에는 청년만 거의 700명 가까이 있었습니다. 젊은 그들이 아직도 이만희 교주를 믿고 우상숭배를 하고 있고 밤낮 쉼 없이 사탄의 종노릇을 하고 있습니다. 기회가 주어진다면 너무나 안타까운 그 영혼들을 위해 복음을 전하고 싶습니다. 언제든 복음을 전할 수 있도록 나부터 하나님 사랑의 깊이와 높이와 넓이를 깨달을 수 있는 하나님의 은혜가 있기를 기도합니다. 저를 사랑으로 이끌어주신 진용식 목사님과 이단상담소협회 강사님들, 부모님께 깊은 감사드립니다. 모든 영광을 하나님께 올려드립니다.

상록교회에 와서 전 다시 태어났습니다

김호연 (가명)

제가 이렇게 간증을 하게 될 줄을 누가 알았을까요. 사람의 일은 정말 하나님 밖에 모른다는 걸 다시금 깨닫게 됩니다. 신천지에 갔다 온 일이 자랑스러운 일은 아니기에 창피하기도 하고 숨기고 싶었지만 결국 제 친정인 함평에까지 소문이 나 있었고, 또한 옆집 아주머니의 딸까지 신천지에 빠져있음을 알게 되면서 신천지 문제의 심각성을 깊이 깨닫게 되기도 했습니다. 이렇게 문제 많은 신천지에 제가 어찌 들어가게 되었을까요.

한 때 저는 병원 매점에서 일을 하고 있었는데 어느 날 물건을 사러 온 집사님이 옆에 놓여 진 성경책을 보고 "등이 뭔지 아느냐? 기름이 뭔지를 아느냐?" 하고 묻는데 제가 뭐 아는 게 있어야지요. 그렇지 않아도 성경에 대해 알고 싶어 공부 해보고 싶었던 차에 그분이 매점 끝나는 시간에 와서 공부를 가르쳐 준다고 하는 말이 너무 고맙게 생각됐습니다. 제 인생을 망치는 지름길이었는지도 모르고요.

다음 날부터 복음방이 시작되었습니다. 거기서 한 달 가량 공부하고 신도림센터로 옮겨서 공부를 하고 같이 공부한 사람들 보다 제가 늦게 깨달아 어렵게 끝나고 교회 들어가 새신자 교육, 그리고 화곡동 교회에서 삼개월정도 교회 생활을 하며 눈코 뜰 새 없이 바쁜 일상을 보내었습니다.

처음엔 단순히 성경공부로만 알고 있었는데 어느새 전 그 교리에 심취하게 되었고 점점 이만희라는 사람에 대해 맹목적인 신앙심을 가지게 되었습니다. 정말로 이만희가 재림예수란 걸 믿게 되었습니다.

하나님의 영이 예수님에게, 예수님의 영이 이긴자 이만희에게 온다고 하니 그야말로 저에겐 신천지나 다름없었습니다.

세상에 내가 살아있는 동안에 이런 일이 이뤄지고 이 땅에서 우리 나라에서 이뤄진다니 정말 놀라웠습니다. 거기서 하는 모든 걸 다 믿게 되었고 제사장이 될 우리의 몸과 순교한 영들이 하나가 된다니 내가 바로 그 주인공이 되고 나 하나만 잘하면 조상님들은 물론이고 우리 가족들이 다 구원받는다는 것을 믿고 정말 열심히 활동하게 되었습니다. 지금 생각하면 참 한심한 노릇이었지만 그땐 참 절박한 문제였습니다.

그러는 동안에 핸폰에 이것저것 저장을 하는데 막내딸이 뭘 보다가 제 핸폰에서 제가 신천지라는 걸 발견하게 되었습니다. 제가 기계에 문외한이라 뭘 감추고 삭제하고 그런 걸 못하다보니 가족들에 의해 쉽게 노출이 된 거지요 지금 생각하면 참 다행한 일입니다.

저도 모르는 때에 딸들이 주동이 되서 이곳 상록교회에 와서 상담을 하게 되었습니다. 당시 저의 가족은 태국에서 여행중이었는데, 저의 아이들이 제게 "엄마가 신천지에 빠진 거 너무 충격이다. 우리를 생각해서 교육을 잘 받으면 우리도 신천지에 가서 교육을 받아보겠다"고 하는 것입니다. 그렇지 않아도 딸들에게 전도하고 싶었는데 이런 좋은 기회가 또 어디 있겠나 생각하며 잘만 버티면 우리 가족 모두 전도 된다 생각하니 마음이 기뻤습니다.

그럼에도 황당했던 것은 태국에서 돌아오는 날 바로 공항에서 가족들과 상담소로 직행한 것입니다. 상담을 받으러 가더라도 집에 가서 여러 가지 준비를 하고 오려 했으나 공항에서 바로 끌려오다시피 하니 제 반항이 더 클 수밖에 없었지요.

교회에 도착하자 주은혜 강사님이 이만희가 어떻고 문선명이 어떻고 하는데, 처음엔 너무 화가 나서 견디기 힘들었습니다. 제가 알고 있는 거룩한 우리 선생님을 그리 함부로 말을 하다니….

저의 분노는 극에 달했고 잘 버티겠다던 신념은 어디로 가버린 채, 화장실이든 어디든 나를 감시하며 꼼짝 못하게 하는 우리 아이들(세 딸과 둘째 아이 남친) 때문에 도망은 꿈도 못 꾸고 에라 모르겠다 하고 바닥에 누워버렸습니다. 마침 여행의 피로감이 밀려와 잠이 든 저를 애들 네 명이 함께 떼 메다 2층에 올려놓았는데 저는 거기서 또 잠이 들었습니다.

아이들은 배가 고파 뭘 시켜먹는데 저는 그때부터 밥을 굶기 시작했습니다. 저도 신천지 포기 못하겠고 애들도 나를 포기 안하니 '내가 죽어야 끝이 나겠구나' 생각했습니다. 그날부터 4일을 굶으며 어떻게 하면 죽을까만 생각했습니다. 강사님들이 이제 그만 집에 가라 더 이상 수업 안한다 해도 전 일어나지도 않고, 자고 또 자고…. 한마디로 오기였고, 우리 애들과 강사님들을 향한 침묵의 저항으로 참 미련하고 무지한 행동을 하였습니다. 저희 숙소가 4층이었는데 내려다보며 뛰어내릴까도 생각했지만 만약 거기서 뛰어내려 바로 죽지 않고 병신이라도 되면 우리 애들 고생이 되겠다 싶었습니다.

주은혜, 정고은 강사님이 저 때문에 참 고생하셨습니다. 어찌어찌 강의가 끝나면 인사는 고사하고 '쳇!'하면서 뒤도 안돌아보고 집으로 향했습니다. 그러면서 하나님께 기도하길 "왜 진용식 목사님이나 김경천 목사님, 강사들을 이 땅에 살려두셔서 저를 이렇게 힘들게 하십니까" 했답니다.

그렇게 일주일이 지나고 주강사님이 저를 포기하시려고 했는데 저의 딸들이 하도 간곡히 부탁을 하니 그러지도 못하고 본인의 경험담을 얘기해 주었습니다. 그때서야 정신이 좀 들면서 처음으로 내가 틀릴 수도 있겠다는 생각을 하게 되었습니다.

많은 사람들이 나를 위해서 이렇게 애쓰고 있는데, 나만 바뀌면 되는데. 그러던 중에 〈계시록1:6〉에 "너희는 이미 제사장이다"는 말이 제 맘에 확 와 닿았습니다. 신천지에서 제사장이 되려고 그리 고생했는데 그렇게 하지 않아도 우린 이미 제사장이라는 말에 "아, 그렇구나." 또한 〈히 9:27〉에 "한번 죽는 것은 사람에게 정해진 것이요 그 후에는 심판이 있다"는 말에 신천지에선 사람이 안 죽고 영생한다고 알았던 저에겐 충격 그 자체였습니다.

상록교회에 와서 반증교육을 받고 전 다시 태어났습니다. 저의 가장 큰 죄는 바로 우상 숭배였던 것이죠. 평탄하게 예수님만이 나의 구주로 알고 살아왔던 저에게 너무 큰 변화였고 왜 거거서 이만희를 찬양하고 그럴 땐 느끼지 못했을까 후회도 많이 하고 너무 부끄럽고 수치스럽고 한동안 견딜 수가 없었습니다.

반증교육은 저에게 새로운, 더 은혜로운 삶을 살게 해주고 있습니다. 예수님만이 나의 구세주이고 십자가의 도를 통해 죄 사함 받고 확실한 구원을 받았다는 걸 느끼게 되었습니다. 전 지금 당장 죽는다고 해도 두려울 것이 없습니다. 바로 천국에 갈수 있다는 자신감이 있기 때문입니다

저 때문에 고생하신 저의 모든 가족들과 상록교회 목사님, 강사님들께 너무도 감사합니다. 그리고 나의 가족, 사랑하는 딸들…. 우리 아이들이 "엄마가 딸 둘만 낳았어도 우리 포기했을 거야. 셋이니 망정이지…"하더라구요 저는 확실히 다시 태어났습니다.

이번에 세례식 때 물에 빠져 못 나올까봐 목사님 손을 아주 꼬옥 잡았었습니다. 이제 그 잡았던 손을 놓치 않을 겁니다. 그리고 제가 너무 개망나니 짓을 해서 다른 교회도 못갑니다. 상록교회에서 저를 책임져주셔야 합니다.

시간이 허락되는 대로 제가 필요한 곳에 우리교회를 통해 열심히 활동하겠습니다. 감사합니다.

🌱 모두 틀린 실상에 어이가 없었습니다

김성흔 (가명)

저는 2005년 5월경에 신천지를 처음 접하여 1년이 조금 넘는 시간 동안 신천지에서 배우고 활동했습니다. 신천지에서 영생하며 살 줄만 알았던 저는 2006년 7월 29일에 상담을 받고 이렇게 다시 하나님께 돌아오게 되었습니다. 이 간증을 통해서 항상 살아계셔서 응답하시는 하나님을 함께 느끼는 시간이 됐으면 합니다.

저는 모태신앙으로 가족이 모두 신앙생활을 하는 가운데서 자랐습니다. 때문에 저에게 하나님은 부모님 같이 당연한 분이었고 믿음도 너무 자연스러운 것이었습니다. 하지만 잦은 이사와 친척들 간의 심한 불화는 가족들의 대화를 막았고 거기에 경제적인 어려움까지 더해져서 저희 가족은 형식적이고 사무적인 관계가 되어버렸습니다. 그런 가족관계가 친구들과의 관계뿐만 아니라 하나님과의 관계에까지 영향을 미쳤습니다.

중학생이 되면서 으레 매주 하던 일이기에 교회에 가서 예배를 드렸고 어느새 힘든 일이 있을 때만 밀져야 본전식으로 하나님께 기도하는 저를 발견하게 되었습니다. 저는 하나님과의 관계를 다시 회복하기 원했고 고등학생이 되면서 매일 학교 기도실에 내려가 하나님에 대한 열정과 가족들과의 관계회복, 그리고 성경을 통해서 하나님의 크신 뜻을 알게 해 달라고 간절한 마음으로 기도했습니다. 하지만 그저 혼자만의 공허한 외침이 되었고 어느새 꿈을 향한 기대감으로 대전으로 대학을 가면서 잠시 그런 생각에서 멀어졌습니다. 대학교 기숙사 생활을 하면서 가족과 친한 친구들도 모두 멀리 있었기 때문에 혼자 있는 시간이 많아졌고 때문에 외로움도 많이 느꼈습니다. 그리고 교회를 정하지 못한 터라 타지에서 온 친구와 매주 교회를 옮겨 다녔는데, 마음 정하고 다닐 교회가 없다는 것과 신앙적으로 잡아줄 사람도 옆에 없다는 것이 저를 불안하게 만들었고 다시 교회와 하나님에 대한 불신을 만들었습니다.

마음이 항상 뻥 뚫린 느낌이었고 무엇으로도 전혀 채울 수가 없게 되자 견딜 수가 없어서 하나님께 이 문제를 해결해달라고 제발 좋은 사람 만나게 해 달라고 정말 때를 쓰면서 기도했습니다. 그런데 다음 날 같이 교회를 찾아다니던 친구가 "내가 서울에서 성경공부 배우던 선교사님 친구 분인데 만나서 성경공부 해볼래?" 하며 저에게 물었고 그렇게 침묵만 하고 계시던 하나님께서 드디어 응답하시는구나 하면서 너무 기뻤던 저는 '이건 하나님의 뜻이다!'라는 생각과 함께 조금의 의심 없이 그 친구에게 성경공부를 하겠다고 단번에 대답했습니다.

그렇게 신천지와 처음 접하게 되었고 첫날부터 하나님은 어떤 분이고 어떻게 역사하시나? 사탄은 무엇인가? 말씀은 어떻게 분별하나?

이런 것들로 이어진 강의는 비록 모든 것을 다 알 수는 없었지만 성경으로 정확하게 제시해 주는 말씀에 너무 좋았고 다음 시간이 기다려졌습니다.

일주일에 세 번씩 성경공부를 했는데 출강을 해주신 그 분은 직장에서 1시간이 넘어 걸리는 시간도 마다하지 않고 퇴근 후에 찾아오는 열성을 보여주셨고 저와 친구의 마음을 사기 위해 외로운 마음을 위로해 주면서 친언니처럼 편하게 대해 주었습니다. 그렇게 제 마음도 그분에게 활짝 열렸고 성경을 알아가고 있다는 것에 또 공허한 마음이 채워지는 것에 하나님께 감사했습니다.

신천지에서는 천국이 이만희씨를 중심으로 이 땅에 이루어진다고 했고 천국이 이루어졌을 때 가장 큰 영광을 누리는 144,000명의 제사장을 모으기 위해 사람들이 항상 전도에 힘썼습니다. 저도 친한 친구들을 전도하기 위해 집에 가는 날이면 다른 지역 신천지 사람들과 친구들을 연결시켜 주었고 신학원을 다닌 지 3개월 뒤 신천지 교회로 유월을 하게 되면서 전도중인 친구들도 빨리 유월해서 신천지에서 만나기를 기대하고 있었습니다.

하지만 친구 중 한명이 출강을 듣고는 의심하여 주위에서 알아보던 중 그 곳이 신천지인줄 알게 되었고 저희 부모님께 사실을 알리게 되었습니다. 부모님은 크게 화내셨지만 그때 저는 이미 신천지인이었기 때문에 태연하게 몇 달 전부터 벌써 안 갔다고 거짓말을 했습니다. 그러면서 다시 대전에 내려와서는 내 지혜가 부족해서 가족과 친구 전도에 실패한 것을 만회하기 위해서 더 열심히 전도했습니다.

겨울 방학 때는 방학 중 프로그램대로 매일 신천지 교회에 가서 새벽예배를 드리고 같은 부서 사람들과 전도하고 출강을 하기 위해 스피치 연습을 했습니다. 저는 집이 안산이었지만 부모님께 대전에서 친구들과 공부를 하겠다고 거짓말을 하고 그 프로그램에 참여했고 매일 대전 시내 지하상가를 돌면서 전도를 했습니다.

그뿐 아니라 대학기독교카페 동호회 연합모임 주최 문학의 밤이라는 이름 하에 공연을 준비해서 그것으로 사람들을 전도했고 친분을 목적으로 한 무료보드게임카페도 운영했습니다. 그리고 대한 복지회 소속이라고 속이고 불우이웃돕기 성금 모금까지 했는데 목적은 사람들의 전화번호를 알아내는 것이었고 모아진 돈은 "우리가 불우이웃이다."하면서 전도하고 난 후에 주린 배를 채우기 위해 썼습니다.

하지만 정말 신천지에 다니면서는 잠도 돈도 시간도 모든 것이 부족했습니다. 하루에 식사를 컵라면 하나, 김밥 한 줄로 때우는 사람들도 많았고 대부분 모자란 잠은 버스에서 잤고 차비를 아끼려고 먼 거리도 걸어 다니는 사람도 많았습니다. 저도 비슷했지만 하나님 나라를 위해서 나도 무엇인가 할 수 있다는 것에 행복했습니다. 그렇게 겨울방학이 끝날 무렵 저희 학과에는 저를 포함한 6명이 신천지에 다니게 되었고 신입생을 전도하기 위해서 학과 내에 '하늘문'이라는 기독교 동아리를 만들게 되었습니다.

2005년이 되었고 배가를 외치는 분위기 속에서 저희도 배가를 하기 위해서 신입생들을 동아리에 가입시켰고 그 중에서 13명 정도의 아이들에게 성경공부를 가르치게 되었습니다. 저희는 아이들에게 물심양면으로 마음을 사기 위해 다가갔고 정말 하나님이 저희 편을 들어 주시는 것처럼 모든 일이 계획대로 진행되었습니다. 하지만 두 달 정도 지나고 같은 학년의 한 친구로 인해 저희 6명이 신천지에 다닌다는 것이 학과장님에게까지 알려 졌고 속았다는 사실을 알게 된 1학년들은 모두 성경 공부를 하지 않겠다고 하였습니다.

저희는 말씀을 전하려던 것뿐인데 억울했고 그 아이들을 어떻게 해서든 잡고 싶은 마음과 만나서 해명이라도 하기 위해 노력 했지만 일은 점점 더 커져만 갔습니다. 또 이 일을 부모님께 알리겠다는 학과장님의 말씀에 무섭기도 하고 어떻게든 막아야겠다는 생각에 하루가 멀다 하고 회의를 했고 법 관련 일을 하시는 중진분의 도움을 받아 학과장님을 종교개종 강요로 고소하겠다고 하였습니다.

일이 너무 극단적으로 커지자 보다 못한 학과 친구들이 부모님께 알리게 되었고 저희 어머께서도 대전으로 오셨습니다. 부모님 앞에서는 절대 마음 약해지지 말자고 다짐한 저는 오로지 신천지를 보호하고 학과장님과 친구들을 나쁜 쪽으로 매도하기 위해 울면서 연기를 했습니다. 하지만 방학을 하면서 집으로 오게 되었고 방학동안 가족들과 같이 생활한다는 것보다 주일마다 생명의 말씀을 받지 못한다는 것이 더 견디기 힘들었습니다.

이번 기회에 집에서 부모님 마음도 사고 초등과정을 더 열심히 공부해서 믿음을 키워오라는 신천지 선배들의 말에 저는 초등과정과 계시록을 다 외워가겠다고 결심을 했습니다. 답답하고 생지옥 같은 집에서 나올 수 있을 때마다 나와서 대전 신천지 사람들과 연락을 했고 그것이 집에서 버틸 수 있는 힘이 되고 활력소가 되었습니다.

그러던 중 7월 28일로 약속된 상담 날짜가 다가왔고 때마침 대전에서 신천지 식구들이 28일에 저를 만나러 안산으로 온다는 연락을 받았습니다. 때문에 바로 전날 저에게 어렵게 상담하러 가자고 말씀하시는 어머께 단번에 거절했고 울면서 매달리시는 어머니를 뿌리치고 오빠까지 와서 설득을 해도 무조건 안 가겠다고 이제는 신천지에 가는 것을 인정해 달라고 하면서 울면서 고집을 피웠고 끝내는 어머니께서 충격으로 쓰러지셨는데도 뜻을 굽히지 않았습니다.

28일에 결국 도서관을 가겠다고 거짓말을 하고 아침 일찍 집을 나갔고 수원에서 대전 신천지 사람들을 만났습니다. 두 달 만에 보는 것이라 너무 반갑기도 하고 그동안 신천지에서 있었던 일들도 알고 싶은 마음에 전날의 일은 까맣게 잊은 채 즐겁게 몇 시간을 보냈습니다. 하지만 다음날 상담을 받으면 인정해 주겠다는 아버지의 말씀에 상담을 받기로 하고 오히려 그 자리에서 예의 바르게 행동하고 그 사람들과 변론해서 식구들을 이 기회에 전도하겠다는 마음에 온 가족과 함께 상록교회로 향했습니다.

상록교회로 가는 택시 안에서 거기에 가면 구타나 협박을 하지 않을까 혹시나 최면을 걸지 않을까 별 생각을 다하면서 그래도 믿음은 끝까지 지키겠다고 굳게 마음을 먹었습니다. 하지만 생각했던 것과는 전혀 다른 분위기에서 상담이 진행되었고 강의가 계속될수록 예의바르게 행동하겠다는 생각은 오간데 없이 독기를 품고 강사님께 대들면서 다들 말도 안 되는 소리를 한다고 제대로 듣지도 않고 따지기에 바빴습니다. 신천지에서 먼저 나온 언니들도 다 배도자들로 보이고 너무 짜증나서 그저 한심하다는 듯이 쳐다보았습니다. 첫날에는 머리도 혼란스럽고 마음도 몸도 지쳐 빨리 여기를 벗어나 신천지 식구들을 만나 위로를 받고 싶었고 여기서 말하는 것들을 확인하고 싶었습니다.

둘째 날이 되어 너무 가기 싫은 마음에 늦게 일어났는데 강제로라도 끌고 나가겠다는 가족들의 성화에 또 오늘만 정말 오늘만이라는 아버지의 말씀에 다시 상록교회로 오게 되었습니다. 그날은 진용식 목사님과 실상에 대해서 상담을 했는데 절대 진리라고 믿었던, 그래서 실상도 틀림없을 것이라고 믿고 있었던 저는 모두 틀린 실상에 어이가 없었고 상담을 받는 동안 머리가 멍해진 느낌이었습니다.

무너지지 않을 것이라고 믿고 있던 신천지의 교리들이 깨지는 것에 내가 쫓은 것은 무엇이고 신천지에서 나보다 더 오래 있었으면서 열정적으로 일하는 사람들은 도대체 어떻게 된 건지 확인해 보고도 싶었습니다. 신천지의 모든 교리는 거짓이었고 그것을 가리기 위한 그들의 거짓말에 저 또한 속고 있었고 저도 다른 사람을 속이고 있었다는 것에 제 자신이 너무 한심하게만 생각되었습니다. 말씀에 따라서 신천지에 갔지만 나중에는 결국 제사장이 되어 명예와 부를 누리겠다는 헛된 욕심에 사로잡혀 있었던 제 자신을 발견하게 되었습니다.

'내가 배도자가 되는 것이 아닌가?' 두려운 마음이 제일 컸지만 계시록을 들으면서 사람을 하나님으로 믿고 있었던 제가 하나님께 그동안 배도를 하고 있었다는 사실에 하나님께 정말 큰 죄를 지었다는 것을 깨달았습니다. 구원론을 통해 전도와 모임, 교육 등 신천지의 모든 중압감에서 벗어나 진정한 자유를 얻게 되었습니다.

상담 후에 기존교회에 적응한다는 것은 어려운 일이었고 다시 예전같이 뜨겁지 못한 신앙상태로 돌아가면 어쩌나 하는 생각에 걱정도 많이 했습니다. 그래서 하나님께 기도하고 도움을 구하면서 신천지에 간 것이 하나님께서 나를 향한 경륜 속에 있는 것이라면 얻은 것은 무엇인지 하나하나 생각해 보게 되었고 고등학교 때 기도했던 모든 것에 빠짐없이 하나님께서 응답하셨다는 사실을 발견했습니다.

신천지에서 있었던 1년 동안은 저를 돌아 볼 수 있는 시간이 되었습니다. 인정하고 싶지는 않았지만 가족들의 불화가 어렸을 때의 상처로 남은 채 해결되지 않아서 사람들과의 관계 속에서 원만하지 못했던 것을 깨닫게 되었고 그것을 고치기 위해 노력하면서 다른 사람들과 좋은 관계를 맺는 방법을 배우게 되었습니다. 그리고 형식적인 대화만 오고갔던 가족들과의 관계도 싸우고 울고 그동안의 일들을 말하면서 회복되었고 성경에 대해서도 많이 알게 되었습니다.

하지만 가장 값진 것은 신천지의 비유풀이가 하나님의 크고 비밀한 것이라고 믿고 있던 제가 아무 값도 없이 저 같은 죄인을 구원하신 정말로 크고 놀라운 하나님의 경륜과 사랑을 깨닫게 되었다는 것입니다. 비로소 저는 예수님의 구속을 믿고 구원을 확신하게 되었고 이제 제 마음의 공허함과 두려움은 모두 사라졌습니다. 혼자의 힘으로 해결하고자 했다면 몇 년이 걸렸을지도 모르고 어쩌면 죽을 때까지도 해결하지 못하고 평생 짐을 지고 살았어야 할 문제 일 수도 있는데 하나님께서 1년이라는 짧은 시간동안 모든 것을 해결해 주시고 제 마음에 위로와 평안을 주셨습니다.

7월 30일은 제가 하나님 안에서 다시 태어난 날이 되었습니다. 신천지에 있을 때에도 항상 지켜주셨고 무엇을 주고도 못살 평생의 간증을 주신 하나님의 은혜와 사랑에 감사드립니다.

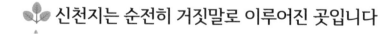 신천지는 순전히 거짓말로 이루어진 곳입니다

나지은(가명)

먼저 신천지교회가 아닌 안산상록교회에서 구원받고 구원간증을 할 수 있도록 모든 상황들을 계획하시고 인도하여 주신 하나님께 너무 감사드립니다.

저는 부모님과 가족들이 모두 하나님을 믿고, 섬기며 하나님의 보호하심으로 살아간다는 믿음을 가진 가정에서 태어나 한 교회를 섬기며 자랐습니다. 매주일 빠지지 않고 교회에 나가 예배를 드렸지만 말씀과 기도가 없었던 그때의 저의 습관적인 신앙생활은 어느새 저를 율법주의로 만들었고, 교회에 출석하는 것만이 신앙생활의 전부라는 생각이 자리를 잡아가기 시작했습니다. 그러던 중 대학 진학과 함께 갑작스레 제게 주어진 주일학교 교사라는 직분이 제게 너무 무거운 짐이 되었고, 아이들에게 전해줄 복음이 내 안에 없어 말씀에 갈급해지기 시작했습니다. 매주일 반복되는 예배말씀과 토요일 성경공부 말씀은 지식적으로만 받아들여질 뿐 제 안의 갈급함은 채울 수가 없었습니다.

하루는 이제 막 신앙을 시작하려는 친구에게 "나는 예수님이 지금 오시면 구원 못 받을 것 같아. 지금은 내가 갖추고 있는 게 너무 없거든" 하고 말을 하였습니다. 이것이 우는 사자와 같이 두루 다니며 삼킬 자를 찾는 사탄의 레이더망에 포착이 되었었나봅니다.

그렇게 말씀에 갈급한 채로 주일학교 하계 수련회를 가게 되었고 그 때의 말씀이 마침 〈마13장〉의 비유들에 관한 것들이었습니다. 그 때에 선교원, 초, 중, 고를 함께 다녔고, 한 교회를 섬겼던 친구 현미(가명)와 교제할 시간을 갖게 되었습니다. 친구는 〈마13:24~30〉에 대한 이야기를 해주며 우리가 교회를 다니고 하나님을 섬기지만 가라지인지 알곡인지 알 수 없으며, 만약 우리가 가라지이면 우리가 교회를 열심히 다녀도 천국에 가지 못할 것이라고 말하였습니다.

내가 말씀으로 꽉꽉 채워진 알곡이 아니었다는 걸 절실히 깨닫고 있을 때 들은 말씀이었기에 미혹의 영에 미혹되어 분별력을 잃고 현미가 해주는 말이 하나도 틀린 것이 없이 모두 옳다고 긍정하게 되었고, 대학에 가서 나보다 더 열심히 성경에 대해 공부하고 성경지식이 풍부해진 현미가 부러웠습니다.

현미의 해박한 성경지식을 보았기에 우리 교회 목사님보다 단시간에 현미에게 성경을 보는 눈을 띄어준 그분과 그 단체가 더 신뢰가 갔고, 신천지에서 말하는 모략으로 전남대 기독교 동아리 선배라고 소개받아 신천지 교육자에게 공부를 배우기 시작했습니다. 학교가 순천이었기에 주말에 집에 올라오면서 광주에서 현미와 함께 주1회로 가족들에게는 비밀로 하고 성경공부를 시작했고, 겨울방학 때는 알바를 하는 어려운 환경 가운데서도 주3회 공부를 꾸준히 지속하며, 신천지의 비유풀이 말씀에 세뇌되어 갔습니다.

왜 우리 교회에서는 이렇게 재미있고 신기한 말씀을 알려주시지 않는 걸까? 점점 다니던 교회에 대한 신뢰를 잃어갔고, 사탄의 계획대로 저의 생각들은 하나하나 개조되기 시작했습니다. 공부를 배우던 중 예수님 때에도 서기관과 바리새인들이 예수님을 이단이라고 했다는 말을 거듭 강조하는 교육자 언니의 말을 듣고 혹시 여기가 이단이 아닐까 싶어 인터넷을 검색해 신천지 비방 사이트에도 접속했었지만 비유풀이에 온 마음이 가 있었던 저는 비방 사이트에서 말하는 그런 이야기를 단지 비방일 뿐이고 참 진리가 있고 이긴자, 때를 따른 양식을 줄 목자, 샘이 있는 곳이 신천지이며 그곳에 가야만 구원을 얻을 수 있다는 교육자 언니의 모든 말을 그대로 믿게 되었습니다.

신학원을 종강 한 이후 수료시험을 위한 수강을 듣던 중 현미의 신천지 자료가 부모님께 발각되고 저도 의심을 받게 되었지만, 이제는 일상이 되어버린 거짓말로 위기를 모면하였습니다. 너무나 능청스럽게 현미가 신천지에 다닌다는 사실을 처음 알았고, 현미와 성경공부를 한 적은 있지만 시간이 안 맞아서 3~4번 하다가 그만 뒀다고, 진짜 배신감이 든다는 식으로 말을 하며 작전대로 현미를 나쁘게 몰았습니다. 그런 저의 말을 가족들은 믿어 주었고, 수료시험은 다음기수로 미루고 부모님을 안심시키기 위해 방학이 끝날 때까지 집에 있으면서 순천에서 mp3파일로 보내주는 예배말씀을 들으며 믿음을 지켰습니다.

그러던 중, 현미가 저에게 쓴 수료 축하 편지를 부모님께 들켜 버렸고, 사태의 심각성을 깨달은 부모님께서는 지난번처럼 어물쩍 넘어갈 수 없다고 생각하시고 갖은 수단과 방법을 동원하여 저를 돌리려 하셨습니다. 그러나 저는 저의 상황을 신천지 측에 알리기 위해 가족들이 모두 잠든 사이 신천지 구역장에게 전화를 했고, 신천지 구역장은 청년회장님도 가출을 허락했으니 집을 나오라고 했습니다. 신천지에서는 공식적으로는 학생들의 휴학이며 가출을 금지하고 있었지만 그것은 외부사람들의 비방에 대한 눈가림이었을 뿐 내부에서는 전혀 지켜지지 않고 있었던 것이었습니다.

예고 없이 가출한 저에게 도움을 줄 수 있다고 생각되었던 청년들은 새벽 3시가 되어가는 시간까지 잠들지 않고 있었고 택시비와 제가 당분간 머무를 수 있도록 온 가족이 신천지인 친구 집까지 예비되어 있었습니다.

신천지에 몰입한 제 마음은 점차 독해져만 갔고, 생업까지 포기하시고 하루를 멀다하고 교회를 찾아오시는 부모님께 죄송한 마음보다는 교회에 피해가 가지 않을까라는 생각이 앞섰고, 하나님 일 하느라 너무 바쁘신 총무님과 청년회장님께 더욱 죄송했습니다. 저는 신천지 교회에서 시키는 대로 부모님께 혼돈을 주기위해 부산에 가서 공중전화로 전화를 하기도 했지만, 부모님은 저를 포기하지 않으셨고, 현미는 이미 대광교회에 상담을 받으러 다니고 있었습니다.

제가 가출 후 부모님의 추적과 핍박을 피하며 더욱 신천지 활동에 매진하고 있을 때 어느 날, 부모님께서 이제 막 개강을 앞둔 광주 역 신학원 앞에서 피켓시위를 시작하셨다는 소식을 들었습니다. 광주 시 온교회에서는 너무나 놀란 나머지 저를 빨리 집으로 들여보낼 것을 명령하였고, 저는 어쩔 수 없이 엄마가 1인 시위를 시작하신지 2시간 만에 집으로 들어갈 운명에 처해지게 되었습니다.

집에 들어가기 전 순천 담임강사는 제가 안산 상록교회까지 갈 최 악의 상황을 생각해 진용식 목사 주장과 인터넷 비방에 대한 반증이 라는 초록색 책자를 주며 몇 번이고 읽어보고 또 읽어보라고 했고 혼 자서 공부를 하면서 '이런 주장을 누가 믿나'라고 생각하며 진목사님 을 이길 수 있을 것 같다는 자신감까지 생겼습니다.

제가 집으로 들어와 그렇게 다시 만나게 된 부모님은 두 달 만에 집 에 돌아온 저를 꼭 안아 주시며 사랑으로 반겨 주었지만, 너무나 고생 하셔서 삐쩍 말라 야위어버린 부모님의 모습은 보이지 않았고, 사탄 의 영에 사로잡혀 있다고만 생각이 되었습니다. 저는 〈계시록〉을 다 외우고 나면 이 핍박이 끝날 것이라는 자기 암시를 걸고서 계시록 전 장을 외우기 시작했습니다.

〈계시록 15장〉을 외우고 있던 어느 날, 낯선 기자가 집을 방문했고 이내 집 앞은 엄마의 고함 소리와 말다툼 소리로 시끄러워졌습니다. 계획대로 저의 구조요청 문자를 받고 신천지측 사람들과 경찰들이 왔 던 것이었고, 저는 가정에서 해결할 문제라며 나를 그대로 집에 있게 하고 그냥 가려고 하는 경찰관을 붙잡아 부모님을 처벌해 줄 것을 요 구하여 경찰서까지 갔습니다. 하지만 가족들은 도덕적인 판단도 올바르게 하지 못하는 저를 포기하지 않았고, 가족들에게 깊은 상처만 남기고 핸드폰도 빼앗긴 채 그대로 다시 집에 돌아가게 되었습니다.

신천지 사람들이 또 다시 찾아올 것이라고 생각하신 부모님께서는 다음날 아침 일찍 당분간 집을 떠나있기로 하시고 학교 간 동생들에게 말도 없이 저와, 저를 이단에서 빼내기 위해 휴학까지 한 둘째 언니를 데리고 무작정 서울로 올라오셨습니다. 예상대로 아빠는 안산 상록교회에 가자는 말씀을 하셨습니다.

상록교회에서 가족들과 함께 상담을 받으면 절대 가족들을 전도 할 수 없다는 말을 들었기에 가족들 전도는 힘들겠구나 하는 생각과 이제는 드디어 이기고 자유롭게 신앙 할 수 있겠구나 하는 생각이 교차하며 한 없이 눈물을 흘렸습니다.

하나님께서는 모든 것을 계획하시고 우리가족을 서울로 부르셨고, 7월 달로 잡혔던 상담일이 석 달가량 앞당겨져 3월23일 상록교회에 발을 내딛게 되었습니다. 그러나 저의 마음은 더욱 강퍅해져서 내가 말을 할 경우 내 정보가 다 읽힐 것이라는 생각에 입을 열지 않았고, 하나하나 밝혀지는 신천지의 잘못된 말씀에 당황은 했지만, 절대 인정이 되지 않았습니다.

둘째 날, 상담소 측에서는 계속 이런 식으로 나가면 상담할 필요가 없다고 하며 그냥 돌아가라고 했습니다. 하지만 부모님과 약속한 대로 3일간의 상담을 모두 마쳐야 신천지 신앙을 인정받을 수 있었기에 저는 돌아 갈 수가 없었고, 가족들 또한 저를 포기하지 않았습니다. 저는 상담소 강사의 말을 듣고는 있었지만 객관적인 시각에서 바라보려고도 하지 않았고, 신천지가 틀리다는 것은 절대 인정이 되지도 않았습니다.

그러나 하나님의 은혜로 어느 순간 제가 마음을 열고 스스로 사고를 시작했을 때, 신천지의 잘못된 교리가 하나둘씩 보이기 시작했고 인정이 되기 시작했습니다. 성경을 통달했다는 보혜사가 쓴 책은 도무지 말이 안 되는 것들이었고, 신천지는 말씀대로 이루어진 곳이 아니라 순전히 거짓말로 이루어진 곳이었다는 것을 깨닫게 되었습니다.

　신천지 집단의 교주 이만희씨는 예수님께서 피 흘리심으로 죄 값을 대속해 주신 많은 영혼들을 상대로 사기를 치고 있었던 것이었습니다. 저는 이런 허술한 교리와 내 인생, 내 가족들을 바꾸려 했다는 게 너무 창피해 가족들의 얼굴을 제대로 볼 수가 없었습니다.

　지금은 구원을 선물로 받고 구원받은 사람들과의 풍성한 교제 속에 그동안의 상처가 말끔히 치유되었고 전도에 대한 부담감도 없이 너무나 평안한 맘으로 하루하루 기쁘고 감사한 삶을 살고 있습니다. 어릴 때부터 가지고 있었던 구원의 확신을 잊어버리고 잠시 하나님 곁을 떠났던 저를 용서하여 주신 예수님과 영원히 함께 살 것입니다.

　신천지에 남아있는, 하나님께서 미리 예정하시고 택하신 많은 영혼들도 반드시 저처럼 진리로 자유함을 얻고 하루하루를 감사와 기쁨으로 살아 갈 것임을 믿습니다.

　나를 절대 포기 하지 않고 더욱 더 사랑해 준 가족들에게, 또한 제가 구원받을 수 있도록 하나님께서 사용하여 주신 진용식 목사님과 상록교회 모든 분들께 항상 감사하는 마음 잊지 않고 살아가겠습니다.

신천지는 거짓된 교리로 성도를 미혹하는 곳입니다

노은성(가명)

저는 현재 안산상록교회 청년이자 찬양사역자의 길을 가고 있는 노은성입니다. 오늘 이렇게 간증을 할 수 있도록 허락해주신 하나님께 감사드리고 영광 올려 드립니다. 제가 처음 이단 신천지에 들어가게 된 배경은, 안산상록교회를 다니기 전 가족들과 함께 출석하고 있던 교회에 새 가족 반을 등록하게 되면서부터였습니다.

당시 새 가족 교육을 받는 새 가족 반에 신천지 추수꾼이 있었고 그 안에 4명의 추수꾼이 더 활동하고 있었습니다. 저는 신천지 추수꾼에 의하여 성경공부를 하고 신천지에 들어가게 되었고 그렇게 그들이 말하는 복음 방이라 하는 성경 공부하는 과정에서 그들의 거짓 친교와 상담, 거짓 헌신으로 1년간 신천지 인들과 관계를 맺으며 센터에 들어가 6개월 동안 초등, 중등, 고등 과정으로 교육을 받게 되었습니다.

저는 이곳에서 신천지교리인 비유풀이와 말씀의 짝, 시대별 구원자, 인 맞은 자, 짐승의 표, 재창조, 14만4천인은 누구인가, 거룩한 성 새예루살렘, 이긴자, 보혜사, 요한계시록의 말씀 받은 자 이만희를 믿게 하기 위한 교리들을 더욱 심화해서 배웠습니다. 그리고 배운 것들을 초등에서 중등 그리고 고등 과정까지 가기 전 한 글자도 틀리지 않고 100점을 맞아야 하는 시험까지 보았습니다. 저는 신천지 센터에서 수업시간 외에도 전도사와 매일매일 보충적으로 성경공부를 하여 신천지 교리에 완전히 세뇌되어지게 되었고 그 당시 카페 일을 병행하던 지라 카페일이 끝나자마자 센터에 갔다가 밤12시에 들어왔습니다.

이런 저를 말리고 걱정하시던 부모님은 제가 부모님과 말다툼이 심해지면 센터로 도망가 며칠을 집에 오지 않고 말도 일체하지 않는 제 모습에 심각성을 깨달으시고 집 근처 이단상담소를 찾아가 목사님과 주변 분들의 도움을 통해 안산 상록교회를 소개받으셨습니다.

그렇게 하여 저는 6개월의 센터교육에서 신천지 성전으로 들어가기 전에 하는 수료식을 하기 하루 전 날 상담소에 오게 되었습니다. 만약 그 날 상담소에 오지 않았다면 저는 신천지 전도사가 집을 나올 준비를 하라는 지시에 맞춰 가출을 하였을 것이고 신천지 안에서 이만희를 찬양하며 노예로서 이단의 구렁텅이에서 나오지 못하고 있었을 것입니다.

하나님은 놀라운 구원의 섭리로 저를 건져 주시고 상록교회 안에서 반증교육과 후속교육을 통해 오직 구원자는 한 분이신 예수 그리스도이심을 마음으로 깨닫게 되었습니다. 교주를 우상 숭배한 죄에서 구원의 확신되는 복음을 듣고 생명으로 건져주신 예수님의 무한하신 사랑과 은혜에 마음이 뜨거워지는 체험을 하였습니다.

그리고 하나님께서 한번 택하신 백성은 천국 가는 그 날까지 견인하시고 절대 포기하지 않으신다는 믿음도 선물로 받게 되었습니다. 다시 한 번 하나님께 감사와 찬양을 올려 드립니다.

마지막으로 지금도 신천지를 믿는 사람들이 있다면 전해드릴 말씀은, 그 곳에 봉함되었다가 당신들만 깨달을 수 있는 말씀이 있고 당신이 있는 그 곳이 새 하늘 새 땅이며 144,000안에 들어야 제사장이 될 수 있다는 것 모두가 세뇌로 만들어진 교리라는 것입니다.

신천지는 거짓된 교리로 성도를 미혹하는 곳입니다. 이만희를 구원자로 믿게 하여 사람을 우상시하고 결국은 신격화하게 만드는 종교사이비 집단입니다. 신천지의 거짓된 말과 행실에 경각심을 갖고 교주를 우상 숭배하는 신천지의 노예가 되지 마시고 속히 나오시기를 바랍니다.

 ## 영생 한다던 그가 병원에 다니다니...

문현이 (가명)

저는 지난 2005년 7월 안산 상록교회에서 이단 상담을 받고 신천지에서 나왔습니다.

2002년 6월을 시작으로 신천지의 교리를 배웠고 교주 이만희를 구원자로 믿었으며 그를 위해 헌신하는 신천지신도로 만 3년간을 헌신하였습니다. 상록교회의 이단상담을 통해 신천지 집단이 이단이며 교주 이만희가 거짓 그리스도임을 깨닫게 되었습니다.

1983년생인 저는 84년도부터 어머니와 함께 교회에 다니게 되었습니다. 가족들 대부분이 신앙심이 깊었고 교회 일에 열심이었습니다. 특히 어머니는 교회에서 존경받는 권사님이셨고 재정부장을 맡을 만큼 교회 안에서 신임을 받고 계셨습니다. 어릴 적부터 그런 모습을 보고 자라게 된 저는 주일학교 때부터 교회를 사랑했고 주님의 존재를 확신하며 자라게 되었습니다.

중학생이 되면서부터 하루에 한번 꼭 교회로 가서 기도하는 생활을 하게 되었고 고등학생이 되어서는 주일학교 교사로 섬기게 되었으며 고3이 되어서도 새벽기도와 금요기도회등 모든 예배에 빠지지 않고 열심을 냈습니다.

고3생활을 마치고 대전에 있는 충남대학교로 대학을 진학하게 되었습니다. 대전에서 섬기게 된 교회에서 하나님께 열심을 보여드리고 싶었습니다. 그래서 주일학교, 성가대, 일본선교 등 많은 봉사로 교회를 섬기게 되었습니다. 그러나 봉사를 하면서 교회라는 공간에 차츰 적응은 했지만, 당시 같은 또래의 청년들과 사귀고 교제하는데서 커다란 벽을 발견하게 되었습니다. 교회의 지체들은 새로운 사람을 따뜻하게 대해주기 보다는 기존의 사람들끼리만 친하게 지내는 텃새를 보였습니다. 또한 또래의 청년들은 하나님을 향한 믿음이 없이 몸으로만 봉사했고 껍데기뿐인 지체들의 신앙생활은 저에게 상처를 주었고, 저는 교제할 상대를 얻지 못해 방황하게 되었습니다.

그러던 어느 날 학교 캠퍼스 길가에서 설문을 하고 있는 2명의 자매들을 만나게 되었습니다. 그들은 저에게 인터넷 다음카페의 "주님과 같이" 모임에서 나왔다고 말했고, 그 때문에 저는 아무런 의심 없이 설문에 응하게 되었습니다. 설문에는 주로 저의 신앙깊이와 성경에 대한 관심 정도를 묻는 질문이 많았습니다.

설문 후 2명의 자매들과 교제하게 되었고 기도제목을 말하면서 지금 교회에서 겪고 있는 어려운 문제들에 대해 말하게 되었습니다. 그 자매들은 따뜻하게 저를 위로해 주었고 그들과 친해질수록 교회에서 텃새를 부리는 친구들과 언니들을 멀리하게 되었고 교회 목사님, 전도사님들과도 대화하는 시간이 점점 줄어들었습니다.

설문을 통해 만난 언니로부터 여러 번 말씀을 배우게 되면서 성경에 대한 호기심이 많아졌고, 비유의 말씀을 알아야한다는 언니의 말에 혹하고 넘어가게 되었습니다. 시간이 지날수록 성경에 대한 호기심은 커져만 갔습니다. 그래서 곧 신천지의 교리를 가르치는 신학원이라는 곳으로 인도 되었습니다. 그 곳에서 비유의 말씀을 알아야 구원을 받을 수 있고, 시대별로 구원자가 있으며 이 시대는 이만희씨를 구원자로 믿어야 구원을 받을 수 있다고 배우게 되었습니다. 처음에는 의심도 많았지만 이미 그들의 미혹의 교리에 미혹된 이후였기에 저는 그들이 가르치는 모든 교리를 믿게 되었습니다.

그들의 교리 가운데 거짓말로 하나님의 영광이 드러나면 우리는 징계를 받지 않고 영광을 얻는다는 거짓말 교리를 배우게 되었습니다. 그들은 그것을 모략이라 가르쳤습니다. 그곳의 많은 사람들이 거짓말을 좋은 수단으로 가르쳤고 저 또한 그것을 믿고 거짓말을 밥 먹듯이 하게 되었습니다.

신천지의 말씀을 배운지 4달 정도 되었을 때, 다니던 교회 사람들과 가족들에게는 개척교회로 봉사하러 가겠다고 거짓말을 하고 그들이 '시온산'이라 부르는 신천지교회로 가게 되었습니다. 신천지 안에서의 생활은 늘 바빴습니다. 계시록에 나오는 144,000 수에 들기 위해 그들의 교리에 따라 열심히 전도하고 헌금을 해야 했습니다. 마치 뒤에서 누군가가 쫓아오는 것처럼 달리고 또 달렸습니다. 생활이 바쁠수록 집에는 많은 거짓말을 했고, 365일 가운데 집에 있는 시간은 1주일도 되지 않았습니다.

신천지에서 전도하기 위해 기존교회에 추수꾼을 보내는데 저 또한 그 일을 담당하게 되었습니다. 신천지에서 추수꾼을 보낼 때에는 1명만 보내는 것이 아니라 여러 명을 순차적으로 보내 계획적으로 전도하곤 했습니다. 우리는 추수하기 위해 가게 된 교회에서 청년회장, 총무 등 교회의 간부를 맡았습니다. 목사님은 우리들의 열심히 하는 모습에 감탄을 해서 바로 직분을 맡겨 주었습니다. 신천지가 대전에 추수하기 위해 들어간 교회는 당시 20~30개 정도 되었는데 대부분 교회의 간부를 맡았으며 교회를 통째로 삼키려고 준비하고 있었습니다. 그러나 신천지의 추수꾼 전도자 명단이 한 구역장의 실수로 기존교회에 유출되어 거의 모든 추수꾼이 동시에 교회에서 출회를 당했습니다. 지금 생각해 보면 하나님의 크신 은혜입니다.

학교공부와 가족, 친구들은 늘 저의 관심밖에 있었고, 방학 때는 그보다 두 배나 되는 많은 일들이 찾아왔습니다. 언제나 정해진 시간에 로봇처럼 훈련을 받았습니다. 늘 바쁜 생활의 연속이었고 제가 바라던 천국과 144,000만이 될 수 있다는 제사장 왕권을 얻기 위해서는 뛰고 또 달려야만 했습니다. 그곳의 모든 사람들이 달리고 또 달렸습니다. 구원을 행함과 실적으로 얻어지는 것이라고 착각하게 되었고 내가 사랑했던 예수님은 한때 사랑했던 존재로 점점 잊혀져만 갔습니다.

그렇게 햇수로 4년이란 시간이 흘렀고, 2005년 3월 제가 이단에 빠졌다는 사실을 알게 된 가족들로부터 핍박의 바람이 불어 닥쳤습니다. 저에겐 12명의 이모, 이모부가 계셨는데 대부분 신앙심이 깊었고 장로님, 권사님, 집사님, 전도사님으로서 교회를 섬기고 계셨습니다. 가족들은 모두 너무 놀라 제가 이단에 빠졌다는 사실을 쉽게 믿지 않았습니다. 어머니도 처음에는 믿지 않으시다가 사실을 확인하시고 전화상으로 저를 설득하시기 시작했습니다.

어릴 적부터 다녔던 교회의 목사님은 자동차로 6시간이나 걸리는 거리를 마다하지 않으시고 찾아 오셔서 저를 설득하셨습니다. 하루에도 수십 통이 넘는 가족들의 전화가 걸려왔습니다. 너무나 괴롭고 힘들어 하루하루가 지옥 같았습니다. 저의 지친 모습을 본 신천지 학생회 부장님은 여기서 포기하면 3대가 멸하는 저주를 받는다고 강하게 저를 위협했습니다. 하나님의 나라 신천지를 위해서라면 가족도 버려야만 살 것 같았습니다.

모든 것이 지쳐있어 이미 저의 뇌리 속은 종교고 하나님이고 다 잊어버리자 하는 생각으로 가득 차 있었습니다. 몸도 거의 면역이 되지 않는 상태에 이르러 계속 쇠약해 졌고, 모든 것을 포기하고 싶었습니다. 결국 어머니를 안심시키기로 결정하고 안양에 있는 이모 집으로 가게 되었습니다. 이모가 읽어주는 성경말씀과 가끔 드리는 가정예배는 구역질이 날 정도로 거부반응을 일으켰습니다. 뇌리 속을 돌고 도는 신천지 사상으로 인해 음식을 먹어도 맛을 알지 못했고 거식증에 가까운 증세에 시달리게 되었습니다. 결국 또다시 대전으로 도망치게 되었습니다. 그러나 대전에서 만난 신천지사람들은 거짓말로만 저를 사로잡으려 했고 저는 그런 그들이 싫어 다시 안양 이모 집으로 돌아왔습니다.

돌아온 안양 이모 집에는 어머니가 와 계셨습니다. 어머니는 돌아온 저를 안고 눈물을 보이시며 "엄마가 가난해서 네가 거기 갔고 엄마가 교만해서 네가 그렇게 됐다"며 저를 사랑한다고 제가 지옥을 가든 천국을 가든 가족들이 다 함께 갈 테니 걱정하지 말라고 하며 울었습니다. 그 말에 굳어져 있던 저의 마음도 녹으며 눈물이 났습니다.

가족들의 사랑과 계속되는 기도로 결국 제 마음을 열게 되었습니다. 그러나 계속 머릿속을 맴도는 신천지 사상을 스스로는 지울 수 없었기에 고민하던 중 인터넷의 여러 포털 사이트를 통해 신천지의 이단성에 대해 그리고 말씀의 오류를 스스로 연구하기 시작했습니다. 그리고는 상담치료를 받으러 가겠다고 어머니께 약속하게 되었습니다.

7월 말경, 가족들과 함께 안산에 있는 상록교회로 향하게 되었습니다. 신천지에서 초등학교도 안 나오고 진짜 용이 시킨 목자라고 배웠던 '진용식 목사님'을 실제로 만나게 되었습니다. 신천지에서 배웠던 이미지와는 달리 목사님은 동네 이장 아저씨처럼 편했고 상록교회 또한 사악한 집단으로 여겨지지 않았습니다.

신천지 교리에 대한 반증을 듣고 그것을 논쟁하고 보니 신천지 말씀의 허점이 드러나기 시작했습니다. 신천지에서 가난하고 검소한 보혜사로 배웠던 이만희씨가 호화로운 생활을 하고 있으며, 영생 할 줄로 믿었던 그가 병원에도 다니고 있다니 교주 이만희씨의 실체를 알고 허탈함을 감출 수 없었습니다. 또한 신천지에서 배웠던 교리들은 하나같이 뒤집어 보니 다 틀린 것들뿐이었습니다.

신천지에서 〈사34:16〉을 인용하여 성경 안에 말씀의 짝이 있다고 가르침 받았는데 앞뒤 문맥을 고려하여 자세히 읽어보니 말씀에 짝이 있는 것이 아니라 짐승에 짝이 있다는 말씀이었습니다. 신천지에서는 전체적인 문맥을 보지 않고 한 구절만 뽑아서 마치 퍼즐놀이를 하듯이 교리를 가르친 것이었습니다. 교주 이만희씨가 계시록의 말씀을 받아먹었다고 했는데 계시록의 말씀을 성경에 전혀 맞지 않게 가르치고 있었습니다. 하나님의 진리로 신천지의 교리를 따져 보니 모든 것이 틀렸다는 것이 확연하게 드러났습니다.

이단상담을 받을수록 신천지에서 배운 대로 저주받을까봐 두려웠던 마음은 점점 소멸되어 갔습니다. 더 이상 저주가 무섭지도 않았고 두렵지도 않았습니다.

마지막 날, 구원론을 들으면서 구원은 행함으로 얻어지는 것이 아니라 하나님의 선물이고 예수님의 은혜라는 말씀이 저를 묶고 있던 올무를 풀어주었습니다. 나에 대한 하나님의 섭리는 예정된 것이며 내가 이단에 빠져 갈 바를 모르고 헤매일 때에도 주님이 나를 지키고 계셨고 나에 대한 사랑은 변함이 없으셨다는 말씀에 그동안 무거웠던 저의 모든 마음을 내려놓을 수 있었습니다. 저는 비로소 진정한 구원을 맛보게 되었고, 저를 미혹했던 미혹의 교리로부터 헤어나 참 된 자유를 얻게 되었습니다.

제가 다녔던 교회 담임 목사님께서 당신이 목회를 포기하고서라도 저를 치료받게 하겠다고 하셨다는 말을 듣고 저는 그 안에서 예수님의 사랑을 발견할 수 있었습니다. 예수님은 잃은 양과 같았던 저를 늘 찾고 계셨습니다.

사랑으로 끝까지 저를 지켜준 가족들 그리고 상담해주신 모든 분들 정말 감사합니다. 주님의 사랑으로 새 생활을 선물 받은 저는 지금 너무도 행복합니다. 나의 유일한 구원자 되시는 예수 그리스도를 사랑합니다.

은혜가 저를 묶고 있던 올무를 풀어주었습니다

김서은 (가명)

2004년, 남편이 개인사업 실패로 ○○경찰서에서 조사받고 있을 때 당시 ○○교회 이○○ 목사님과 함께 남편을 면회하러 갔었습니다. 그때, ○○경찰서에 있는 한 경찰이 사건의 법적인 대처와 조사내용들을 상세히 알려주면서 자신이 잘 아는 여전도사와 기도제목을 나누며 기도하길 권하며 친절하게 접근하기 시작했습니다. 여전도사와 드문드문 전화를 주고받다가 자신이 전화로 성경공부를 가르친다며 한 번 해보지 않겠냐고 권했고, 어느 정도 전화로 공부를 한 후 사당역에 있는 무료신학원으로 인도했습니다.

제가 중2 때부터 전도 받아 다니기 시작한 OO교회는 당시 이OO 목사님의 퇴임으로 새 목사님을 모시기 위해 20평 정도 반 지하에서 온 성도가 기도하고 있던 차에 OOO 목사님이 오셨고, 이OO 목사님의 원로목사 대우 문제와 교회 재정 문제 등이 장로들과 문제가 되자 결국 이OO 목사님께서 OOO 목사님의 담임 청빙을 취소하게 이르렀습니다. 오랫동안 새 목사님을 모시고 교회의 부흥을 두고 기도했던 성도들이었기에 이 일은 목사님 가족과 성도들이 나뉘는 계기가 되었습니다.

2005년, 그렇게 개척한 OO교회로 옮기게 되면서 OOO 목사님과 함께 신앙생활을 하게 되었습니다. 무료신학원에서 고등과정을 할 때쯤 도대체 어떤 교회인가 궁금하여 수요예배를 먼저 가보고 싶다고 했고 미리 등록해야 갈 수 있다고 하면서 이름을 등록시켰습니다. 그리고 절 인도한 여전도사가 자기남편의 실적이 없어 날 인도한 사람으로 올리겠다고 했습니다. 그렇게 수요예배(OO교회건물 옆 조립식 예배당)를 처음 갔었고 저는 다른 교회처럼 마음대로 가도 되는 줄 알고 말도 없이 두 번째에 고3 아이를 데리고 갔습니다. 두 번째 예배에서 처음 "신천지"라는 단어를 들었습니다.

지금까지 신앙 생활했던 신앙으로 도저히 말씀을 부분적으로 짜집기한 교리와 최종으로 한 인간을 추앙하는, 말이 안 되는 교리를 받아들일 수 없었기에 전 그곳과 관계를 완전히 끊기로 결심했습니다. 다시 교회로 돌아오기 위해 교회에서 권장하는 부분을 다 받아들이면서, 2005년 11월 20일(주일) 2시 30분에 OO교회에서 모든 성도들 앞에서 "자성문"을 읽었습니다.

그 후 목사님을 통해 2달간 근신할 것을 권고 받고, 다음날 21일부터 안양 갈멜산 기도원에서 근신하며 죄를 자복하고 잘 못 된 길에서 구원하심을 감사하며 하나님과의 관계 회복을 두고 기도하기 시작했습니다.(당시 기도원에서 기록한 기도 노트가 있습니다.)

기도 중 신대원에 대한 소망을 주셨고, 정규과정을 통해 비진리 요소를 씻어내야 함을 깨닫게 하셨습니다. 이후 OOO 목사님의 권유로 칼빈신대원에 (2005년 12월에 원서를 냄) 들어가게 되었습니다. 2006년 3월 입학 후 사역지를 두고 기도할 때, OO교회로 사역지를 인도해 주셨습니다. 2006년 3월 중순부터 2008년 3월 29일까지 만 2년 동안 유치부와 청년부 두 부서에서 열심히 사역했습니다.

지난주 이단 재교육 세미나를 통해 새롭게 안 사실은 제 나름대로 빨리 잊고자 하여 무조건 덮어두었던 거짓 교리들이 내 안에 파편으로 남아 있었다는 사실이었습니다. 세미나 20강의 정도 들으면서 내 안에 정확한 해석도 없이 찌기같이 남아 세미나 듣는 중 부분적으로 생각나는 것이 있었습니다.

신천지에서는 이만희를 신격화하기 위해 시대를 '구약', '신약', '계시' 시대로 나누고, 이만희에게 예수님의 영이 임한 보혜사라는 것을 세뇌하기 위해 비유를 암호로 풀어 이만희 자신을 계시를 받은 재림주로 격상시킨다는 사실을 알게 되었습니다. 비유를 암호로 풀기 위해 말씀의 짝이 있다고 말하며, 성경 여러 부분에서 자신들이 필요한 말씀만을 교묘하게 짜깁기 한 어이없는 교리를 내가 어떻게 듣고 있었을까 싶을 정도였습니다.

비유는 암호의 성격이 아니며 문맥에 따라 해석해야 합니다. 씨는 말씀이고 천국은 사람이고 여자는 목자/사명자등으로 암호화 할 것이 아니며 문맥에 따라 〈눅8:15〉의 씨는 말씀으로, 〈눅17:6〉의 겨자씨는 믿음으로, 〈마13:18〉의 좋은 씨는 천국 아들로, 〈창22:15~17〉의 씨는 자손으로 해석해야 하는 것입니다.

이단 신천지의 구원관 또한 제가 믿고 있는 "오직 예수 그리스도를 믿음으로 의롭다" 함을 얻는 하나님의 은혜가 아닙니다. 그들은 144,000명이 모아져야 구원을 얻는다고 말합니다. 또한 그들은 요한계시록 20장에서 부활에 차별이 있어 육신이 죽지 않고 영원히 사는 '더 좋은 부활'(히11:35)이 있다고 말하면서 144,000명에 순교자의 영을 덧입어 영원히 이 땅에서 살 것을 소망하고 있습니다.

〈히11:35〉의 '더 좋은 부활'은 앞 문장의 비교로서 일시적인 부활보다 더 좋은 부활, 즉 우리가 알고 있는 부활을 의미합니다. 〈엡5:31~32〉의 혼례식은 그리스도와 교회의 연합(관계)에 대한 말씀입니다.

이단들은 말씀을 단어중심으로 해석함으로써 밝히 들어나 있는 계시의 말씀을 마치 감춰져 있는 것처럼 포장하여 자신만이 성경의 비밀을 푸는 것처럼 사기를 칩니다. 모든 이단들은 자기가 오늘날 예수라고 말합니다. 그렇기에 동방은 한국이 되고, 자신들이 동방교회의 구원자라고 주장합니다.

그러나 진용식 목사님이 보여주신, 이만희 관련 저술 책과 고소 내용장등을 통해 이만희가 계시 받았다고 주장하는 것은 99%가 후언이며, 필요에 따라 수정되고, 오류투성인 조작된 계시임을 확인할 수 있없습니다. 또한 종교인이라고 말할 수 없을 정도로 폭력, 고소와 외식으로 가득 찬 상종 못 할 실체임을 알 수 있었습니다.

또한 신천지에서 말하는 '실상'의 인물들과 이단계보를 통해 모든 이단들은 새로울 것도 없는 한 통속이며, 배도, 멸망, 구원이라는 이단들의 핵심교리와 영이 임한다는 범신론 사상, 시대별 구원자라는 윤회 사상 등을 통해 자신들의 교리를 세뇌시킨다는 사실을 확실히 알 수 있었습니다.

이미 2005년 11월 이후로 신천지와 아무런 관련이 없지만, 다시 이 문제가 대두된 것에 대해 생각해 봅니다. 분명 예수를 알지 못하는 영혼에게 복음을 전하는 것 또한 이 시대의 절대적 사명이지만, 이 시간에도 사탄의 미혹에서 빠져나오지 못하는 수많은 이단 성도들을 회심시키고 다시 하나님의 자녀 삼는 사역 역시 점점 이단이 판치는 이 시대에 꼭 필요한 중요한 사역이라고 생각합니다. 제 자신의 결백을 증명할 뿐 아니라, 이번 기회에 '이단상담자'로 준비되어 새로운 사명을 감당하길 소망합니다.

그것조차 아름답게 쓰일 수 있다는 걸 확신합니다

한민유 (가명)

저는 2년 전 신천지에서 나왔습니다. 먼저 이렇게 간증을 하게 하신 하나님 아버지께 감사드립니다.

저는 신천지를 가기 전, 모태신앙으로 나고 자랐습니다. 평소 신앙의 문제를 가장 중요하게 여기셨던 부모님의 영향 아래서 자랐기 때문에 저에게 기독교적인 사고와 가치관, 그에 따른 선택은 당연한 것이었습니다. 물론 크고 작은 어려움은 있었지만 비교적 평탄했던 제 인생에, 어느 날 걸려온 한 통의 전화는 많은 것을 바꾸었습니다. 나중에 알게 된 사실이지만 인터넷에 돌아다니던 교회 학생부 주소록을 보고 신천지 측에서 저에게 전화를 했고 그렇게 인터뷰-복음방-센터의 과정을 거쳐 신천지에 발을 들이게 되었습니다.

저는 당시 취업 준비 중이었고, 회사에 들어가서 바빠지기 전에 하나님을 더 확실히 알고 싶다는 기도를 하던 중이었습니다. 평소 성경에 질문이 많았던 저는 갑자기 기독상담을 받게 된 것이 하나님의 인도하심으로 느껴졌습니다. 그러나 저도 신천지에 들어가기까지의 과정이 순조롭지만은 않았습니다.

가장 큰 위기는 구원의 문제였습니다. 저는 당시 구원의 확신이 있다고 생각했기 때문에, 센터에서 구원을 흔드는 뉘앙스로 말 할 때마다 예민하게 반응했습니다. 신천지는 구원의 확신을 부인해야 들어갈 수 있는 곳이었습니다. 결국 불안했던 느낌대로 신천지 강사의 입에서 구원을 받을지는 죽어봐야 아는 것이라는 말을 들은 그날, 저는 신천지 전도사에게 그게 아니라며 따졌습니다. 전도사는 당황하며 다음에 얘기하자고 집에 보냈고, 저는 로마서 전장을 밤을 새서 읽고 그동안 애매했던 부분을 공책에 반증을 적어서 다음날 갖다 주었습니다. 결국 신천지 강사와 2시간 동안 논쟁을 했지만 결론이 나지 않은 채 집에 돌아왔습니다. 나중에 신천지에 들어가서 들은 말이지만 이때 일 때문에 제가 신천지에 절대 못 들어올 줄 알았다고 합니다.

저는 그 일 이후 매일 마음이 괴로워서 뜬눈으로 밤을 지새웠습니다. 지금까지 제가 믿어왔던 구원이 틀린 것인지, 아니면 지금 교육

받는 이곳이 틀린 것인지 진리를 알고 싶다고 정말 간절히 기도했습니다. 저는 마침 목사님이셨던 삼촌으로부터 우연히 기도하던 내용과 비슷한 말을 듣고 신천지가 맞다는 응답으로 확신했습니다. 그리고 제 생각으로 이해되지 않아도 일단 믿어보기로 했습니다. 성경은 명확하게 아니라고 했지만, 저는 계속 성경이 아닌 다른 것들로 응답 받기를 원했습니다.

그 이유는 센터과정을 더 듣고 싶은 쪽으로 이미 마음이 기울었기 때문입니다. 신천지의 각본대로 다 짜여 진 것이었지만, 그걸 몰랐던 저는 난생 처음 겪어보는 신기한 경험들과 처음 배워보는 말씀, 좋은 사람들, 그리고 선택 받았다는 선민사상을 포기하고 싶지 않았던 것인지도 모릅니다. 신천지에서는 질문 할 때마다 아직 알려줄 때가 아니지만 나중에 다 배운다며 호기심을 자극했고, 그래 조금 더 배워보자는 마음으로 점점 빠져들었습니다. 그 이후로도 사람을 신격화하는 것 같다고 느낄 때마다 마음이 불편하고 괴로웠지만, 오히려 내가 믿음이 없는 것이라며 신천지의 신앙을 따라가지 못하는 스스로를 자책했습니다.

힘든 과정을 거쳐 신천지에 들어간 후 6개월의 신천지 생활은 행복했습니다. 비록 몸은 힘들었지만 성경을 읽고 기도하고 전도하는 이상적인 생활을 매일 하면서 빨리 하나님 나라가 임하기를 바랐습니다. 저는 신천지에 가기 전에도 내가 세상 것 보다 하나님을 더 귀중히 여길 수 있을까 고민해왔습니다. 그런데 신천지에 가게 되면서 가고 싶었던 회사에 붙고도 가지 않은 선택을 한 나 자신에게 자부심을 느끼며 뿌듯해 했고, 열심히 신앙하는 스스로에 대해 만족해했습니다.

그렇게 열심을 다하고 있던 중에, 대학교 때 기독교 동아리에서 만난 언니를 전도하다가 제가 신천지라는 것을 들키게 되었습니다. 언니를 통해 저의 교회와 가족에게 알려지게 되었고, 그때부터 가족과의 갈등이 시작되었습니다. 그러나 저는 오히려 보란 듯이 신천지 생활을 더 열심히 했고 전도하느라 항상 집에 늦게 들어왔습니다. 엄마는 저에게 매일 하루에 한 장씩 성경을 읽고 토론을 하자고 하셨고, 평행선만 달리며 지치는 논쟁이 계속되었습니다. 저는 신천지 식의 해석에 완벽히 세뇌되었기 때문에 저는 엄마와의 토론에서 크게 흔들리지 않았습니다.

저는 점점 더 신천지를 확신하며 진리의 말씀이 맞고 다 이길 수 있다고 생각하게 되었습니다. 생각보다 저의 상태가 심각하게 느껴졌던지 가족들은 저를 2017년 1월, 상록교회 상담소로 데려왔습니다.

신천지에서는 개종 교육에 데려가는 부모는 정상이 아니라며 교육해 왔었습니다. 제가 오픈 된 이후 개종교육에 갈 수 있으니 조심하라고 했지만 저는 우리부모님은 절대 그럴 일 없을 것이라며 믿어왔습니다. 그런데 그런 부모님이 비인간적인 방법을 썼다고 생각해 너무 실망을 했고 분명 상담소에서 다 조종하고 있다는 생각으로 분노에 가득 찼습니다. 상담소의 말만 믿고 이 과정을 강행한 부모님을 원망하며 상담 이후에는 평생 연을 끊고 살아야겠다고 생각했습니다.

그렇게 시작된 반증 교육에서, 가족들은 저를 보면서 우기는 것이라며 답답해했지만 저는 정말 틀리지 않았다고 확신했고 그다지 타격도 없었습니다. 아마도 눈이 어둡고 귀가 가려져 있었던 것 같습니다. 오픈 이후에 신천지에서 다양한 반증교육을 받았고 아빠가 보낸 비방 영상을 혼자서 반증하고 신천지 측에 확인 받는 훈련을 했었기에 더 깨지기가 어려웠습니다.

상담 기간 동안 가족들은 계속 기도하고 성경 읽고 찬양했지만 저는 등을 돌리고 누워서 한마디도 하지 않은 채 하나님께 제발 지지 않게 해달라고, 이기게 해달라고 기도했습니다. 매일 밤 신천지에서 배웠던 것들을 모조리 생각해서 계속 외웠고, 상담소에서 들었던 내용을 밤에 스스로 재반증 하는 생활을 계속했습니다.

그렇게 울고불고 화내기도 하고 지치기도 하면서 외로운 싸움을 한 지 한 달 정도 되었을 때, 점심시간에 오전에 들었던 내용을 반증하려고 성경을 읽고 있었습니다. 그런데 제 눈에 자꾸만 들어오는 것은 신천지 측이 아닌 방금 전 상담내용이 맞는 구절이 자꾸만 찾아지고 읽어졌습니다. 저는 너무 당황해서 성경을 덮어버렸습니다. 신천지가 틀릴 수도 있나 라는 생각이 들었고, 그날 밤부터 생각이 너무 많아져 잠을 자기 어려웠습니다.

그 이후 너무 확실하게 아닌 것이 점점 많아지면서 저는 너무 혼란스러웠습니다. 어느 순간부터 저의 기도는 '이기게 해주세요'에서 '진리가 뭔지 알고 싶어요'로 바뀌었습니다. 그리고 신천지에서 그렇게 부정했던 삼위일체를 배우면서 예수님은 하나님이시고 그분이 죽기까지 낮아지셨다는 사실을 도저히 부인할 수 없었습니다. 저는 절대로 변하지 않으려 발버둥 쳤지만, 결국 하나님은 이러한 딱딱한 저의 마음을 바꾸셨습니다.

그러나 저는 신천지가 틀렸다는 사실을 인정하고도 그 깊은 우울과 절망에서 쉽게 헤어 나올 수 없었습니다. 내가 그동안 하나님의 인도하심으로 느꼈던 모든 것들과 거기서 받았던 좋은 영향들이 다 혼자만의 착각이었고 거짓이었다는 박탈감이 너무 컸습니다. 그리고 모든 것을 버리고 진심으로 열심히 사는, 신천지 안의 사람들을 생각하면 너무 안타깝고 마음이 아팠습니다. 그런 사람들을 봐서라도 신천지는 절대 거짓이면 안 되었습니다. 그리고 그렇게 내버려 두신 하나님에 대해 원망이 들었습니다.

특히 가장 이해가 안 되었던 것은, 신천지 센터에서 구원론 논쟁 했을 때처럼 그렇게 간절히 기도해 본적이 없는데 그 기도에 응답해주시지 않으셨던 것입니다. 하나님은 내 기도조차 듣지 않으시는 분이라며 이제는 하나님을 신뢰하기 싫었습니다. 저는 20년이 넘도록 교회를 다니면서 하나님을 더 알기를 원했고, 하나님의 뜻에 맞게 살려고 고민하고 노력했습니다. 그렇게 치열하게 살았던 결과가 이것이라면 더 이상 믿을 필요가 없다고 생각했고, 앞으로 믿는다고 해도 혼자만 믿는 것이 될까봐 겁났습니다. 그곳에 있는 아이들을 생각하면 힘들었지만 저는 하나님께 기도도 못하겠고 성경도 못 보겠고 신앙 자체가 너무 싫어서 아무것도 하기 싫었습니다. 그 아이들을 위해 할 수 있는 것이 많음에도 그냥 덮어 두었습니다.

그리고 급하게 취업을 하게 되었고 우울과 절망 속에서 회사생활을 하던 중 신천지에서 알던 동생한테 전화가 왔습니다. 신천지에서 나왔다는 말에 저는 의심부터 했지만 그 동생은 정말로 나온 게 맞았고, 저에게 한 가지를 묻고 싶다며 "근데 언니는 신천지가 틀렸다는 걸 알았는데 우리들 중 아무한테도 말해주지 않았던 이유가 있었어?"라고 하는 순간 한대 얻어맞은 것 같았습니다. 나도 힘들었고, 하나님에 대한 확신이 없었고, 그래서 섣불리 아무것도 할 수 없었다며 변명했습니다. 그런데 그 어떤 말로도 변명거리가 될 수는 없었습니다.

그 동생은 다른 친구들을 빼내는 데 열정이 넘쳤고, 저도 가만히 지켜 볼 수만은 없었습니다. 함께 여러 가정에 오픈을 하러 다니고, 그

동안 덮어두었던 신천지 친구들의 정보를 알아내서 가족들, 교회들을 찾아가 오픈하기 시작했습니다. 그러한 과정을 거치면서 내가 이 친구들을 위해서라도 신앙이 바로 서야겠다고 생각했습니다. 그래야 이들이 나왔을 때 조금이나마 도움이 될 수 있을 것 같았기 때문입니다. 그 결심을 하고 상록교회 새신자부에 들어가 좋은 사람들과 교제하며 점점 회복이 되었고 지금도 회복 중에 있습니다.

제가 신천지에서 나온 후 이전과는 다르게 알게 된 것이 몇 가지가 있습니다. 하나님은 인격적인 분이셔서 내가 하는 어두운 고민과 원망도 이해하시고 용납하시는 분이시라는 겁니다. 욥도 하나님 앞에서 불평했지만 하나님은 따뜻하게 회복시키셨습니다. 신천지에서 막 나와서 저는 안타깝게도 금방 회복이 되지 않았고 이해되지 않는 것들에 대해 절망하고 불평했습니다. 저는 하나님께 떼쓰는 어린아이 같았습니다. 믿고 싶지 않다고 말했지만 사실은 믿고 싶은 것인데 또다시 하나님께 실망 할까봐 겁이 났습니다. 그렇게 두려움 많은 저를 하나님께서는 주변의 여러 사람을 통해 조금씩 하나님을 제대로 알게 하셨습니다. 이기적이고 교만하고 부족한 저를 구원해주시고 괜찮다고 말해주시는 '용납하시는 하나님'을 느꼈습니다.

또 한 가지는 저의 오점이나 상처도 회복하시고 사용하시는 하나님입니다. 저는 신천지에 빠졌던 것이 제 인생에서 지우고 싶은 오점이라고 생각했습니다. 그렇지만 하나님께서 사용하시면 그것조차 아름답게 쓰일 수 있다는 걸 이제는 확신합니다. 예전에 하나님이 아파하는 곳에서 함께 아파하고 싶다는 기도를 했던 것이 생각이 났습니다. 하나님의 마음을 아는 것 자체가 너무 아프고 힘들고 슬픈 일인걸 깨닫고 그 기도를 취소했던 적도 있지만, 그 일을 겪지 않고서는 하나님이 사용하실 수 없었습니다.

세상에는 갖가지 이유로 상처받은 수많은 영혼들이 있고, 하나님의 시선은 아픈 그들을 향해 있다는 것을 계속 느낍니다. 사람들은 특히 이단에 빠진 사람을 무시하고 외면하지만 하나님은 그들을 너무도 사랑하고 안타까워하며 회복시키고 싶어하십니다. 그리고 지금 제 마음도 그렇습니다. 만약 제가 신천지에 가지 않았다면 저도 이단에 빠진 사람들에 대해 편견을 갖고 무시했을 텐데 너무 끔찍합니다. 그래서 지금은 감사합니다.

물론 신천지에서 나왔다고 해서 모든 게 잘 되는 것은 아닙니다. 여전히 실수도 많고 부족하고, 삶에서 만나는 크고 작은 어려움들이 있습니다. 아직 주변 환경에 따라 영향 받는 연약한 믿음을 가지고 있습니다. 그렇지만 신천지에서 나와 구원 받은 지 얼마 안 된 어린아이라 생각하고 앞으로 그리스도인으로서 성숙하고 성장하기를 소망합니다.

많이 늦은 감이 있지만, 상담 기간 동안 불손했던 저의 태도에 용서를 구하며, 회복에 애써주신 분들께 이 자리를 빌어 감사인사를 전하고 싶습니다. 너무 고생했던 우리 가족들과 친척분들, 저를 위해 눈물로 기도해주셨던 사랑 있는 교회 성도 분들, 저를 포기 하지 않아주신 상록교회 강사님들과 전도사님, 목사님들, 그리고 저를 빼내주시고 구원해주시고 용서하시고 회복하신 하나님, 예수님, 성령님께 감사드립니다.

🌿 신천지교회에서 한번도 느낄 수 없었던 평안을 느낍니다

유민희(가명)

먼저 사망의 길에서 벗어나 진리를 알고 구원을 얻게 해주신 하나님께 감사드립니다.

제가 처음으로 신학원을 가게 된 건 작년 7월이었습니다.

신학원을 가기 전 신앙생활을 제대로 했던 건 중고등학교 때 잠깐뿐이었고 교회에 나가면서도 믿음이 없었던 저는 이런 저런 핑계로 신앙과는 점점 거리가 멀어졌습니다. 물론 하나님에 대한 믿음이 있었지만 주일에 교회 나가는 조차도 버거워 할 정도로 믿음이 연약했습니다. 하지만 언젠가 성경에 대해 배워보고 싶었고 특별한 계기가 생겨 열심을 가지고 신앙생활을 했으면 좋겠다는 막연한 동경심을 가지고 있었습니다.

때마침 직장에서 매우 신실해 보이는 크리스천을 만나게 되었고 내가 만났던 어떤 사람보다 영적이고 순수해보여서 신앙인으로서 닮고 싶은 사람이라는 생각을 하게 됐습니다.

그 자매님은 성경에 대해 제대로 아는 것이 얼마나 중요한지 거듭 강조하셨고, 교회선택을 할 때도 〈요일 4:1〉 말씀을 들어 영분별을 해서 진리를 전하는 교회를 선택해야 한다는 말씀을 하셨습니다.

그 후에 그 자매님이 자신이 아는 분이 신학원에서 공부를 했는데 말씀이 정말 좋다며 이곳에서 공부를 해보면 어떻겠냐고 신학원을 소개해주셨습니다. 끝까지 그 자매님은 이곳에서 공부한 적이 없다고 하셨고 그래서 보다 객관적일 수 있다고 생각했고 더욱 신뢰하게 되었습니다. 하지만 나중에 알고 보니 신천지 교회에 다닌 지 3년 이상 된 이름을 대면모르는 사람이 없을 정도로 아주 유명한 자매님이었습니다.

이렇게 해서 신학원을 다니게 되었고 성경개론이나 비유풀이 앞부분을 배울 땐 말씀이 달다는 말을 실감했습니다. 하루 종일 신학원을 가게 되는 시간만 기다렸고 말씀을 들을 수 없는 수요일이나 주말은 시간이 너무 허무하고 아깝다는 생각을 했습니다.

신학원 수강 중 그 자매님은 감추인 보화와 영적 금식에 대해 말하면서 말씀 듣는 걸 숨겨야 하고 다른 곳의 말씀은 들으면 안 된다고 했습니다. 전 그 말을 그대로 믿었고 가족들과 친구들에게는 영어 학원을 다니고 있다고 거짓말을 했고 다른 말씀은 듣지도 않았습니다.

그런데 한 달 반 정도 신학원을 나갔을 때 조금 이상하다는 생각이 들었습니다. 직접적인 표현은 하지 않으셨지만 강의 도중 신약시대가 아닌 다른 시대가 왔다는 뉘앙스의 말씀을 하셨고 조금 의심이 든 저는 시온기독교신학원이라는 단어로 인터넷 검색을 해보았습니다. 인터넷에는 무료성경신학원이라는 다른 이름으로 수많은 자료들이 있었고 신천지에 대한 자료들을 보고 난 저는 너무 놀라 눈물이 끊이지 않았고 무얼 해도 집중을 할 수 없을 정도로 충격을 받았습니다.

내가 배운 말씀이 이만희라는 사람이 교주로 있는 교단의 말씀이라는 것이 도저히 믿기지 않았고 믿고 싶지도 않았습니다.

다음날 저를 인도한 그 자매님에게 전화를 걸어서 이런 곳인 줄 알고 인도했냐며 물어보았고 자매님은 자신도 다녀보지 않아서 잘 모르겠지만 정말 자신이 신뢰하는 사람이 다녔던 곳이고 자신도 곧 다닐 거라며 많은 사람들이 말씀이 좋다고 하는데 한번 끝까지나 들어보라고 하셨습니다.

처음엔 신학원에 다신 가지 않을 생각이었지만 그 자매님을 다시 만나게 됐고 〈히브리서10장〉 말씀을 인용하면서 진리를 아는 지식을 받은 후 죄를 범하면 하나님께서 속죄하지 않으신다고 했습니다.

성경에 대해 무지했던 저는 그 말씀이 나에게 해당하는 것이 아니라 그들에게 해당한다는 것조차 모르고 하나님이 너무 두려워졌고 또 신학원에 다니지 않게 되자 출석하는 교회도 없었던 터라 점점 나태해지고 영적으로 무뎌지는 내 자신이 너무 안타까워 끝까지 들어보고 판단하라는 그 자매님의 말대로 정말 끝까지 들어보고 다른 곳에 가서도 들어보자 하는 심정으로 다시 신학원에 나가게 되었습니다. 그리고 그 후 신학원을 3개월 정도 다닌 후에 신천지 교회로 유월을 하게 되었습니다.

성경에 대해 전혀 무지한 상태에서 이 말씀을 들었기 때문에 다른 곳에서도 말씀을 배워봐야 객관적으로 분별할 수 있다는 생각이 들어서 신학원 과정을 마친후 다른 곳에서 말씀공부를 해야겠다는 생각이었지만 교회에 나가게 되고 사람들과 친분이 생기자 그런 생각은 점점 없어졌습니다.

오히려 사람들과 어울리고 같이 활동하는 시간이 많아질수록 말씀만 들었을 때보다 믿음이 더욱 자라났고 신천지는 뭐든지 빠르고 강해서 붙어있어야만 내가 살아날 수 있는 길이라는 생각을 하게 되었습니다.

그렇지만 그런 와중에도 내가 지금 여기가 맞다고 하는 사람 말만 들어볼게 아니라 틀리다는 사람 말도 들어보고 객관적으로 판단해봐야겠다 하는 생각을 계속 하고 있었습니다. 하지만 교회활동과 말씀

공부 등으로 정신이 없었고 다들 바쁘게 뛰어가는데 나만 의심하는 것 같아 늘 불안하고 초조했습니다.

그렇게 정신없이 시간이 흘러 작년 12월에 수료를 하게 됐고 얼마 지나지 않아 미처 숨기지 못한 주보를 보신 어머니께서 제가 이상한 교회를 다니는 걸 알게 되셨습니다. 조용하던 집안이 저 때문에 시끄러워졌고 전 많이 힘들었지만 핍박이 있는 것 보니까 정말 성경 그대로구나 하는 생각에 오히려 믿음이 더욱 강해졌습니다. 이럴 때일수록 지혜와 모략이 필요하다고 교회 청년들과 전도사님께서 말씀하셨고 저는 가족들에게 다른 교회에 다니겠다는 거짓말을 해서 무사히 넘어갔습니다. 한번 들킨 후라 다시 들키기 쉬운 상황이었지만 한번도 예배나 교회활동에 빠지는 일이 없었습니다.

집안의 핍박이 대충 수그러들고 나니 다시 말씀에 대한 의심이 조금씩 생겼습니다. 신천지는 성경의 모든 예언의 말씀을 비유로 풀어야 한다고 주장하는데 그곳에서 풀이한 비유로 성경을 해석하면 문맥에 맞지 않거나 예언의 말씀도 문자 그대로 해석해야 맞는 부분도 있고 일관성이 없고 억지스러운 부분이 있다는 생각이 들었습니다.

예를 들어 예언의 성취순리 배도-멸망-구원이라는 공식에 끼어 맞추려고 세례요한을 배도자라고 하며 〈마11장〉에서 예수님이 세례요한에 대해 천국에서는 극히 작은 자라도 저보다 크니라 라고 말씀하신 부분을 들어 세례요한이 천국에 없다고 하는데 아무리 생각해도 억지라는 생각밖에 들지 않았습니다. 무엇보다 신천지의 총회장님이라는 분이 사도요한 격 사명자라고 하는데 사도요한 격 사명자가 어째서 보혜사가 되며, 예수님의 대언자일 뿐이라는데 어떻게 해서 우리를 구원하시는 이가 되는지 이해가 되지 않았고 이에 대해서 질문하면 자매님은 신학원 과정을 한번 더 수강해야 할 것 같다고 깨달음이 부족한 것 같다는 말씀뿐이셨습니다.

그리고 분명히 신천지 성도들은 총회장님을 보혜사로 알고 있는데 얼마 전 대대적으로 난 신문기사에 쓰여 진 "자신은 예수 그리스도의 제자일 뿐이고 잘못된 점이 있다면 얼마든지 수용할 수 있다" 라는 변명은 사람 생각으로 이해할 수 없는 하나님의 모략이라고 하기엔 너무 터무니 없었고 자신을 믿고 따르는 수만 성도들을 우롱하는 처사라는 생각이 들었습니다.

또 이만희의 생일날 체육대회를 위해 수많은 청년들이 수개월 전부터 운동선수처럼 훈련받고, 작년 대선 때 지지했던 한나라당 이회창 후보가 대통령에 당선되지 않았던 것, 일할 수 없다는 이유로 연세가 많으신 분들은 전도하지 않고 수요예배 주일예배에 빠지면 천국을 못 간다는 것, 열매가 있어야만 생명록에 등록되며 교회에 6개월 동안 출석하지 않으면 사망록에 옮겨지는 것 등 성경만 믿고 신천지에 왔다고 생각했는데 비성경적인 부분들이 너무 많았고 이해하기 힘들었습니다. 그런 의심을 계속 마음에 가지고 있다가 다시 인터넷에서 자료를 보기 시작했고 현대종교라는 사이트에서 진용식 목사님과 이만희의 지상논쟁 자료를 보게 되었습니다.

기독교인이 아니라도 이성이 있는 사람이라면 분별할 수 있을 정도로 비논리적이고 인신공격성을 띤 발언은 보혜사라고 하기에는 너무 수준이 낮은 글이었습니다. 보혜사가 아니라는 확신은 들었지만 워낙 들었던 말씀들이 강했고 또 다른 곳에서 신앙생활을 할 수 없을 거라는 강박관념, 또 1년 여간 그 교회에 다니면서 점점 세상과 고립되어 가고 가족과 친구들과 멀어졌으며 교회 사람들과 그곳의 말씀이 이미 제 생활의 전부가 되어버렸기 때문에, 다른 곳에서 신앙생활을 하지 못할 바에야 신천지에 그냥 남아있자 라는 생각을 하게 됐습니다.

하지만 이미 아니라는 확신이 생겨버린 후라 말씀을 들어도 의심만 나고 전도활동을 해도 한 영혼을 내가 죽이는 건 아닐까라는 죄책감에 많이 괴로웠습니다. 그러다가 우연히 신천지에서 대표적 서기관과 바리새인이라고 비난하는 탁지원 전도사님과 연락이 닿았고 탁전도사님께서 진용식목사님을 소개해주셨습니다.

진용식목사님을 찾아뵙기로 약속을 하고 사실을 청년들에게 알리자 스스로 영혼을 죽이기로 작정한 사람 같다며 적극적으로 말렸고 조금의 갈등은 있었지만 이번 기회가 아니면 신천지에서 영원히 벗어날 수 없을 것 같다는 생각으로 우선 가지 않겠다고 거짓말을 하고 상담을 받으러 왔습니다.

처음부터 의심을 많이 품고 왔던 상태라 상담 시간이 그리 길지 않았지만 어느 정도 비진리의 벽이 깨졌고 하나라도 틀리면 진리가 아니라는 생각에 그 교회에 나가면 안 되겠다는 생각을 했습니다. 하지만 정들었던 사람들 때문에 교회에 자꾸 가고 싶었고 상담을 받고 나서도 그 교회에 몇 번 나가곤 했습니다. 하지만 내가 정말 그 영혼들을 사랑한다면 단호하게 결단을 내릴 필요가 있다고 생각했고 그러기 위해선 내가 먼저 바로 서야한다는 것을 깨닫게 되었습니다.

지금 생각해보면 내가 그 때 어떻게 견뎠을까 하는 생각이 들 정도로 이단이라는 곳이 사람을 정말 힘들게 만들고 또 힘들기 때문에 더욱 진리라고 생각하며 붙잡으려고 했던 것 같습니다.

신천지교회에 있었을 때는 차라리 내가 이곳을 몰랐었더라면 얼마나 좋았을까 라는 생각뿐이었고 신천지를 모르는 사람들, 떳떳하게 교회이름을 밝히고 다니는 성도를 보면 너무 부러웠습니다. 신천지 교회에 다닐 땐 거짓말을 많이 해야 하기 때문에 집에서는 거의 말도 하지 않았고 그러다 보니 가족들과 함께 있는 시간이 힘들고 차라리 집을 나가야겠다는 생각을 한 적도 많았습니다.

매달 신학원 개강이 있을 때마다 인도자가 없을 경우 많이 힘들었고 전도를 하기위해 수도 없이 많은 거짓말을 하고 심지어 청년들의 경우 이성의 호감을 이용해서라도 전도를 해야 하는 상황이 너무 힘들었습니다. 그땐 그것이 하나님의 모략이며 성경적으로는 선한 일이라고 생각했습니다. 하지만 지금은 내가 했던 모든 것들이 하나님 뜻이 아니며 너무 많은 죄를 지었다는 걸 깨달았고 하나님께 죄송할 뿐입니다.

상록교회에 와서 구원받고 나서는 내 모든 상황이 너무 감사합니다. 내가 상록교회에 다닌다는 걸 떳떳이 밝힐 수 있어 감사하고 전도를 하기 위해 거짓말을 하지 않아도 되는 것에 감사합니다. 또 가족들이 있어 감사하고 신천지를 거치지 않은 나의 신앙생활이 어땠을까 생각해보면 신천지를 알고 나서 구원받게 해주신 것 또한 너무 감사합니다.

상록교회에 오게 되고 구원론을 듣게 됐을 때 신천지에서 있었을 땐 상상할 수도 없었던 평안을 느꼈으며 신천지교회에서 한번도 느낄 수 없었던 감사를 느끼게 되었습니다.

예수님의 보혈로 죄 사함을 받았고 구원을 받았다는 확신을 느끼며 다른 어떤 이름으로도 우리를 구원할 수 없다는 간단한 진리를 깨닫게 되었습니다.

만국이 미혹됐고 신천지가 진리기 때문에 그곳을 떠나서는 아무데서도 말씀을 듣지 못할 거라고 세뇌 받았고 저 또한 그곳이 이단이라는 것을 떠나서 정말 다른 교회의 말씀은 듣지 못할 거라고 생각했습니다. 하지만 제 생각으로는 전혀 불가능했던 일을 하나님께서 하셨고 상록교회에 와서 제가 신앙생활을 할 수 있는 것 자체가 저에겐 가장 큰 기적입니다.

이단에 빠진 수많은 사람 중에 가장 미련하고 연약하고 지혜 없는 저 같은 사람을 택하신 건 저를 통해 하나님의 영광을 드러내시려는 하나님의 모략이었다고 생각합니다. 성경을 겨우 몇 구절 달달 외우며 그것이 진리인 줄 알고 기성교회 성도들을 십자가의 보혈밖에 모르는 무지한 성도라고 생각한 교만했던 제 자신이 너무 부끄럽고 진리라는 것이 결코 어려운 것이 아니기 때문에 저 같은 사람도 진리를 알고 구원을 얻을 수 있다는 것에 너무 감사하며 그동안 제가 알고 있던 하나님은 심판하고 벌주시는 분이었지만 지금은 하나님이 얼마나 사랑이 많고 선하신 분인지 체험하고 있습니다.

제가 신천지에서 만났던 제대로 자지도 먹지도 못하고 수고하는 수많은 선량한 신도들을 생각해보면 진리를 전하는 목사님과 바른 교회를 섬기는 상록교회 성도님은 정말 하나님께서 택하신 분들이며 큰 은혜를 받은 분들이라 생각됩니다. 이제는 예배도 헌금도 봉사도 법이고 의무이기 때문이 아니라 구원받은 것이 너무 감사해 즐거이 할 수 있고 "진리가 너희를 자유케 하리라"는 말씀이 진정 무엇인지 깨닫게 됩니다.

진리를 알게 된 것, 구원 받은 것, 참 하나님과 상록교회, 진용식목사님을 만나게 된 것에 감사합니다. 이 모든 것들이 내 힘으로 할 수 있었던 것이 아니고 오직 하나님께서 하신 일이라 고백하며 하나님께 영광 돌리겠습니다.

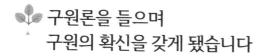

구원론을 들으며
구원의 확신을 갖게 됐습니다

김의선 (가명)

저는 신천지 요한지파 출신입니다. 모태신앙인인 저는 근 15년간 상도동에 있는 OO교회를 다녔습니다. 그러던 중 군대 가기 전 알고 지내던 형이 있었는데 제가 군대를 다녀온 후 그 형은 신천지 추수꾼으로 교회에 들어와 있었습니다. 그 형과 그리 친한 편은 아니었지만 제대 후 밥을 사준다고 해서 밥도 얻어먹으며 친해지게 되었습니다.

그러던 중 그 형이 같은 교회 집사님을 통해 성경을 배우는 중이라며 저에게도 권유하여 망설임 없이 콜이라 하고 약 2개월간 복음방을 시작했습니다.

그 후 교사님이 "넌 성경에 대한 이해가 높으니 좀더 깊이 있는 내용을 가르치는 데가 있는데 가볼래?" 저는 또 콜을 외치며 센터에 가게 됐습니다. 그곳에서 제가 인도자한테 이것저것 궁금한 걸 물어 보게 되었는데. 그럴 때 인도자는 쩔쩔 매며 답을 주지 않고 조만간 알게 된다며 그냥 넘어 갔습니다. 지금 생각해보니 난감 할 수밖에 없는 상황이었던 것입니다.

얼마 지나지 않아 전도사가 쩔쩔 매며 신천지임을 오픈 했는데 전당시 이단에 대한 관심이 높지 못해 '그게 뭐 어때? 왜 저래?'라는 생각으로 '여기가 진리면 믿으면 되지' 라고 생각하게 되었습니다.

성전에 입성 하고 바로 잎사귀로 두 번의 재청강을 하면서 동시에 성전 들어간 지 6개월쯤 됐을 때 부구역장의 사명을 받아 부구역장으로 생활하기 시작했습니다. 어느 정도 부구역장으로 사명을 감당하게 될 때쯤 이만희는 겸임을 좋아한다며 저에게 회계직도 함께 하게 했습니다. 그렇게 1년 정도 지나 구역장으로 거론이 될 때쯤 저는 '여기가 진짜 일까' 라는 고민을 하기 시작했습니다.

그때 때마침 부모님이 상록교회에서 개종교육 상담을 하고 있을 때 신천지에서 스파이를 보내 알아냈다면서 저에게 정보가 들어왔는데, 제가 한 달 후 개종교육을 하게 될 것이라는 소식이었습니다. 그때부터 청년 회장, 섭외 과장, 섭외 부장 등 상급자들과 이야기 하면서 개종교육을 어떻게 할지에 대해 이야기를 나누며 "너라면 가서 이기고 올 수 있으니 가서 진용식 목사님을 테러하고 이기고 오라"는 것이었습니다. 그렇게 전 테러범으로 잠입하여 개종 교육을 받기로 결정이 됐고, 부모님과는 보이지 않는 미묘한 신경전이 시작됐습니다.

부모님은 저를 데리고 가기 위해서 여행을 빌미로 저를 몰래 데리고 가고자 하셨으나 저는 이미 모든 걸 알아버린 후라서 실패로 돌아가고 말았습니다. 결국 아버지가 "너 신천지인거 아니까 가자"고 하셨고 저는 이미 모든 상황을 알고 있던 터라 반항하는 척 하면서 차를 타게 됐습니다. 부모님은 제가 이미 알고 있다는 사실을 모르고 계시기에 저는 오히려 더 연기를 하면서 안갈 것처럼 굴면서 차에 타고 난 뒤 "나도 다 알고 있다. 지금 당장 안산 가자"라고 하며 동시에 어떻게 해야 테러를 성공할까 고민까지 하면서 교육 시간이 되길 벼르고 있었습니다.

드디어 교육 첫 날이 되고 저는 자신감을 가지고 김충일 전도사님과 만나게 되고 전도사님이 말씀을 하지 못하게 말을 계속 자르면서 제 할 말만 하고 듣지 않았습니다. 이런 식으로 저는 전도사님의 반증을 듣지 않고 이틀간 말싸움을 하게 되었습니다.

하지만 전도사님과 싸우면서 저는 내가 가진 지식과 말씀으로는 밀린다고 느끼게 되었습니다. 그러면서 쉬는 시간에는 주먹으로 벽을 치는 등 어떻게 해서든 교육을 듣지 않으려 했습니다. 그럴 때 아버지와 가족이 한번만 들어보라고 간곡하게 요청했고, 3일째부터는 '들어는 봐준다'는 생각으로 듣기 시작 했습니다.

들으면서도 딴생각 하며 안 듣고 하면서 어영부영 2주차에서 3주차를 넘어갈 때쯤 점점 틀렸다는 사실이 인정 되면서 순간 '내가 잘못 됐구나. 사람들이 다단계 빠진다고 비웃었는데 다단계나 이단이나 별반 차이 없구나' 느끼면서 구원론을 듣게 됐고 급기야 구원의 확신을 갖게 됐습니다.

내가 27년 동안 구원의 확신이 있다고 착각하고 있어서 이단에 빠지게 되고 그를 통해 하나님이 다시금 하나님의 자녀 삼아주시기 위해 나를 다시금 돌이켜 주셨구나 하는 걸 느끼게 되었습니다.

또한 지금은 온 가족이 다 함께 상록교회에 다니시는데 이번 일을 통해 우리 가족을 하나님 자녀 삼아주심에 감사함을 느끼게 됐습니다. 저로 인해 고생하신 전도사님들과 목사님들께 죄송하고 감사한 마음입니다. 특히 가장 심하게 대했던 김충일 전도사님께 죄송하다고 말씀 드리고 싶습니다. 그리고 마지막으로 가족의 신앙이 회복됨에 감사합니다.

Ⅲ. 안상홍 증인회(하나님의 교회) 회심간증

정인자 외 7명

아! 그랬구나! 하고 모든 의문이 풀렸습니다.

정인자

제가 이 글을 쓰게 된 동기는 저의 무지함과 믿음 생활이 부끄럽지만 저와 같은 희생자가 생기지 않게 하기 위해서입니다. 저는 모태신앙인이었지만 구원의 확신이 없이 습관처럼 신앙생활을 해 왔습니다. 결혼 후에는 더더욱 신앙생활을 제대로 하지 못했습니다. 마음속에는 하나님을 사모하고 있었지만 행함이 없는 믿음이었지요.

그러던 어느 날 어떤 아주머니가 가게로 들어왔습니다. 같은 건물에 살고 있다면서 친하게 말을 걸어 왔습니다. 장사 잘 되느냐고 물어 보면서 성경책을 보더니 교회에 다니냐고 물어 보았습니다. 지금은 쉬고 있지만 앞으로 다닐 거라고 했더니 하나님의 법에 대해 알고 있느냐고 했습니다. 그러면서 일반 기성교회의 잘못된 점을 지적하며 일요일 예배, 크리스마스, 십자가 등이 우상이라고 하면서 성경에는 없는 내용이라는 것이었습니다.

저는 처음 듣는 내용이라 화가 나면서도 아주머니의 말을 귀담아 듣게 되었습니다. 성경에는 일요일이 아닌 안식일, 크리스마스가 아닌 유월절이 있다고 했습니다. 며칠 동안 그들의 가르침을 들었습니다. 예수님과 사도들이 안식일과 유월절 지킨 성경구절을 찾아주면서, 사람의 계명으로 교훈을 삼아 가르친다는 구절도 보여주면서 예언이 성취된 부분이라고도 말했습니다. 저는 이제 진리를 만났다고 생각했습니다.

너무도 새로운 것이 많이 있었습니다. 성경에는 새 이름이 있고, 재림예수도 육하원칙에 의해 재림한다는 내용, 또한 성경에 어머니가 있다고도 했습니다. 말로만 하는 것이 아니고 성경구절을 찾아서 보여주는 것이었습니다. 때론 정말일까? 하고 의심도 했지만 만약에 사실이라면 나만 구원 못 받고 지옥 가는 건 아닐까? 하는 생각에 저는 그들의 가르침 대로 따르기로 했습니다. 다른 책도 아닌 성경에 확실히 있는 것을 확인했으므로 믿지 않을 수 없게 되었습니다.

안상홍증인회 하나님의 교회에 가서 침례를 받고 떡, 포도주를 먹은 후에 목사님께서 목메어 죽인 짐승고기와 생피는 먹지 말라고 했습니다. 또 우상의 제물도 절대 먹으면 안 된다고 했습니다. 그것은 귀신과 교제한다고 했습니다. 안상홍증인회 하나님의 교회에서는 남편에게는 말하지 말고 다니라고 했습니다. 지혜롭지 못해서 괜히 핍박 받지 않도록 하기 위해서라고 했습니다.

교회 식구들의 모습도 아름다워 보였습니다. 겸손하고 예의바른 모습이 너무 어색해 보이기까지 하였습니다. 기도할 때도 예수님의 이름으로 기도하지 않았습니다. 누군가의 이름을 부르긴 했는데 귀에 익숙지 않은 이름이었습니다. 저는 목사님께 물어 보았습니다. 성부, 성자, 성령 마지막 누구 이름으로 기도 하셨냐고 하니까 그냥 웃기만 하였습니다.

나중에 집사님에게 물어보니까 계시록에 보면 예수님의 새 이름이 있는데 그분 이름이라고 했습니다. 그 이름이 뭐냐고 물어보니 '안상홍'이라고 했습니다. 성경에 있다면서 계시록을 보여주었습니다. 그분이 재림예수라고 했는데도 저는 별다른 문제를 삼지 않았습니다. 육하원칙에 의해 이미 성경에서 확인한 부분이기 때문이었습니다.

37년 재림하시고 올리워 가셨고 육적인 아버지와 어머니가 계시듯 하나님도 아버지 어머니가 계시다고 하면서 창세기를 펴주었습니다. 이상하게 느끼시겠지만 이 모든 것이 다 믿어지는 것이었습니다.

안상홍 씨가 여호와이며, 성령 하나님이라고 했습니다. 예수님 생각만 하면 눈물이 났던 저는 정말 그분이 이분(안상홍)이었구나 하면서 이 죄인 때문에 십자가에 못 박히시고 37년 예언을 이루시려고 다시 오신 분이었구나 하면서 이제부터는 진정 그리스도인처럼 살아 보리라 다짐했습니다.

안식일도 지키고 삼일예배도 지키고 첫 번째 유월절을 지킬 때에는 너무도 엄숙하고 경건했습니다. 유월절의 떡과 포도주를 먹으면 모든 재앙을 면케 하시고 그 날에 먹는 떡과 포도주만이 영생을 주신다는 〈요 6장 53절〉 말씀을 믿고 또 믿었습니다. 남편 몰래 다니기가 힘들었지만 아르바이트 학생 몰래몰래 써가면서 거짓말 하면서 지키게 되었습니다.

남편 몰래 다니는 자매들도 많이 있었습니다. 나중에 들켜서 두들겨 맞아서 퍼렇게 멍이 든 사람도 있고 교회에 와서 때리고 머리채 잡아 흔들고 질질 끌고 가는 사람도 있었지만 당사자들은 당연한 것처럼 여기고 있는 것 같았습니다.

그럴 때마다 성도들은 울면서 하나님께(안상홍, 장길자) 기도했습니다. 마귀들을 물리쳐 달라고 말입니다. 어떤 집사님 남편도 교회에 와서 행패를 부린 후에 교통사고가 났는데 하나님께서(안상홍, 장길자) 치셨다고 했습니다. 하나님(장길자)의 자녀를 괴롭히면 온전할 수 없다고 했습니다. 그런 말이 나올 때마다 이런 말을 믿어야 하나 말아야 되나 하면서도 눈에 보이는 하나님(장길자) 때문에 두렵기도 했습니다.

저에게도 어느덧 핍박이 다가왔습니다. 남편이 제 가방을 뒤져 새 노래 책을 보았던 모양입니다. "무슨 사람이 하나님이냐"고 "안상홍이 누구냐"고 "도대체 네가 제 정신이냐"고 "정신 차리라"고 소리를 지르고 했지만 저는 처음엔 두려웠지만 나중엔 이해시키려고 했습니다. 성경에는 재림 예수님이 계신다, 하나님의 교회(안상홍증인회)는 성경대로 하는 교회라고 다윗의 위로 오신 분이 바로 그분이라고, 성경에는 안식일, 유월절이 있다고 마구 떠들어댔습니다.

저는 집사님 남편처럼 우리 남편도 교통사고라도 당할까봐 그게 제일 걱정되었습니다. 저는 남편을 무척 사랑했거든요. 진리 때문에 저를 때리고 협박해도 날마다 눈물로 살아가고 있었지만 그렇게 되는 것은 바라지 않았거든요. 남편과 같이 신앙생활 열심히 해서 같이 천국 가고픈 생각에 아무리 힘든 핍박도 당하면 당할수록 참고 견디어야 된다는 것을 배웠거든요. 교회(안상홍증인회)에서도 핍박받는 식구들이 있으면 위로해주고 같이 울고 어머니(장길자)께서도 가슴 아파하신다면서 용기를 주고 조금만 참고 견디고 이기자고 말입니다.

절기가 되면 더욱더 절실해집니다. 성전건축 해야 된다면서 성도들에게 헌금을 바치도록 유도합니다. 그러면서 한편으론 하나님께서(장길자) 돈을 바라시는 것이 아니고 우리의 마음, 믿음을 보신다고 말입니다. 모든 성도들은 하나님(장길자)이 주시는 말씀대로 로봇처럼 따라합니다.

신문, 방송을 통해 모든 재해, 재난, Y2K 등 이 세상이 종말시대라는 것을 부각시켰습니다. Y2K가 성경에 나오는 살육기계라고 말하면서 컴퓨터 오작동으로 핵전쟁이 날 것이라고 했습니다. 그러므로 세상 것에 욕심 내지 말고 불타 없어지기 전에 하나님께 많이 드려야 된다고 말합니다. 성경엔 2000년이 없다고 하면서 종말을 외치고 있습니다.

너무 어처구니없는 일이지요.

어떤 자매는 남편 몰래 500만원을 빌려서 바치고, 어떤 자매는 전셋집에서 월세로 바꾸고 나머지는 교회에 모두 바치고, 또 어떤 집사님은 몇 년 전에 모든 재산을 교회(안상홍증인회 하나님의 교회)에 전부 바치고 교회(안상홍증인회 하나님의 교회)로 들어와서 생활하고 있습니다. 따로 방이 있긴 한데 그 집사님 내외분만이 쓰는 방이 아니고 성도들, 아이들 모두 함께 사용합니다. 잠잘 때만 부부 방이 되는 것 같습니다.

사람이 하나님이라 하여 믿지 않는 남편에게 버림받은 사람, 돌아오면 받아주겠다며 지금도 재혼하지 않고 아이들과 살아가는 남편도 있습니다. 날마다 교회에 가서 살다시피 하는 집사님의 남편은 술로 생활하고 힘들어합니다. 어느 날은 부인이 늦게까지 저희 가게에 있었는데 술 취한 모습으로 벌거벗은 모양으로 식칼을 들고 나와 죽인다고 협박까지 했습니다. 남편 몰래 보험 해약하고 친정엄마에게 대출해달라고 해서 갖다 바치고 믿음이 연약해서 하지 못하는 사람에겐 개인적으로 상담도 합니다. 종이에 총재산을 써서 언제까지 납기일을 적고 그때까지 약속을 지킬 것을 다짐받습니다.

그렇게 약속을 지켜야만 하나님께(안상홍, 장길자) 복을 받는다고 했습니다. 어머니께서(장길자) 총재산을 적은 사람은 큰 복을 받을 것이라고까지 하셨다고 집사님을 통해 들었습니다. 할 수 있는 한도액을 적어서 내고 그 액수대로 드린 사람은 복 받는다고 하셨다고 했습니다.

몇 달 지나서 총재산 적어 낸 사람, 즉 저 같은 사람은 그 약속을 지킬 수가 없었습니다. 얼마 되진 않지만 전세보증금, 가게보증금으로 묶여 있기 때문에 할 수 없어서 저는 날마다 울며 기도했습니다. 상담도 했습니다. 안타깝게 생각하는 분도 있었습니다. 그런데 어느 날 어머니(장길자)께서 말씀하셨대요. 사르밧 과부와 엘리야 내용을 말하면서 사르밧 과부의 밀가루 통은 달라고 하지 않았다면서 앞으로 조금씩 되는대로 갚아 나가라고 기회를 주셨다 라고 했습니다.

1999년 마지막 유월절을 지키고 나면 어떤 일들이 일어날 거라면서 하나님의(안상홍, 장길자) 능력을 보게 될 것이라고 말했습니다. 저는 더 열심히 해야겠다는 생각을 했습니다. 어떤 집사님은 저에게 아침에 전도 나오지 않으면 이제는 큰일 난다면서 제가 열심히 전도해야만 불쌍한 남편도 구원 받게 된다고 했습니다. 어머니께서(장길자) 말씀하셨다고 하면서 남편이 하나님(장길자)보다 무서우면 남편과 같이 지옥에 간다고 했습니다. 이 시대의 구원자(장길자)가 말씀하는 것이 법이요, 진리요, 생명을 얻는 길이라 했습니다.

전 그날부터 아침에 남편 가게 가서 도와주던 것을 하지 않겠다고 했습니다. 천국 가려면 하나님(장길자)말씀대로 해야 한다면서 교회로(안상홍증인회) 가겠다고 했더니 남편은 기가 막힌 모양이었습니다. 그 날부터 우리는 서로 마주치는 것조차 힘든 관계가 되어 버렸습니다. 서로 책임감으로 의무감으로 지내게 되었습니다. 남편은 이렇게 살 바엔 집을 나가라고 했습니다. 필요 없다는 이유로 말입니다. 전 절대 집을 나가지 않겠다고 했습니다. 그럴 때마다 남편은 그럼 내가 나가겠다고 짐을 쌌습니다. 남편은 가게로 갔습니다.

며칠 뒤에 제가 남편에게 가서 같이 집에 가자고 했더니 조용히 따라와 주었습니다. 저는 하나님께(장길자) 감사를 드렸습니다. 그날 밤 남편은 이제부터는 아이들 앞에서도 나쁜 아빠가 되지 않고 저에게도 다시는 소리 지르지도 않고 때리지도 않겠다고 했습니다.

모처럼 전도하게 된 저는 열심히 전도했습니다. 목사님께서 성가대 원으로 뽑아주셨는데도 열매 맺을 날도 얼마 남지 않았다 하는 생각에 노래 못한다는 핑계로 하지 않고 전도를 열심히 했습니다.

남편은 어떻게 지내고 있는지 궁금했습니다. 작은애를 시켜 전화하면 아빠는 한숨만 쉬고 계신다면서 울먹입니다. 정말 어떤 땐 생지옥이 따로 없었습니다. 결혼 16년 동안 이렇게 괴로운 나날은 없었습니다. 천국 가기가 이렇게 힘든 줄은 몰랐습니다. 아이들도 아빠 눈치 봐야 되고 항상 불안해 했습니다. 그럴 때마다 "아빠의 마음을 잡아주세요" 하고 하나님께 기도 드렸습니다. 아빠도 꼭 천국 가게 해달라고 말입니다.

그러던 어느 날 시댁에서 전화가 왔습니다. 시아버님께서 시어머니가 쓰러지셔서 내려와야겠다고 하셨습니다. 그래서 전 내려가겠다고 했습니다. 일요일 새벽, 남편과 불편한 관계였지만 그 불편함이 저 때문에 일어난 것이었기 때문에 저는 감수하고 아이들과 같이 군산에 내려갔습니다. 저는 기분 전환하려고 남편에게 자꾸 말을 걸었지만 남편은 대꾸하는 것조차도 힘들어하는 것 같았습니다. 이상한 생각이 들었지만 피곤해서 그러나보다 하면서 눈치만 보면서 그냥 앉아만 있었습니다.

7시에 아침을 먹고 집안을 치우고 좀 자려고 누웠습니다. 남편이 조금 달라진 모습으로 말을 걸어왔습니다. 무슨 일이 있어도 놀라지 말라고 했습니다. 무슨 일이냐고 물어보니까 저만 모르게 계획이 있었던 것이었어요. 친정아버님도 조금 있으니까 오시고 양쪽 집안 어른께 저 모르게 다 말씀드렸던 것이었습니다. 마지막에는 이혼 할 생각을 하고 이혼하기 전에 부모님께 말씀드리고 한 가지 방법을 쓰기로 했다는 것입니다.

예전에 남편이 이런 물음을 했었거든요. 안식일, 유월절 깨는 사람이 있으면 어쩔 거냐고. 그래서 저는 안식일, 유월절 깨는 목사님이 있으면 그 교회에 나가겠다고 했었는데 혼자서 여기저기 알아보았었나 봅니다.

TV에 나온 안상홍증인회 하나님의 교회에 대해서 더욱더 알아보고 왜 이단인가라는 것들이나 안식일, 유월절만 깨뜨리는 분이 있으면 제가 나온다고 했기 때문에 그런 분을 찾았었던 것입니다. 그래서 마지막으로 부모님과 함께 갈 곳이 있다고 했습니다. 유월절, 안식일을 깰 수 있는 분이 있으니까 만나러 가자고 하기에 저는 가지 않겠다고 했습니다만 나중에 굳이 가지 않을 이유가 없다고 생각했습니다. 그래서 같이 갔습니다.

약 2시간 걸려 전주성산교회(안산 상록교회 전신)에 도착했습니다. 진용식 목사님이라고 소개하셨지만 저는 별로 관심이 없었습니다. 기성교회 목사님을 전도할 때 만나보았지만 별로 아는 것이 없다고 생각했습니다.

진목사님을 만나서 저는 안식일, 유월절 깰 테면 깨보라지 하는 마음으로 앉아 있었습니다. 진목사님은 안식일은 유대인에게만 허락되었다고 하셨습니다. 저는 그렇지 않다면서 화를 냈습니다. 〈눅 4장〉에서 예수님도 지키고 제자들도 지켰다고 했습니다. 세상 끝날까지 지키라는 내용이 생각이 나질 않아서 교회(안상홍증인회 하나님의 교회)에 전화를 했습니다.

"집사님, 저 정인자예요. 군산교회(안상홍증인회)전화번호 좀 알려주세요"라고 했더니 전화번호는 모른다고 하셨습니다. 목사님만 알고 계신다고 말했습니다. 그러면 마지막까지 지키라는 안식일 내용이 어느 구절이냐고 물으니까 누구 만나고 있느냐고 물어왔습니다. 전주에서 진용식 목사님을 만나고 있다고 하니까 그 사람 진리를 훔쳐간 사람이라면서 서로 싸움만 되니까 그냥 집에 가라고 했습니다. 저는 그 말에 화가 났습니다. 가까운 교회라도 알려줄 것이지 왜 피하자는 건지, 자존심도 상했습니다.

전화를 끊고 기가 약간 죽었습니다. 목사님께서 비교분석을 해 주셨습니다. 시간이 흐르면 흐를수록 목이 수그러지고 힘이 빠져 버렸습니다. 가르침을 받은 모든 것이 하나씩 하나씩 껍질이 벗겨져 속 안이 보이기 시작했습니다. 허망함, 허탈함을 인정하기 싫었습니다. 그동안 열심히 전했던 사람들 결과가 이단이라고 결정 나면 나는 어떻게 될 것인가? 그래도 하나님의 말씀은 인정해야 했습니다.

헉! 하고 참았던 눈물이 나왔습니다. 그 이상은 울지도 못했습니다. 아직도 풀리지 않은 것이 많았으니까요. 내일 만날 것을 남편이 약속하고 밤늦게 돌아왔습니다. 애들 학교 때문에 서울에 가야된다고 저는 말했지만 남편은 가정이 파탄될 지경인데 학교가 무슨 소용이냐면서 약속 지킬 것을 요구했습니다.

아침에 일어나니 머리가 너무 아팠습니다. 그래서 전 진목사님을 만나지 않겠다고 했습니다. 어제의 마음보다 완악해 있었기 때문이었습니다. 시부모님과 남편이 사정사정해서 집에 가는 길에 만나자고 했습니다. 목사님을 다시 만나 말씀을 듣고 나왔지만, 더 깨진 것은 아니었기 때문에 갈팡질팡 하였습니다. 남편은 돌아온 줄 알고 너무 좋아서 맛있는 음식, 옷도 사주고 오랜만에 네 식구가 편안한 시간을 가졌습니다. 집에 돌아오는 길에도 많은 이야기를 했습니다. 그 동안의 괴로운 일들에 관해서….

집에 도착해서도 너무 편안했고 어떤 땐 불안하고 잠만 자고 나면 마음이 변해 있었습니다. 그날 오후에 진목사님을 성산교회에서 만나기로 했는데 제가 또 가지 않겠다고 하니까 남편은 포기한 듯 화가 나서 밖으로 나가버리는 것이었습니다. 저는 유월절을 다시 살펴보기로 했습니다. 마태, 마가, 누가복음을 통해서 예수님께서 지키셨다고 하는 유월절을 살펴보았습니다. 그리고 예수님께서 돌아가신 날이 유월절 예비일이라고 기록된 것을 보게 되었습니다.

'아! 그랬구나!' 하고 모든 의문이 풀렸습니다. 확실히 유월절이 되기 전에 돌아가셨으니 '1. 14를 지키신 것이 아니다' 하는 것을 알게 되었습니다. 안상홍증인회 하나님의 교회에서 1. 14인 유월절 날에 먹는 떡, 포도주만이 영원한 생명을 가질 수 있다고 가르칩니다. 그래서 그날 먹지 않으면 영생을 얻지 못한다고 말입니다. 이젠 확신이 되었습니다. 예수님께서 1. 14의 유월절을 지키지 않았기 때문에 나도 지킬 필요가 없게 되었습니다. 이제서야 참으로 편안해졌습니다. 하나님의 교회에서 가르치는 모든 가르침이 진리였다고 생각하고 받아들였지만 이젠 분명해졌습니다. 첫 단추가 잘못 끼어지면 다 잘못된다는 것을.

남편에게 흥분된 목소리로 성산교회에 가겠다고 했습니다. 남편은 말을 잊지 못했습니다. 목이 메어 오는 듯 들렸습니다. 이제 한 마음이 되어 목사님을 만났습니다. 늦게 도착했지만 저희들을 위해 목사님의 깊은 배려로 말씀을 들을 수 있었습니다. 이제야 구원이 어떻게 이루어지는지 알았습니다. 율법을 지켜야, 행해야 구원받는 것이 아니고 이미 하나님께서 우리, 아니 저를 긍휼히 여기셔서 은혜로 주셨다는 것을….

하나님께서 우리를 구원해주시는 법을 분명 깨닫게 되었습니다. 아버지의 뜻이 계명을 지키는 것인 줄 알고 율법을 지켰는데 분명히 내 아버지의 뜻은 아들을 보고 믿는 자마다 영생을 얻는다 하였습니다.

진용식 목사님께 감사합니다. 진리의 길이 어떤 것인지 알려주시고 또 한 영혼이라도 귀하게 여기셔서 깨닫게 해 주시니 참 감사합니다. 만약에 진목사님을 만나지 못했더라면 저와 저희 가정은 과연 어떻게 되었을까요? 목사님께서 더욱더 영육 간에 강건하시어 이단에 미혹된 많은 불쌍한 영혼들을 사망에서 생명으로 인도해 주시길 소망합니다.

저도 이제 새로운 모습으로 거듭났습니다. 예수님의 그 십자가의 피로써 정결케 되었으니까요. 이제는 이단에 빠져 유리방황하는 저와 같은 사람들을 열심히 도와서 성경은 오직 예수님만을 증거 한다는 것을 알리는 복음의 일꾼이 되겠습니다.

남편은 저에게 이렇게 말합니다.

'믿지 않는 나를 하나님 믿게 하기 위해 당신을 이단에 빠지게 하셨나보다'

🌱 믿음으로 구원을 받는 것을 믿게 되었습니다

김미화

저는 1999년 7월에 안상홍증인회에 들어가서 2000년 2월에 그 단체에서 나와 진용식 목사님을 통해 구원의 확신을 얻은 김미화입니다. 안상홍증인회에 들어가기 전 저는 6살, 3살 된 남매를 둔 전업주부로서 지극히 평범하고 남편과의 관계도 원만한 행복한 가정이었습니다. 그러한 제가 안상홍증인회에 들어가게 된 동기는 이렇습니다.

1999년 7월 7일 오후, 초인종 소리에 인터폰을 받아보니 낯선 아줌마 2명이 옆 동에 사는 아기엄마라고 하면서 설문조사 한 장만 해달라고 부탁했습니다. 낯선 사람을 집에 들이기 싫어서 그 설문조사에 응하지 않으려고 했으나 어찌나 부탁을 하는지 날씨도 덥고해서 빨리 보낼 생각으로 문을 열어주었습니다.

설문조사 내용은 Y2K 대재앙과 지구 종말 등 조금은 무서운 것들이었습니다. 설문조사 후 그들은 한참을 더 이야기했습니다. "십자가는 우상이고 세상 끝날 십자가에 제일 먼저 저주가 내린다. 크리스마스는 로마의 태양신 탄생을 기념하는 날이다. 얼마 안 있으면 지구는 불로써 뒤집힌다. 성경에 북한과 3차 핵전쟁이 예언되어 있다. 이것으로써 종말이 온다. 안식일을 지키는 이 교리에 다니는 사람 아닌 세상 모든 사람들은 구원이 없고 지옥 불 못에 들어간다"는 등의 말이었습니다.

안식일이라는 것을 한 번도 지키지 않은 저나 우리 아이들은 짐승의 표인 666을 달고 있기 때문에 빨리 침례로써 666(지옥의 표)을 지워야 한다는 섬뜩한 말도 했습니다. 사실 자기들은 이 666표를 지우러 다닌다고 했습니다.

당시 저는 물론 무신론자였지만 성경은 세상이 인정하는 책이고, 하나님의 존재에 대해서는 막연한 생각 속에 있었습니다. 안상홍 신도들은 성경은 세상 그 어떠한 명석한 사람도 풀 수 없고 오직 자신들의 교회에서만 풀 수 있다며 성경 구절들을 여기저기 짝을 찾아 보여주는데 성경에 아무런 지식이 없던 저는 그쪽 교리에 점점 빨려 들어갔습니다.

그래서 너무도 두렵고 무서운 마음에 아이들과 그 교회에 가서 침례를 받았습니다. 그리고 그 다음날부터 저희 집에 안상홍 신도 두 명이 짝을 지어와 한 명은 성경을 가르치고 다른 한 명은 제가 공부하는 동안 아이들을 봐주고 그렇게 해서 공부를 시작하게 되었습니다.

그들은 또 천국은 '밭에 감추인 보화'와 같다면서 공부가 모두 끝나 홀로 굳건히 서기 전까지 비밀로 하라 하였습니다. 그리고 성경 구절 여기저기 짝을 맞춰 아버지 하나님(안상홍)과 어머니 하나님(장길자)이 하나님이 될 수밖에 없는 이유들을 꿰맞추는데 그 당시에 저로서는 완벽한 진리로밖에 여겨지지 않았습니다.

그리고 안상홍증인회에서는 오직 144,000명만이 살아서 구원받는 하늘의 왕 같은 제사장이라고 가르칩니다. 그래서 144,000명은 어린양(장길자)이 어디로 인도하든지 끝까지 따르는 자라 하였습니다. 그리고 안식일 지키는 것은 당연한 것이고 전도를 하지 않으면 (열매 없는 나무마다 찍혀 불에 던지운다) 구원이 없다고 배웠습니다. 전도를 해서 알곡열매(전도인)를 맺어야 구원이 있다고 했습니다. 보통 한 달 정도면 공부가 모두 끝나게 되는데 저는 공부가 끝나자마자 전도를 나갔습니다.

행함(전도)이 없는 믿음은 죽은 믿음이라 했는데, 모르면 몰랐어도 전도를 나가지 않으면 그 불안감이란 말로 표현할 수가 없었습니다. 전도를 시작하면서 아이들은 그 교회에서 운영하는 선교원에 보내게 되었고 그동안 구독했던 학습지 등을 모두 끊었습니다. 교회 분위기 상 종말이 불과 몇 달 뒤일 것 같았고 따라서 세상 지식은 그리 중요한 게 아니라는 마음이 들게 되었습니다.

오로지 알곡 열매 맺어 남편과 아이들을 꼭 안상홍증인회에서 말하는 천국에 데려가고 싶은 마음밖에 없었습니다. 그리고 선교원에 조금 부족한 점이 있어도 불평을 하지 않았습니다. 저의 믿음이 연약한 탓으로만 돌렸습니다. 한 번은 아이들이 아픈 관계로 병원에 들렀다 오전 10시에 있는 전도 모임에 지각을 한 적이 있습니다. 이때 신도들은 '하나님 일보다 아이들을 먼저 챙긴다'며 아이들을 우상시 하는 일이 되므로 죄가 된다고 말하기도 했습니다.

전도를 하면 오전 9시30분에 집을 나서 오후 6시30분에 집에 오게 되는데, 그 사실을 남편에게 사실대로 말할 수가 없었습니다. 그래서 학원에 다닌다고 거짓말을 했습니다. 그러나 집을 너무 자주 비우고 교회에 푹 빠진 듯한 느낌을 받은 남편은 걱정된 나머지 주변 목사님과 기독교 기관에 연락을 해서 안상홍증인회에 대해 알아보게 되었고, 인터넷을 통한 여러 가지 정보를 접하게 되었습니다. 그때부터 남편은 저의 안상홍식 신앙을 결사 반대했습니다.

안상홍 증인회에서 가르치는 내용 중에 이 세상 주관자는 사탄 마귀이고 사람의 몸은 귀신의 집으로서 사람을 다스리는 건 귀신의 영이기 때문에 부모를 부모로 형제를 형제로 남편을 남편으로 보면 안

된다는 것이 있었습니다. 그리고 하늘나라에 올라가면 자기의 가까운 주변 인물들이 나의 원수였음을 알게 되므로 세상의 인척관계나 친분관계에 연연해하고 괴로워하는 신도들의 마음에서 세상에 대한 관심과 애착을 끊도록 유도합니다.

이 교리에 세뇌된 저로서는 교회에 못나가게 하는 남편이 마귀로밖에 보이지 않았습니다. 그래서 남편이 반대하면 반대할수록 거기에 맞서 더욱더 강하게 대응했습니다.

11월(99년)에 접어들면서 남편은 직장도 거의 포기하다시피 하며 저를 설득했지만, 남편의 설득과 애원과 그 어떠한 것도 저에게는 통하지가 않았습니다. 눈이 가리워진 저는 그 당시에 남편이 보여줬던 자료들이 하나님을 대적하는 마귀들의 속임수로밖에 보이지 않았습니다.

제가 다니던 안상홍증인회 지부 신도들 대부분이 20~30대 부녀들로서 전도인이 70명쯤 됩니다. 보통 4부류로 나뉘는데 일부는 남편들이 아예 포기한 상태고, 일부는 이혼해서 혼자 살고, 일부는 남편이 교회에 다니는 것에 대해서 전혀 모르고, 그중 부부가 같이 다니는 경우는 5쌍에도 못미칩니다. 사람들은 핍박받고 있음을 알고 있는 저에게 남편을 완전히 포기하게 만든 부녀들의 예와 그렇지 못한 경우 하나님을 끝까지 따르기 위해 이혼까지 불사하는 예들을 들려줌으로써 '나도 할 수 있다'라는 마음에 각오를 다지게 하고 마음에 위로가 되게 만들어주었습니다.

그리고 이혼하고 혼자 사는 부녀들 같은 경우, 아이들은 엄마 믿음 따라간다며 마지막 때 어머니(장길자)가 구원해 주신다고 약속했다며 대단한 믿음을 보이기도 했습니다. 그리고 교회 내에서 은연중 이러한 사람들이 영웅시 되고 이 땅의 모든 것을 포기하고 오로지 하늘 소망만을 바라보는 사람으로서 하늘나라의 상급이 크다고 합니다. 그 영향으로 저도 시댁이고 친정이고 제 안중에는 아무것도 없었고 오로지 끝까지 부딪쳐 이기는 길밖에 보이지 않았습니다. 남편들이 한결같이 이 교회에 나가는 것을 알게 되면 반대를 하게 되는데 그 이유 또한 악의 영들은 하나님 나라를 싫어한다 했기 때문에, 저는 정말 안상홍증인회가 진리라고 확신했습니다.

지난해인 1999년 11월에 접어들면서 Y2K에 대한 자료들을 모으고 전도에 활용했습니다. Y2K는 이미 하나님께서 창세전에 예정하신 대재앙이고 6000년의 구속 사업으로써 2000년도는 없다고 생각했기에 열심히 Y2K를 외쳤습니다. 그리고 이어서 Y2K를 준비하라는 어머니(장길자)의 말씀이 차례로 내려왔습니다.

1단계: 정전, 단수, 가스공급 정지
2단계: 폭동, 혼란
3단계: 북한과 3차 핵전쟁(피난)

그리고 개인적으로 3~4개월가량의 식량과 그 외 비상준비물에 대한 내역서가 각자에게 전달되었습니다. 2000년에는 모든 전산시스템이 마비되므로 은행에 있는 적금이나 보험 등을 12월 30일 전으로 모두 찾아 현금으로 지참하라 했습니다. 비상식품은 개별적으로 준비했지만, 그외 피난시에 필요한 용품 등은 교회에서 단체로 주문했습니다. 배낭까지 챙겨놓도록 해 언제라도 떠날 만반의 준비를 해 놓으라 했습니다.

모두가 2000년 1월1일이 되기만을 설레임과 기대감으로 기다렸습니다. 저도 마찬가지입니다. 그리고 공개적으로 봉사(헌금)하라는 말은 없었지만, 물질 가는 데 마음도 따라간다며 하늘에 복 쌓으라 하기 때문에 자연스럽게 봉사(헌금)를 하기도 했습니다.

그러나 2000년 1월1일은 아무 일도 없이 그냥 지나갔습니다. 그러자 교회에서는 하늘 가족(144,000명)을 아직 다 못 찾았고, 그래서 우리에게 회개의 시간을 주시는 거라 했습니다. 그리고 Y2K는 절대 끝난 게 아니라고 했습니다. 세상 모든 사람들이 Y2K에 대한 불안감을 모두 잊고 편안하다 안전하다 할 그때에 Y2K는 분명히 온다고 다시 정신무장을 시켰습니다.

2000년 1월 1일 불발로 남편은 제가 정신을 차리기를 바랐습니다. 그러나 저는 여전했습니다. 그러자 남편은 직장도 그만두고 저를 집에 감금하기까지 했습니다. 남편은 날마다 한상홍교회의 잘못된 사상을 지적해 주었지만, 저에게는 그 말이 저의 영혼을 멸하려는 악마의 간계로밖에 들리지 않았습니다. 중간에 남편 몰래 교회 전도사와 통화를 했는데 남편은 이미 고살자(마귀)로 드러났다고 했습니다. 저는 이혼을 생각하기도 했습니다.

남편이 직장도 그만두고 저를 지키고 있었으므로 저는 마지막 수단으로 남편에게 부탁해 친정으로 보내달라 했습니다. 남편은 친정에 가 있으면 마음이 좀 안정될까 해서 보냈겠지만 저의 속셈은 다른 데 있었습니다. 시골에 내려가 있는 동안 교회 전도사와 계속 연락을 했는데 하루는 저보고 서울에 빨리 올라오라는 것이었습니다. 남편이 지금 대구까지 다니면서 자신이 안상홍증인회 피해자라고 외치고 다니니까 빨리 와서 남편을 움직이지 못하게 감시하라는 것이었습니다. 교회에는 절대 안 나간다고 하면서 잘 대해주라는 말도 했습니다. 잠잠해질 때까지.

서울에 정말 올라오기 싫었지만, 저로 인해 하나님께 누가 되면 안 되겠다 싶어 서울로 올라왔는데 그러한 저를 남편은 곱게 받아들여주지 않았습니다. 교회의 조종을 받고 있음을 간파한 남편은 저를 집에 들이지 않았습니다. 그러나 교회에서는 무슨 수를 써서라도 집에 들어가 있으라 했습니다. 남편의 활동을 막으라며 구체적인 방법까지도 알려주었습니다. 저는 순간 하나님을 끝까지 따르고 싶었지만, 그런 방법까지 동원해야 하는가에 대해서 너무나 괴로웠습니다.

남편이 저를 완전히 외면했으므로 오빠 집에 가 있었는데 금년 2월 초 '안피모'(안상홍피해자 모임) 사무실이 안상홍증인회측 사람들과의 실랑이로 인해 완전히 부서졌다는 소식을 들었습니다. 남편 측에서 거짓으로 꾸면 낸 이야기가 아닌가 생각도 했지만, 일단은 그 사무실이 마비되었다는 사실에 감사하기도 했습니다. 그런데 그 다음날 들려오는 소식은 저의 귀를 의심하지 않을 수 없었습니다. 안피모 관계자들이 물리적으로 큰 피해를 당했다는 것이었습니다.

저는 교회측 대응 방법에 조금은 납득이 가지 않았습니다. 그렇게 고결하고 지존하신 하나님께서 이렇게 일을 처리할 수밖에 없었는지, 저의 모든 기대와 믿음이 일순간에 무너져 내렸습니다. 지금 생각해 보면 그러한 마음을 허락하신 것이 바로 은혜였던 것이었습니다.

그 이후 남편과 여러 대화를 했습니다. 저의 마음은 반반이었습니다. 특히 교리적으로 아직 진리를 깨닫지 못한 저에게 남편은 이단문제를 연구하시는 진용식 목사님을 만나 뵐 것을 권했습니다. 저는 비로소 마음의 문을 열고 상담에 임했습니다. 그러나 저는 심신이 너무나 지쳐 있었기 때문에 목사님의 말씀을 들으려고 애를 썼지만 너무나 혼동스러웠습니다. 저는 너무나 힘이 들어 안식일 유월절 등에 대해 조금 듣고 훗날로 다시 약속을 정하고 그 자리에서 일어섰습니다. 그때 남편은 무척이나 실망했었나 봅니다. 집에 돌아와 안상홍의 오류를 밝힌 그 목사님의 설교 테이프를 들었습니다. 그때서야 제대로 그 메시지가 마음에 들어왔습니다. 그러나 깨닫는 순간 너무나 궁금한 게 하나 있었습니다. '구원' 그것 하나 때문에 온 집안을 뒤흔들어 놓고 난리를 쳤는데 그렇다면 과연 어떻게 해야 구원을 받을 수 있는가 하는 것이었습니다.

그로부터 3일 뒤, 구원론에 대한 설교가 있다 하기에 남편과 함께 들었습니다. 그리고 율법의 그 어떤 행위가 아닌 오직 예수 그리스도를 믿는 믿음으로 구원을 받게 된다는 것을 믿게 되었습니다. 그러자 그렇게 저를 억눌렀던 마음의 짐이 사르르 녹아지는 편안함을 느꼈습니다.

조금 먼길을 돌아오긴 했지만 이렇게 해서라도 하나님의 자녀가 되게 하여주신 은혜에 감사드리고 또한 구원의 확신을 얻게 하여 주신 목사님께 다시 한 번 감사드립니다. 마지막으로 그렇게 애태우며 끝까지 지켜봐 준 남편에게 사랑한다는 말을 전합니다.

십자가를 공부하며 마음이 흔들리기 시작했습니다

김성주

저는 하나님의 교회 안상홍증인회에 미혹되었다가 이단 상담을 통하여, 2004년 3월에 다시 주님 품으로 돌아왔습니다. 그 때의 꽃샘추위가 겨울보다 더 춥게 느껴졌던 것으로 기억됩니다.

저는 첫째 아이를 출산 후 다니던 직장을 퇴직하고 집안에서 육아에만 신경 쓰고 살림만 하는 주부였습니다. 직장 다니던 습성이 있어서인지 가끔씩 아이에겐 신경을 쓰지 못하고 멍하게 있기 일쑤였습니다. 그러던 어느 날 초인종이 울렸고 신학공부를 한다며 설문조사차 들렀다며 설문지를 내밀었습니다. 아무것도 모르는 저는 흔쾌히 허락을 했고 두분을 정중히 거실로 들였습니다. 설문지의 내용은 "666에 대해 어떻게 알고 있느냐"는 것이었고 전 손등이나 이마에 찍히는 바코드 같은 것 아니냐며 대답을 했습니다.

그분들은 성경책을 펴며 성경 말씀에는 짝이 없는게 없다며 〈이사야 34:16〉의 동물들의 짝 구절을 펴며 말씀에 짝을 맞추고 있었습니다. 전 딱딱 맞아떨어지는 것이 너무나 신기했습니다. 그전에도 한번 친한 친구가 주기도문을 펴며 "대개가 무슨 뜻인 줄 아느냐"며 물었던 것이 어렴풋이 기억이 났습니다. 그때에는 성경에도 뜻이 있구나 하면서도 깊게 알려고 하지는 않았습니다.

성경책을 보면 왜 그렇게 어렵던지 이해도 되지 않았고 졸려서 창세기 한 장 넘기지 못했던 제가 성경이 이렇게도 재미있다는 것을 처음 알게 되었습니다. 저는 이단의 '이'자도 몰랐고 솔직히 이단이라는 곳은 '여호와의 증인'뿐이라고 생각했습니다.

안상홍증인회는 교주 안상홍, 장길자를 하나님이라고 하며, 안식일과 유월절을 지켜야 구원받는다고 가르치고 있습니다. 기도 할 때도 예수님의 이름으로 하지 않고 안상홍의 이름으로 기도합니다. 또한 십자가를 우상이라고 하며 주일예배와 성탄절도 태양신 숭배하는 것이라고 가르치는 사이비 이단 종교입니다. 그러나 저는 예수님을 가지고서 거짓말을 하여 사기를 치리라고는 전혀 생각을 못했기에 전 그 날 바로 한 치의 의심도 하지 않고 안상홍을 재림 주 하나님으로 받아들였고 웬지 모를 불안감도 있었지만 시키는 대로 침례세례를 받았습니다.

그러면서 저는 '죄를 면했구나 이젠 천국에 갈 수 있고 생명책에 올라갔구나'하며 애써 안심하려 했습니다.

저의 성격은 좋은 것을 보거나 들으면 가만히 있질 못하는 성격이었고 그날 밤 근무 후 돌아온 남편에게 (참고로 저희 남편은 경찰관입니다.)이야기를 했습니다. 아직 세례 받지 못한 사람들이 안상홍하나님 이름을 들으면 실족 할 수 있다며 제가 혼자 설 수 있을 때까지는 얘기하지 말라는 그들의 당부를 저버리고 남편에게 얘기했더니 남편은, 거기는 이단이고 여자 하나님을 믿는 곳이라고 했고 왜 묻냐고 했습니다.

전 속으로 '또 잘난 체 하는구나' 싶었습니다. 남편의 말이라면 무조건 의심하고 이겨보려는 심리가 있었던 저는 확인해보기 위해 안증회에 전화를 걸어 "그곳에서는 여자 하나님을 믿느냐"며 질문을 했고 저에게 전도한 집사는 단호하게 아니라고 했습니다. 그리고 다음날 집사와 자매 두 사람이 우리 집을 방문하였고 그 질문에 대해 공부하던 도중에 왜 장길자 여자 하나님이 있어야 하는지에 대해 설명하기 시작했습니다. 저는 또다시 의심 없이 그것을 믿었습니다.

제가 남편에게 성경공부는 계속 하고 싶다고 하자 남편은 그게 더 무서운 거라며 한 번 빠지면 절대 못나온다며 극구 말리더군요. 또한 대학 때 예를 들면서 후배 하나가 그곳에 빠져 학교도 중퇴했다고 했습니다. 전 남편의 말은 신뢰할 수가 없었고 이번 기회에 꼭 남편의 콧대를 눌러 주고 싶은 마음도 있었습니다. 그래서 생후 삼 개월 된 갓난아이를 데리고 장롱면허까지 꺼내들고 몰래몰래 남양주 오남리에서 퇴계원을 하루가 멀다 하고 다녔습니다.

20년 넘게 장로교회를 섬기셨던 시어머님을 1순위 타겟으로 삼고 어머님을 세뇌하기 시작했지만 쉽게 넘어오지 않으셨습니다. 저에게 들은 말은 곧바로 남편에게 토시하나 빼지 않고 옮겨졌고 남편은 그 때부터 절 의심하기 시작했습니다. 경찰인 제 남편은 눈치가 9단이었고, 같은 아파트 6호 라인에 사시는 어머님께 잠복까지 시키며 절 미행하게 했습니다.

꼬리가 길면 밟힌다고 삼일 밤 예배 곧 화요일 밤 예배를 마치고 돌아오는 길이었습니다. 분명 남편은 근무 중인데 전화를 해서는 뭐하고 있느냐고 물었고, 전 아파서 누워있다고 하니까 대뜸 아픈 사람이 어딜 다녀왔느냐며 거짓말하지 말고 솔직히 말하라고 했습니다. 그리고 자기는 다 알고 있다면서 집요하게 다그쳤습니다. 저는 집안에 있었는데 무슨 소리냐며 억울하다고 왜 내 말을 안 믿냐면서, 생 눈물을 흘리며 생사람 잡지 말라며 오히려 화를 내고 전화를 끊어버렸습니다. 두려웠습니다.

사건은 그 다음날부터 터졌습니다. 안증회의 집사와 자매를 불러

성경공부를 하고 있었는데, 근무 중인 남편이 갑자기 들이닥쳤습니다. 집사와 자매에게 나가라고 소리 지르며 막무가내로 쫓아냈고 전 남편에게 어떻게 그렇게 무례 할 수 있느냐며 소리를 질렀습니다. 남편은 깎지 않은 수염에 꺼칠해진 얼굴로 MRI사진을 보여주며 "내가 이렇게 아픈데 꼭 하나님의 교회에 다녀야겠어? 거기만 안다니면 앞으로 당신에게도 잘 할꺼고 시어머니한테 잘하라는 강요도 하지 않겠다"며 약한 모습을 보였습니다. 전 남편의 약한 모습에 승리의 기쁨 반으로 안증회 하나님의 교회에 연락을 해 앞으로는 나가지 못할 것 같다고 했습니다. 그러자 마귀에게 속으면 안된다고 그럴수록 지금 빨리 교회로 나오라고 하더군요.

저는 그 교회에 성경책이며 기도할 때 쓰는 머리 수건이며 남편이나 몰래 이혼 도장을 찍을까봐 두려워 인감도장을 항상 교회에 놔두고 다녔기에 그것도 찾을 겸 안증회에 갔습니다. 안증회에서는 세례 받지 않은 사람은 마귀로 간주하였고 마귀의 꾐에 넘어가지 말라며 당회장이라는 사람이 방으로 데려가서는 집사에게서 배웠던 교리를 처음부터 다시 가르쳤고 전 또다시 의기양양하여 집으로가 남편에게 교회만큼은 양보 못하겠다고 했습니다.

그랬더니 남편은 "너랑은 이제 더 이상 못살겠다"고 했고 저 또한 안증회를 반대하는 남편과는 살고 싶지가 않았습니다. 나름대로 결단을 내리고 하나님의 교회에 전화를 해서 이혼 결심을 했다고 알렸습니다. 그랬더니 그 곳에서는 이혼만큼은 절대로 안 된다며 펄쩍 뛰었습니다. 이혼율이 너무 많아 교회 이미지가 안 좋아졌다며 이혼은 절대로 안 된다고 하면서 못하게 했고 그곳에서 시키는 대로 남편에게 "당신도 사랑하고 우리 하영이도 사랑하는데 왜 이혼을 하느냐며 절대로 이혼만은 안 한다"고 번복했습니다.

그 뒤로는 그곳에서 시키고 하라는 대로만 행동했습니다.

그러면서도 일말의 양심의 가책이나 죄책감은 없었습니다.

그 무렵 남편에게는 놀라운 하나님의 계획이 기다리고 있었습니다. 하나님께서는 안상홍증인회 하나님의 교회 피해자 모임을 알게 하셨고 그다음 상록교회를, 그리고 진용식목사님을 알게 하셨습니다.

신랑은 친정 부모님께 연락해 올라오시게 했습니다. 그리고는 진용식 목사님이 시키는 데로 친정 부모님과 함께 철저하게 저에게는 비밀로 부쳤습니다.

그때 당시엔 안상홍을 하나님으로 믿지 않는 사람은 마귀로 간주하였기에 부모님조차도 싫었습니다. 저는 부모님께서 올라오시면 죽어버리겠다고 협박까지 하였고, 부모님이 오셨을 때도 화장실 안에 숨죽이고 숨어서 반 돌아간 눈으로 앉아 있었습니다. 그런 제 모습을 보고 부모님은 기가 막혀 하셨고 불신자인 저희 엄마는 이해를 못하셨습니다.

남동생은 저에게 "누나, 천국도 좋고 다 좋은데 그거 알아? 누나 눈이 너무 무섭고 살기가 느껴져"하며 흐느껴 울었습니다. 그런 동생을 보고도 바보처럼 왜 우냐며 핀잔을 주던 저였습니다. 남편은 "집안에서 종교가 두 개로 나눠지면 안 되니까 이번 기회에 합쳐버리자 대신 한달 동안 자세히 알아보고 나 또한 당신이 다니는 하나님의 교회에 한 달 동안 다녀보면서 알아 볼테니 그 뒤에 결정하자"고 했습니다.

어느 쪽 하나님이 참 하나님인지 알아보고 옳은 곳으로 같이 다니자며 흥정을 해왔고 저 또한 자신이 있었기에 이번 기회를 이용하여 남편을 안증회에 데려갈 수 있다는 희망으로 행복했습니다. 남편은 본인이 말하는 교회가 먼저라고 했고 안증회의 집사에게도 한 달간 알아보기로 했으니 그동안은 연락을 하지 말 것과 걱정하지 말고 찾아오지도 말라고 부탁을 했습니다. 전 정말 자신 있었거든요.

그런데 안증회측에서는 장길자 어머님이 불안하다고 긴급히 팩스로 연락이 왔다며 서로 1주일씩 번갈아 가면서 하되 안증회측에서 먼저 1주일을 공부하라고 했다고 전해왔습니다. 또한 그들은 남편 몰래 교리 책자를 신문지에 싸서 아파트 우편함에 놓아두고 갔고, 모르는 부분이 있으면 공부하면서 대처하라고 했습니다. 저는 그들이 시키는 대로 남편에게 안증회측에서 먼저 1주일을 공부하면 안 되느냐고 했더니, 남편은 한번 약속한 것을 깨서는 안 된다며 애초의 약속을 지키고 실행하라고 했습니다.

진용식 목사님과 남편, 친정 부모님의 철저한 비밀 시스템 일정 속에 전 안산 상록교회에 가게 되었습니다. 3일간으로 잡혀있던 상담 기간 중, 이틀 째 되던 날 십자가 부분에 대해 공부를 하면서 십자가가 우상이 아니라는 것을 알고부터는 제 마음이 흔들리기 시작했습니다.

둘째 날부터, 살기가 느껴지던 저의 눈은 순종의 눈빛으로 바뀌었고, 나머지도 깨우치면서 그곳에서 가르쳤던 교리가 모두 거짓말인 것을 알고부터는 왜 그렇게 허망하던지 하염없이 눈물만 흘러내렸습니다.

새 노래 또한 안증회측에서는 가사를 개사하여 안상홍 이름을 넣어서 새 노래라고 하였는데 그런 노래가 새 노래가 아니었습니다. 구원을 받고 보니 예전에 부르던 찬송은 무슨 내용인지도 모른체 불렀는데, 이제는 모든 찬송이 저에게 주신 새 노래였고 찬송을 부를 때마다 감격과 은혜가 넘쳐서 눈물이 흘러 넘쳤습니다.

예수님은 우리를 위해서 피 흘리시고 우리의 모든 죄 값을 치르시고 구원의 선물을 주셨습니다. 이 모든 것을 믿기만 하면 구원의 선물을 받는 것인데 그것도 모르고 행위로 모든 것을 얻으려 했던 제가 너무도 부끄럽습니다.

사람을 하나님으로 믿어 짐승의 표를 받은 저에게 구원이라는 큰 선물을 값없이 은혜로 주시고 천국의 인을 치셔서 주님의 자녀삼아주심에 감사드립니다.

끝으로 진용식목사님을 비롯해 위험을 무릅쓰고 저를 상담해 주신 상담팀과 저를 따뜻하게 맞아들여 주신 안산 상록교회에 감사드립니다. 그리고 저를 끝까지 포기하지 않고 하나님께 인도해 준 남편과 음으로 양으로 도와주신 모든 분들께 감사드립니다.

당시 사태의 심각성을 알고 있는 남편이 남양주에서 무작정 안산으로 이사를 강행하였는데 이제는 안산에서 행복한 삶을 살고 있습니다. 구원받은 후 기도로써 얻은 하나님의 열매 둘째 아이도 낳았고 항상 복음을 듣게 하시고 구원에 대한 확신을 심어주시며 넘어지지 않게 붙잡아 주시는 진용식 목사님과 저희 상록교회를 사랑합니다.

다시 한 번 하나님의 큰 선물 구원을 받은 저는 너무도 기쁘고 즐겁습니다.

진리 앞에서 거짓교리는 무너졌습니다

최원희

"예수님의 이름으로 기도합니다. 아멘"

하나님을 믿는 누구나가 다 아는 이 예수님의 이름이 지금 제게 얼마나 벅차고 감격스러운지 모릅니다. 예수님의 이름으로가 아닌 다른 예수의 이름을 부르며 헤매다가 얼마나 어렵게 되찾은 이름인지….

'하나님의 교회 안상홍증인회'에 빠져서 참 생명을 영원히 잃을 뻔한 이기적인 저를 참으로 사랑한 남편과 우리가족 그리고 간절한 눈물로 손잡아 주신 정인자 집사님과 구원의 진리말씀을 주신 진용식 목사님께 감사드리고, 죄 많은 저를 보듬아 다시금 천국의 소망을 갖게 해주신 하나님께 감사드리며 이렇게 간증합니다

2001년 봄, 둘째 아이의 두어 차례 수술에 따른 육체적, 정신적 피곤이 우리 두 아이를 비롯한 우리 가족의 영혼에 대한 막연한 불안과 함께 커지기 시작했을 때, 때를 맞춘 듯 '하나님의 교회 안상홍증인회' 전도인들을 만나게 되었습니다. 그들은 하나님의 복음사역을 맡아 다닌다며 간단한 설문지 작성을 요구해 왔고, 성경대로 행하는 교회임을 강조했습니다.

'성경대로 않는 교회도 있나' 라며 시작된 호기심은 '성경에 없는 일요일 예배로는 구원을 얻을 수 없다', '본래 하나님의 법인 안식일을 지켜야 구원을 얻을 수 있다', '십자가는 갈린 기둥으로 우상숭배다', '유월절 새언약 진리로 성경을 풀어 주신 분이 있다'등 성경의 신,구약

을 펼쳐가며 조심스레 대화의 물꼬를 트게 되었습니다.

민수기의 '도피성 이야기'로 제가 궁금해왔던, 우리가 어디에서 왜 오고, 또 어디로 가는가를 들으면서 영혼에 대한 막연한 두려움이 해결되는 듯 그들 속으로 점차 빨려 들어가게 됐습니다.

창세기에서부터 요한계시록까지 그동안 전혀 들어보지 못한 이야기들을 종횡무진 펼쳐 보이며 풀어줄 땐, 이미 제 자신이 더 적극적으로 그들과 함께하는 성경공부를 즐기게 되었구요. 물론 집에서 성경공부하는 시간만큼은 더없이 좋은 기회였습니다. 같이 다니는 다른 한 명의 전도인이 아이와 재밌게 놀아 준 덕에 방해받지 않고 성경공부를 할 수 있었으니까요. 그들의 친절은 언제나 과분했습니다. 아이들에게도 잘했고, 항상 웃음으로 관심을 보였으므로.

'안상홍'이란 이름은, 시작한 공부가 중반에 이르렀을 때 들을 수 있었습니다. 물론 처음엔 놀라움 반, 의심 반이었지만 곧 저에게 아무 문제가 되지 않았습니다. 성경의 신, 구약이 일관성 있게 그 새 이름 하나를 증거 하는 것으로 이미 반복되는 공부를 한대다가, 예수님 또한 인간의 육체를 입고 오신 하나님이셨으므로. 이후 아마 저에겐 성경책이 더 이상 필요치 않았을지 모릅니다. 그들이 하는 어떤 말도 비록 성경에 있지 않다고 해도 당연한 진리로 받아들였으까요.

제가' 안증회'에 다닌다는 사실을 남편이 알기 전까지 전 그곳에서 열심을 다하는 그들의 모습을 닮고 싶다는 간절함까지 있었습니다. 남편과 우리 가족 모두의 구원을 위해서라는 잘못된 이기심으로 거짓말도 정당화시켜가면서 말이죠.

하지만 그곳에 더 깊이 빠지지 못했던 건, 수술과 병치레가 잦았던 둘째 아이 때문에 그들이 가장 큰 사명으로 여기는 전도활동에 참여

할 수 없었던 것도 하나의 이유가 되었습니다. 물론 그들은 제물로 아들 이삭을 드린 아브라함의 믿음의 경우를 빗대어 차일피일 미루는 저에게 믿음으로 무장할 것을 말했고, 그 때문에 전 말 못할 부담을 갖기도 했었습니다. 그러던 중 자연스럽지 못한 저의 행동에 결국 남편이 알게 되었고 그 후, 우리 집의 문제는 자꾸자꾸 커졌습니다. 그때에 그들은 제게, '그리스도의 고난에 즐거워하라' '그리스도의 이름으로 욕을 받으면 복있는 자라'라며 힘(?)을 불어 넣어 주었습니다.

거짓 교리에 빠져 허덕이는 사람들의 보편적 성향처럼, 저 역시 남편이 피력하는 안증회에 대한 비판을 받아들일 수 없었습니다. 누구나가 다 볼 수 있는 인터넷상의 피해사례들을 눈 뜬 장님처럼 저만 볼 수 없었고 듣고자 하지도 않았었습니다.

제게서 남편의 반대가 심해졌음을 들은 그들(안증회)은 비디오를 보여주었고(지금에 와서 보니 그것은 진용식 목사님과의 이단상담을 사전에 막아보려는 시도였음) 그것은 감금과 폭행의 피해사례라며 진 목사님을 규탄하는 내용의 테이프였습니다. 그 테이프만으로도 진용식 목사님에 대한 잘못된 편견을 갖기에 충분했습니다. 그래서 남편과 가족의 힘겨운 노력으로 어렵사리 이곳 상록교회에 처음 오게 되었을 때 제 마음이 더 강퍅해 있었는지도 모르겠습니다. 물론 진리 앞에서 저의 거짓교리에 대한 고집은 곧 여지없이 무너졌고 그동안의 부끄러운 행동에 고개를 들 수조차 없게 되었습니다.

하나님 감사합니다. 은혜로 이 죄인 다시 살리시고, 영원한 생명의 약속을 허락하신 것을. 또한 아직도 그곳 거짓 교회에서 눈 가리워진 채 속고 있는 그들에게 하나님의 값없는 은혜가 충만하기를 간구합니다.

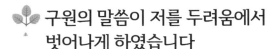 **구원의 말씀이 저를 두려움에서 벗어나게 하였습니다**

오문희(가명)

저는 지난 2000년, 〈하나님의 교회 안상홍증인회〉라는 이단집단에 미혹되어 약 2년간 이단집단의 신도로 있다가 하나님의 은혜로 다시 돌아오게 되었습니다.

어둡고 캄캄한 터널 속에서도 한줄기 빛을 꺼지지 않게 하시어 못난 이 죄인을 구원의 길로 인도하여 주신 주님. 그 크신 은혜와 무한한 사랑에 감사와 영원한 영광과 찬송을 드립니다. 저는 저와 같이 어리석게도 이단에 빠지는 자가 더 이상 생기지 않기를 진심으로 바라는 마음에서 저의 지난 부끄러운 죄를 고백하고자 합니다.

저는 남편과 결혼 후 하나님을 믿으면서도 하나님을 인격적으로 만나지 못하고 구원의 확신 없이 일반 장로교회를 수년간 다녔습니다. 그러던 중 2000년에 남편의 직장관계로 창원으로 이사하면서 교회를 옮겼는데 잘 적응하지 못하고 교회에 나가지 않게 되었습니다.

그러던 어느 날, 서울 언니 집을 방문하게 되었습니다. 그 곳에서 호별 전도를 나온 안증회 신도들을 만나게 되어 설문지 조사를 해 주었습니다. 성경의 궁금한 점을 가르쳐 준다고 하여 언니와 저는 그들의 교리를 듣게 되었고 십계명의 안식일이 일요일이 아닌 토요일이라는 사실을 듣게 되었습니다.

당연히 안식일이 일요일이라고 여기고 있던 저에게는 큰 충격이었고, 만일 천국에 갔을 때 무엇으로 내 믿음을 하나님께 보이겠느냐는 말에 구원의 확신이 없는 저는 할 말을 잃고 말았습니다.

집으로 돌아 온 얼마 뒤, 언니에게 전화가 걸려 왔습니다. 언니는 그들과 몇 번 공부를 하고 있다며 저에게도 성경공부를 해 보라는 것이었습니다. 말씀에 갈급해 있던 저는 흔쾌히 승낙을 하였습니다.

창원에 있는 하나님의 교회와 연락이 되어 두 분의 자매들이 저의 집으로 방문을 오게 되었습니다. 출애굽기와 에스겔서를 보여주며 안식일이 하나님과 우리 사이의 대대의 표징으로 삼으셨다는 것과 마지막 재앙을 넘기기 위해 유월절을 지켜야 한다는 놀라운 말을 들었습니다. 그리고 성경책을 들쳐 보이며 일반 교회와는 다르게 자신 있고 상세하게 가르쳐 주었는데 그전까지 알려고 했지만 이해하기 어려웠던 성경 말씀이 확실한 하나님의 약속같이 들려 왔습니다.

그래서 그날 바로 침례를 받았습니다. 그들의 친절과 다정한 모습에 처음 가졌던 두려운 마음은 사라졌습니다. 안증회의 전도인들은 이틀에 한 번씩 와서 안증회의 교리를 단계별로 교육시켜 주었습니다. 성경을 보면서 난해했던 것과는 달리 짝으로 풀어주는 그들의 교리는 마치 하나님이 제게 정답을 보여주는 듯한 착각에 빠져 들게 했습니다. 그리고 이 모든 것이 재림 그리스도인 안상홍이 오셔서 알려 주셨다는 말에 처음에는 믿지 못하였으나 시간이 지나면서 안식일과 유월절을 거부하지 못하듯 자연스럽게 안상홍이 하나님으로 느껴지기 시작했습니다.

저는 그들에게 안상홍이 하나님이라는 것과 장길자가 여자 하나님이라는 것, 이 시대에 하나님의 새 이름이 안상홍이기 때문에 기도할 때 예수님의 이름으로 기도하지 않고 안상홍의 이름으로 기도해야 한다는 것을 배웠습니다. 특히 종말이 얼마 남지 않았다는 것을 배웠는데 2012년 내에 종말이 오고 안상홍 하나님이 강림하신다는 것이었습니다. 그렇게 그들의 교리가 내 삶을 묶기 시작했습니다.

"너로 인하여 가족이 구원되리라"는 말씀에 언젠가는 이 비밀을 가족들에게 알리기 위해 테이프와 비디오를 보고, 발표력 교재를 듣고 공부하면서 확신을 더해갔습니다.

하나님의 교회에 나간 지 4개월이 지나면서 전도하는 것이 자신의 믿음을 지키는 것이고 예수님이 우리에게 주신 사명이라는 말에 저는 전도를 시작하게 되었습니다.

남편 모르게 화요일과 토요일 예배를 지키고 매일 전도를 나가는 일은 그리 만만치 않았습니다. 처음에는 거짓말을 하고 나가는 발걸음이 무거웠으나 시간이 지날수록 하나님의 말씀을 따르고 지킨다는 변명으로 자연스럽게 그 모든 것이 용납되어 갔습니다.

안증회 교회에 나간 지 11개월이 지나면서 남편과 부모님께서도 알게 돼 핍박이 시작되었고 저는 그 핍박이 하나님의 자녀라는 표라 생각하며 더욱더 내 믿음을 지키는 데 여념이 없었습니다.

남편은 여기저기서 안증회의 오류라며 많은 내용의 프린트 물과 책자들을 가져와 저의 마음을 돌이키려고 애썼지만 저는 그 모든 것을 건성으로 보고 무엇 하나 들으려 하지 않았습니다. 그리고 눈과 귀를 닫고 안증회 교회로 그 모든 것을 가져다주기 바빴고 더욱 그 교회 일에 힘써갔습니다.

시간이 지날수록 교회 안에서의 시간이 가장 편해지고 그 외의 생활은 육적인 일이며 가치를 두지 않게 되었습니다. 아이들에 대해서도 등한시 되어 갔습니다. 하루빨리 안상홍이 강림하기를 바라며 심지어 육의 생명에서 빨리 벗어나고픈 생각만 하게 되었습니다. 지금 생각해 보면 아찔한 순간이었습니다. 그렇게 제 영혼과 육은 거짓 교리에 세뇌되어 죽어가고 있었습니다.

하나님 안에서 자유와 평강은 없어지고 완고하고 거칠어져가는 저와는 달리 남편과 시부모님께서는 더욱 사랑으로 저가 돌아오기를 바랐습니다. 안증회의 믿음을 지키고자 하는 열정과 가족 안에서 갈등으로 모든 생활이 지쳐갈 때, 언니가 찾아 왔습니다. 언니는 안증회를 핍박하는 가짜 목사라고 알고 있던 진용식 목사님께 상담을 받고 안증회가 참 진리가 아니라는 확신과 개종을 한 후 나를 찾아 온 것입니다.

그래서 저 역시 안산 상록교회에 올라가서 진용식 목사님께 상담을 받게 되었습니다. 저는 너무도 큰 충격으로 모든 것이 혼란에 빠졌습니다. 안식일과 유월절이 구원의 표가 아니라는 많은 증거와 성경의 내용을 보면서, 또한 〈요 6:53〉 "인자의 살과 피를 먹지 않으면 너희 속에 생명이 없다"는 말씀이 유월절을 지키라는 말이 아니고 예수님이 우리에게 주신 말씀이 영이요 생명이라는 말씀임을 깨닫고 한 순간에 내가 좇던 그 모든 허상에 눈과 귀가 열리면서 하나님의 말씀이 귀에 들어오기 시작했습니다.

얼마나 어리석고 어리석었는지. 그러나 그 깨달음도 잠시 사람을 하나님이라며 우상으로 섬긴 너무나 큰 죄악 때문에 감당할 수 없는 두려움이 휩싸여 왔습니다. 하나님 앞에 감히 용서라는 단어조차 올릴 수 없는 저에게 진용식 목사님께서 들려주신 구원의 말씀은 저를 두려움에서 벗어나게 하였습니다.

〈롬 3:25〉 "예수님의 피로 인하여 믿음으로 말미암는 화목제물로 세우셨으니 이는 하나님께서 길이 참으시는 중에 전에 지은 죄를 간과하심으로 자기의 의로우심을 나타내려 하심이니" 이 말씀을 듣는 순간 하나님께서 이단에 빠졌던 죄까지도 모두 용서해 주시고 그런 모습의 저도 사랑하시어 용납하고 계심을 깨닫게 되었습니다. 얼마나 감사하고 감사한지 내 모든 죄악이 예수그리스도의 십자가의 보혈로 용서받았음을 믿고 저의 모든 두려움은 사라지고 안에서 기쁨과 평안이 넘쳐났습니다.

이단에 빠져있던 2년의 시간들은 내 영혼과 삶을 죽였을 뿐 아니라 나의 가정까지도 엉망으로 만들었습니다. 그 거짓된 진리를 지키기 애썼던 동안 남편과의 사이에는 불신이란 큰 벽이 생겼으며 그 사이에서 아이들은 정말 상처밖에 남아 있지 않았습니다.

그러나 하나님 아버지는 구원을 값없이 주시고 나의 상처를 치료하시며 우리 가정을 사랑하셔서 남편과의 신뢰관계를 회복시키셨습니다. 남편 또한 구원의 확신을 깨닫고 인격적인 주님을 알게 하셨으며 아이들도 주님 안에서 존귀하고 보배로운 자녀로 회복시켜 주셨습니다.

지금은 주님 안에 있는 것이 얼마나 큰 자유이며 축복인지! 날마다 아침에 눈을 뜰 때 그 분을 내 아버지로 부르며 감사드리고 있습니다.

지금은 그곳에 들어간 것도 그곳에서 나오게 된 것도 다 아버지 하나님의 은혜임을 생각나게 합니다. 내가 그곳에 있을 때 많은 사람들의 기도가 있었음을, 돌아오고 나서 알게 되었습니다. 남편, 시부모님뿐만 아니라 같은 아파트 앞집과 일층의 이웃들. 정말 내가 이단에 다니는 것을 아는 많은 하나님의 사람들이 기도해 주고 있었음을 알고 더욱 감사했습니다.

마지막으로 다른 분들은 저와 같은 잘못을 범하지 않도록 구원의 확신과 하나님을 아는 지식 안에서 장성한 믿음의 분량으로 자라나길 간절히 기원합니다.

4년 전, 진용식 목사님을 만나게 해주신 하나님과 하나님의 진리의
말씀으로 눈 먼 자에게 광명을 찾게 해주신 진용식 목사님께 다시 감
사드리며, 이 모든 영광을 하나님께 올립니다.

죽을 죄에서 건짐 받았습니다

이미선

"저는 지옥이 아닌 지옥에 갔다 온 것 같습니다."

두 아이를 두고 행복한 가정생활을 하면서 미래를 계획하고 양가
부모님들과 남편을 바라보며 열심히 살고 있었어요. 결혼한 지 9년째
되었었고, 결혼하기 전에는 장로교회를 다녔습니다. 친정어머니는 집
사님이시고, 아버지도 청년 시절에는 천주교를 다니셨지만 지금은 엄
마와 함께 일반교회(장로회)를 다니고 계십니다.

평소에 알고 지내던 사람이 있었는데 그 사람은 신앙생활을 열심히
하는 것처럼 보였어요 사람이 달라질 정도로 믿음이 커버린 그 사람
을 보니 저도 그 교회가 궁금해지기 시작했고, 어느 날 그 사람을 통
해서 안식일, 크리스마스에 대하여 듣게 되었습니다.

너무나 달랐지만 왠지 그곳을 알아보고 싶은 마음이 들었습니다.
그리고 난 후 그곳 전도사를 만나게 되었어요 성경을 보여주며 "예수
께서 안식 후 첫날 이른 아침에 살아나신 후"라는 구절을 보여주었습
니다. 예수님께서 일요일 예배를 지키신 것이 아니라고 하고 국어사

전을 보여주면서 나의 마음을 사로잡았습니다.

안식일부터 시작해서 예언공부까지 다 듣고, 정말 놀랍고 놀라웠습니다. '내가 진정 참 하나님을 찾았구나 어머니까지 알게 되었구나' 하고 정말 감사한 마음뿐이었습니다. 그러나 시간이 지날수록 점점 감사한 마음보다 스트레스를 받게 되었습니다. 그 사람들은 일인 일명 구명운동이라고 전도하지 않고서는 천국갈 수 없다고 했어요 뭐든지 "때가 되었다"는 말을 하였고 하고 싶은 것도 못하게 되었습니다.

모든 것들이 부담으로 내 마음을 채워가고 있었고, 돈도 물론 많이 들었으며 차비, 부녀회 책, 안식일 세 번 지키는 것 등도 무시 못했습니다. 남편이 열심히 땀 흘려 벌어온 돈을 내가 이렇게 쓰면 안 된다는 생각과 남편도 천국 가야 되니 빨리 남편을 전도해야겠다는 생각에 마음이 복잡했습니다. 남편에게 전도를 시도해 보았지만 그때마다 남편은 화를 내고 성경을 보려고 하지 않았습니다.

건강이 약한 저로서는 전도도 쉽지 않았는데, 어느 날은 전도 도중에 너무 힘들어서 그냥 주저앉아버렸습니다. 머리는 아팠고 너무 어지러웠지요. 지금 생각하면 그 정신으로 뭐든 다 할 수 있을 것 같습니다.

친정 부모님은 날 호적에서 빼버린다고 했고 시부모님도 차마 며느리에게 말 못하고 가슴만 애타 했습니다. 남편의 괴로움도 말할 수 없었어요. 밥도 먹지 않고 잠도 자지 않고 담배만 피우고 직장에서도 내 걱정으로 일도 제대로 못하고, 저는 정말 나쁜 여자였습니다.

그곳 안증회에서는 선한 얼굴로 남들에게 대하고 웃으면서 달콤한 말로 친절하게 대하였는데, 이것은 진정 내 모습이 아니었습니다. 난 자유로운 것을 좋아했는데 영화도 보고 음악도 듣고 취미생활을 즐기면서 아내로서 엄마로서 자식 며느리 딸로서 잘하려고 노력하면서 행복을 꿈꾸었습니다.

하지만 서서히 평범했던 내가 좋아했던 것도 망설여지며, 점점 더 대인관계가 이상해지고 뭐든지 그들의 하나님(안상홍)보다 더 좋아하면 우상이 된다는 것이었습니다. 저는 너무 힘들었습니다. 처음에는 천국 갈 수 있고 남들이 모르는 하나님을 믿고 있는가 보다 생각하면서 점점 내 안에 내가 없어져가고 있었습니다.

이것이 얼마나 무서운 일인 줄 이제야 알게 된 것입니다. 다른 사람들은 주일에 예배를 드릴 때, 저는 집에서 아이들 밥도 차려주질 못했고 안식일 지키느라 피곤해서 잠만 자며 시간을 다 보냈습니다. 예전에 예수 그리스도를 믿을 때 이런 신앙생활이 아니었는데, 마음이 편안하고 부담도 없었는데, 내 자신이 점점 이상해져갔습니다.

남편도 조금만 나에게 잘못하면 마귀로 보였고 자식도 예전처럼 사랑스럽지 않았습니다. 부모에게 효도도 못하였습니다. 자주 찾아뵙고 안부 인사하는 것도 작은 효도인데, 시댁, 친정 가는 것도 귀찮아졌습니다. 몸도 마음도 지쳐갔습니다. 거짓말은 처음에 이러면 안 되는데 하면서 자연스럽게 하게 되었고 처음 3주 정도 성경공부를 했고, 안식일 예배를 처음으로 지키게 되었습니다.

예수님의 생각이 많이 났습니다. 그러나 반복학습을 통해 예수님은 점점 사라져가고 그 자리에 안상홍, 장길자가 내 머리 속을 차지하고 있었습니다. 중간 중간 질문을 많이 했었습니다.

"왜 이곳은 부녀가 많아요?" 하자 "남편들은 밖에서 돈을 벌고 있고 또 마지막 때 어머니께서 전도인들의 남편은 불러주세요" 했고 "십사만 사천명이 넘었다면서요 그럼 천국 가게 되는 건가요" 하자 "예, 십사만 사천 막내둥이를 아직 못 찾았어요. 큰 무리 작은 무리로 나눠지게 될 거예요. 하나님만 아시겠죠." 했고 "그럼, 아이를 가지게 되면 어떻게 해야 하나요" 하자 "예 뱃속의 아이는 생명이 아니요. 이 시대 복음에 지장이 된다면 지워도 죄는 아니예요." 그곳에 있었을 때 평소 나의 주관은 온데간데없이 사라져 갔고 처음에는 눈물도 많이 흘리고 죄인 살려주신 하나님(안상홍)께 머리 조아리며 기도도 했습니다.

그러던 중 저는 예전에 알고 지내던 한 사람을 전도했습니다. 정말 알곡 열매 주셔서 감사했고, 그 곳 사람들은 큰 선지자가 될 거라며 다들 놀라워했습니다. 그런데 어느 날, 그분의 남편은 아내가 변해 가는 모습을 보고 아내를 설득시키면서 이것저것 자료도 보여주었고, 진목사님을 만나게 되면서 뜨거웠던 그분의 마음이 제대로 돌아오게 된 것입니다. 시간은 흘러 그분들은 날 걱정했고, 평소 쉬는 날 산에 운동을 가는 남편이 그 자매를 만나게 되면서 남편이 알게 되었습니다. 사실을 안 남편은 정면 도전을 시작했는데, 남편의 그런 확고한 정신과 눈빛을 본적이 없었습니다. 저는 두려웠지만 어떻게 잘 되겠지 생각하며 남편을 먼저 안심시키려 노력했습니다. 사실 저는 그 당시 천국 가고 싶은 소망에 아무 것도 무섭질 않았어요. 이혼, 아이들과의 생이별, 부모, 친척, 친구, 주위 모든 것들이 하나도 보이질 않았습니다. 오히려 이런 핍박을 주신 안상홍에게 감사 기도를 하면서도 마음은 불안했고, 내 인생 최대의 위기였다고 생각됩니다.

그러던 안상홍 측의 집사 전도사를 만나게 되어 지금 상황설명을 하자 "자매님 사람 무서워하지 말고 끝까지 견디는 자 되세요. 하나님 께서 믿음을 보는 것이라고 했어요." 그러면서 다음날 남편 없을 때 다시 만나자고 약속했습니다. 그러나 다음날, 남편이 출근 후 휴가를 내서 집으로 돌아와서 저를 진목사님에게 데리고 가려는 것이었습니다. 그곳에서는 진목사님에게 가면 절대 돌아오기 힘들고 진짜 마귀 자식이라고 했기에, 저는 진목사님 만나는 것이 너무나 두려웠지만 진목사님을 만나도 충분히 이길 수 있다는 자신감이 있었습니다.

안산에 도착 후, 진목사님을 만났는데 정신병원 사탄 마귀로 알고 있었던 그분은 평범한 아저씨처럼 느껴졌고, 그동안에 하나님의 교회에서 배운 모든 것을 하나하나 다시 고쳐주시며, 정신적으로 병들었던 저를 치료해주었습니다.

모든 것들이 거짓이었고 너무도 내 자신이 한심스럽고 미웠고 실망스러웠습니다. 전 바보였습니다. 정말 무서운 잘못을 했었습니다. 외도도 이런 외도도 없을 것입니다. 나는 하나님을 믿는 사람이고 하나님께서 하지 말라고 하는 것들은 하지 않으려 노력하며 말씀대로 살려고 했었는데 오히려 하나님께 죽을 죄를 저지른 것입니다. 이것이 바로 우상숭배였던 것이었지요.

'내가 사람을 신으로 믿었다니…' 남편과 저는 예수님의 진정한 사랑으로 십자가로 모든 죄를 감당하시므로 예수님 믿기만 하면 구원을 받는다는 것이 왠지 어색하게 느껴졌어요. 그동안 너무 율법에 얽매인 저로서는 값없이 주신 은혜를 확신하며 구원받았다는 것을 날 알고 있는 모든 사람들에게 알려주고 싶었습니다.

갑자기 주기도문이 하고 싶어졌습니다.

"하늘에 계신 우리 아버지여 이름이 거룩히 여김을 받으시오며 나라에 임하옵시며 뜻이 하늘에서 이룬 것 같이 땅에서도 이루어 지이다. 오늘날 우리에게 일용할 양식을 주옵시고 우리가 우리에게 죄지은 자를 사하여 준 것같이 우리 죄를 사하여 주옵시고 우리를 시험에 들게 하지 마옵시고 다만 악에서 구하옵소서 나라와 권세와 영광이 아버지께 영원히 있사옵나이다. 아멘."

정말 나라와 권세와 영광을 받으신 예수 그리스도 한분뿐이었으며 성령으로 잉태하신 예수그리스도 우리 주 하나님이었습니다. 절 다시 전도해주신 사랑이 많은 자매님과 남편에게 진심으로 감사드립니다. 그리고 위험을 무릅쓰고 절 구해주신 그 가정에 평안, 행복, 사랑이 항상 충만하시길 간절히 바랍니다. 그리고 진용식 목사님께 머리 숙여 감사드립니다.

저는 이제 열심히 예수님 믿고 또 열심히 복음 일도 하고 싶습니다. 그리고 사랑하는 우리 아이들에게―근영이, 성호―그동안 정말 미안한 마음으로 용서를 구합니다. 특히 저의 남편에게 너무나 고맙고 감사합니다. 그리고 그동안 마음의 고통을 줘서 미안하고 진심으로 사랑하고 남편으로서 존경합니다.

저는 9개월 만에 수요일 예배를 드리게 되었습니다. 너무 감격스러웠고 옆에 있는 남편은 힘차게 찬양을 부르며 기뻐하고 은혜를 받았습니다. 너무나 놀라운 일이었습니다. 이것이 바로 기적이었습니다. 평소 남편은 무신론자였지만 지금은 예수님을 믿고 구원을 확신하며 믿음생활할 것을 약속하였습니다. 하늘에 계신 아버지시여 저의 소원이 이루어졌습니다. 이것이 바로 사랑이었습니다.

〈요한복음 3:18〉 "저를 믿는 자는 심판을 받지 아니하는 것이요 저를 믿지 아니하는 자는 하나님의 독생자의 이름 믿지 아니함으로 벌써 심판을 받은 것이니라"

〈요한복음 3:16〉 "하나님이 세상을 이처럼 사랑하사 독생자를 주셨으니 이는 저를 믿는 자마다 멸망치 않고 영생을 얻게 하려 하심이니라."

이 구절들은 어릴 때 제일 좋아하던 성경 구절이었죠. 다시 이 말씀을 보니 너무 기쁘고 행복합니다. 이 세상이 악해져가고 사랑이 식어져간다 하더라도 이 세상은 충분히 가치가 있고 내일 지구에 종말이 오더라도 나는 한 그루 사과나무를 심겠습니다.

안증회의 모든 논리가 깨졌습니다

최영빈

저는 태어났을 때부터 하나님으로부터 복을 받으며 살아온 사람입니다. 왜냐하면 저는 부모님의 품안에서 어머니를 따라 예수님을 믿고 지냈고, 부모님을 통해 받았던 사랑만큼이나 예수님께서 주신 사랑이 얼마나 큰지를 알아가며 자랐기 때문입니다.

초등학교 3학년 때, 저는 말레이시아로 영어를 배우러 갔습니다. 그곳에서는 알고 지냈던 사람도 없을 뿐더러 집안의 기둥이었던 아버지는 기러기 아빠가 되었고 어머니와 형 그리고 저 이렇게 셋이서 모든 걸 헤쳐 나가야 했었던 때였습니다. 거기서도 어머니의 믿음으로 매주 주일마다 한인교회에서 예배를 드렸고 생활은 순탄한 듯 했습니다.

그러던 와중에 어린 두 자녀들을 키우다가 힘들었던 어머니가 외로움을 많이 느끼게 되었고 하나님만을 의지할 수밖에 없는 상황에 놓이게 되었습니다. 하지만 어머니께서는 감성적으로만 하나님께 나아가다 보니 근본적으로 나아지는 게 없어 더욱더 힘들게 되는 아이러니가 발생하게 되었습니다. 그 모습을 보면서 하나님께 나아가는 길에서 감성적으로만 나아가는 것은 왜곡된 하나님을 볼 수밖에 없다고 생각했습니다.

저는 이성적인 하나님만을 찾아보려 노력했었고 예수님을 믿는다는 주위 사람들은 어떤 시선으로 하나님을 바라보고 있는지 궁금했습니다. 그렇지만 궁금한 마음을 가지고 물어보는 대상마다 항상 은혜만이 넘치고 있고, 구원에 대한 감사만이 있었기에 저의 생각으로는 그 끝이 어머니와 같을 것만 같아서 두려움뿐이었습니다.

도대체 성경의 신약시대에는 왜 이토록 구원만을 강조하며 사랑의 하나님만을 보여주시는가? 구약 때와는 달리 이 신약시대에서는 범죄자도 구원받고 목사님이 되는 것인가? 그렇다면 공의의 하나님은 죄를 지어도 회개만 한다면 괜찮은 것인가? 이러한 물음이 끊이질 않게 되었습니다. 끊임없는 이러한 물음들을 뒤로 한 채 군대에 입대하게 되었고 군 생활이 조금 편해지는 시기인 상병이 되었을 때 즈음이었습니다.

여유로운 군 생활을 즐기며 책을 읽어보기 시작했고 베르나르 베르베르의 〈신〉을 읽었을 때에 "엘로힘 하나님"이라는 말을 처음 접했습니다. 성경에 나온다는 엘로힘이 무슨 뜻인지 몰라서 검색해 보았더니 '신들'이라는 복수명사라는 뜻이 나오게 되었습니다. 유일신의 종교에서 '엘로힘'이라는 단어를 접했을 때의 그 혼란은 '지금껏 속은 것인가' 라는 생각까지 하게 만들었습니다.

이 혼란을 틈타 저에게 달콤한 속삭임이 들렸습니다. 하나님의 교회(너무 가증한 이름이므로 '안증회'라고 칭하겠습니다)를 다니고 있는 군대 동기가 엘로힘 하나님을 언급하며 혹시 '어머니하나님을 들어본 적 있느냐" 라는 것이었습니다. 지금까지 살아오면서 궁금했던 물음에 대한 답들과 유일신 논리에 사로잡혀있던 저는 안증회의 교리들이 궁금해서 하나씩 듣다보니 이것이 진리인 것 같았습니다. 그러다가 마지막에 다시금 이 땅에 오신 예수님이 있다는 말과 함께 안상홍을 가르쳐 주었습니다.

그때 충격에 휩싸여 '이거 완전 사이비종교 아닌가?' 라는 생각과 함께 혼자만의 시간을 갖겠다고 하면서 떨쳐내 보려 했습니다. 하지만 그 동기가 지금까지 들어본 것 중에 틀린 말이 있느냐면서 설득했고 틀린 말이 하나라도 나오면 앞으로 종교에 대해 이야기 하지 말자고 호언장담을 했습니다. 특히 저는 감성적 신앙에 대한 비판적인 생각으로 인해 조금 더 이성적으로 생각되는 이 교리들에 인간적으로 끌렸던 것 같습니다.

합리적인 의심을 하기 위해 휴가를 나와서는 안증회에 대해서 검색을 해보았고 상록교회에서 반증 받으면서 보게 될 많은 증거들을 접하게 되었습니다. 그래서 물어보았습니다. "안상홍은 왜 종말 시기를 모르는 것이냐? 침례의 때가 다르지 않느냐?" 라는 등의 많은 물음에 '요나의 비유'라든지 '조작된 것'이라는 반증을 받았고, 안식일이 토요일임을 강력히 증거하며 토요일에 예배드리는 것이 맞지 않느냐며 강력하게 주장하니, 일요일을 지키는 어느 교회는 기본적으로 틀렸다는 생각과 함께 일요일교회는 다닐 수 없다는 생각으로 계속해서 안증회에 다니게 되었습니다. (복무했던 부대 내부에 안증회를 다니는 부사관도 있어서 가끔 토요일에 '종교 활동 외출'까지 지원받으면서 다녔습니다.)

그렇게 제대를 하고 조금 더 시간이 필요한 것 같아 대학교에 휴학계를 냈었고 약학시험을 준비하면서 대학교에 편입할 준비를 하고 있었습니다. 군대에서 그랬듯이 토요일만 되면 혼자 예배를 드렸었는데, 전화 한 통이 와서 예배를 안증회교회에 직접 와서 지키는 것이 좋다며 그에 해당하는 성경구절로 저를 안내했고, 저는 그렇게 조금씩 안증회로 들어가며 어느덧 제 인생에서의 큰 부분을 차지하고 있음을 느끼게 되었습니다. 그곳에서 하는 말들만 듣고 믿으며 살아가다보니 인생에서 중요한 가치들이 덧없어지며 점점 안증회의 꼭두각시가 되어가는 것 같았습니다.

결국 저는 차라리 이렇게 사는 것 보다는 내가 안증회에서 목회를 하는 것이 더 좋겠다는 생각을 가지고 열심을 내었고, 전역 후에도 만나고 있었던 군대 동기친구를 첫 전도 대상으로 해 그 친구 또한 안증회로 인도하였습니다. 지금은 다니지 말라고 이야기 했고 그 친구도 저를 보고 다녔던 터라 현재 안증회에 나가지 않고 있습니다. 조만간 그 친구도 상담을 받았으면 좋겠습니다.

이런 상황이 되다보니 그때는 '진리'인 줄 알았던 자신감으로 아버지께 전도를 하게 되었는데, 이성적인 아버지께서 제 말을 한마디도 들어주지 않는 것이었습니다. 나중에 들은 이야기지만 성격으로라면 제 말을 들으셨을 아버지지만 하나님께서 이 일이 일어날 것을 미리 아시고 몇 년 전에 아버지 친구 분이 안증회에 빠져 이혼을 하게 된 소식을 들은 상황이라 심각성을 아시고 한마디도 듣지 않으신 것입니다. 부모님께서는 당시 신학대를 졸업한지 얼마 안 된 형에게 저를 맡기었고 형과 저는 안식일에 대해 이야기 해보았습니다. 형과 저는 의견이 분분했지만 저에게는 진리가 무엇인지 확실하진 않았습니다. 형은 저에게 제안을 했습니다. 부모님도 그 누구에게도 말하지 말고 이 부분에 대해 상담 한번 받아보자는 것이었습니다.

그때 제 상황은 안증회에 거의 종속되다시피 하여 항상 모든 일에 안증회의 목회자와 얘기했었기에 내 의지대로 행동하려고 하니 두려운 부분도 있었지만, 아버지를 전도하기 위한 목적도 가족을 사랑했기 때문이었고, 가족이 더 중요했던 저에겐 이 약속은 꼭 지키기로 했습니다.

상담소에 나오기 전에는 안식일만큼은 자신 있다고 생각했습니다. 첫째 날에 안식일에 대해 설명을 듣고, 두 번째 시간에 말씀에 짝이 있다는 말이 거짓이라는 말에 안증회의 모든 논리는 깨지게 되었습니다. 걸어 다니면서 안증회 교리 테이프를 듣고 다니는 저에게 김주철 총회장이 항상 당연하다는 듯이 증거자료로 내세웠던 것이 말씀에는 짝이 있다는 말이었기 때문입니다. 그때부터 저는 너무 궁금했습니다. 진짜 진리란 무엇이란 말인가?

그 궁금증은 상록교회에서 들은 〈구원론 1단계 1강〉인 '구원을 확증하라' 강의에서 시원하게 풀리게 되었습니다. 강의 중에 〈히브리서 8:12〉에 자기 이름을 넣고 읽어보라는 말을 들었습니다. 그러면 이렇게 됩니다. "내가 영빈이의 불의를 긍휼히 여기고 영빈이의 죄를 다시 기억하지 아니하리라 하셨느니라."

이 강의를 들을 때는 이미 제가 우상숭배를 했다는 것을 깨달아 알게 해주셨기 때문에 읽을 때에 흉악한 죄인마저도 용서해주시는 깊은 사랑에 감사함이 넘쳐 눈물이 멈추질 않았습니다. 예전부터 십계명의 첫째 계명부터 마지막 계명까지 모두 지키지 못했을 뿐더러 안증회를 다니면서 우상숭배까지 한 이 죄마저 예수님께서 저 대신에 십자가를 지셨다는 것에 너무나도 감사했던 것입니다.

죄는 내가 판단하는 것이 아니라는 것도 깨닫게 되었고 다시금 하나님께 죄인임을 고백하고 나아간다면 과거에 범죄자였다고 할지라도 목회자의 길을 갈 수 있다는 것에 이해가 가기 시작했습니다. 하나님께서 죄를 사해 주셨는데 내가 무슨 권세로 죄에 대해 논할 수 있겠느냐는 것이지요. 지금은 예전과 달리 이성과 감성 그 어느 것에서도 완벽한 하나님을 알게 되었고 알아가고 있습니다.

강의 중에서는 총신대학교에서 어느 이단이 어떻게 잘못되었는지 자세히 알아갈 수 있는 수업을 배우기도 하는데 일반 기독교인들이 어떤 느낌으로 이단들을 대하는지 몸소 체험하기도 하였습니다. 이런 것도 모르고 거기에 빠지냐는 식의 조롱이 은연중에 존재하기도 합니다. 이단의 교리들이 얼토당토않기에 사실 저 자신에게도 화가 났습니다.

그러나 상록교회 청년부에서는 그런 마음들을 하나하나 알아주고 맘 상할까 배려하려는 마음이 너무나도 감사했습니다. 편견 없이 봐주시고 서로 사랑하라는 예수님의 말씀을 더욱 행하는 그런 모습에 나도 그러한 사랑을 실천해야겠다는 마음을 심게 된 계기가 되었습니다.

현재 그 사랑과 관심을 하나님께 보답하는 마음으로 상록교회 2부 예배 성가대원으로 활동하고 있습니다. 성가대에서도 역시 같은 긍휼의 마음으로 바라봐주시며 잘 활동할 수 있도록 해주시더군요.

이렇게 다시 하나님만을 바라보며 하나님의 사랑을 깨닫게 해주신 하나님께 감사드리고, 부족하지만 예수님께서 행했던 사랑을 나누어 주는 제가 되어 하나님의 자녀를 죄의 길 가운데서 돌이킬 수 있는 일에 쓰임 받으면 좋겠습니다.

차츰 저의 마음에 변화가 생기기 시작했습니다

하지연

저는 〈하나님의 교회 안상홍증인회〉라고 하는 길자교에 2004년부터 2007년12월까지 약 4년 동안 있다가 회심하였습니다.

저의 친정은 무교로서 초등학교 때 교회에 서너 번 가본 것 외엔 교회 근처에도 가본 적이 없으며 성경책 또한 환타지 소설책으로만 생각했습니다. 간혹 전도한다며 교회 홍보물을 나누어주시는 분들이 한심하며 쓸데없는 일을 하시는 걸로만 느꼈습니다. 시댁 또한 기독교가 아닌 불교였으므로 제가 교회에 다닐 꺼라고는 꿈에도 생각하지 못하였습니다. 아들, 딸 키우며 남편 뒷바라지하는, 여느 평범한 주부처럼 살아왔습니다.

그러던 중 제가 사는 아파트에 어떤 분이 이사를 오게 되었는데 그 사람은 안상홍 신도였습니다. 그 사람을 통하여 처음 안상홍 교리를 접하게 되었습니다. 그때 저에게는 4살, 3살 난 딸, 아들이 있었고 뱃속엔 쌍둥이를 임신하고 있었습니다. 애들 돌보느라 바깥출입도 힘들고, 주위에 아는 분들도 없었던 터라 그분의 방문이 새롭고 반가웠습니다.

처음엔 맛있는 거 있다며 갖다 주고 학원 다닐 때 아이들도 돌봐주면서 저의 환심을 샀습니다. 그들의 전도 방법은 설문조사를 한다며 각 가정을 방문하거나 주위에 어린 자녀가 있는 가정주부들에게 인간적으로 접근합니다. 저 또한 그 사람과 좋은 관계로 발전된 후에 자연스럽게 교회 이야기가 나오게 되었습니다.

교회에 대한 좋지 않은 선입견이 있었지만 그 사람과의 관계 때문에 성경공부를 하기로 하였습니다. 처음에는 저희 집에서 하나님의 교회 목사와 성경공부를 시작하였습니다. 성경공부를 시작하자마자 침례를 받으면 영안이 밝아져 성경공부가 더 잘된다며 침례받기를 권유하였습니다. 저는 침례를 받지 않고 단지 성경공부만 하기를 원하였지만 그들의 강요에 의해 '하나님의 교회'에 가서 성부 여호와, 성자 예수, 성령 안상홍의 이름으로 물로 침례를 받았습니다. 침례 후엔 일주일에 한두 번 정도 교회에 나가서 공부를 하였습니다.

성경에 대한 지식이 없던 터라 성경책이 너무나 재미있었고 신비로웠습니다. 그때부터 길자교의 주된 교리를 배우게 되었습니다. 재림주가 한국에 왔다는 것과 하나님의 새 이름은 안상홍이라는 것을 배웠고, 토요일인 안식일과, 유월절 초막절 등 구약의 7대 절기를 지켜야 구원받는다는 것을 배웠습니다. 또한 기성교회에서 십자가를 걸어 놓는 것은 우상이라고 하였습니다. 그리고 안상홍은 다윗의 위에 앉은 그리스도라는 것을 배웠고, 마지막으로 하늘 어머니가 장길자라는 것에 대해서 공부하였습니다. 저는 한 치의 의심도 없이 그들의 말을 모두 믿었습니다. 그래서 안상홍을 하나님으로, 장길자를 여자 하나님으로 믿게 되었습니다.

기도 할 때는 안상홍의 이름으로 기도하였습니다. 하나님의 이름이 바뀌었는데 구약시대에는 하나님의 이름을 여호와라고 했으나 신약시대에는 예수로 바뀌고 종말 시대에는 안상홍이 하나님의 새 이름이라고 하였습니다. 특히 장길자라는 여자를 여자 하나님, 하늘 어머니, 예루살렘 신부라고 불렀습니다.

길자교에서는 유월절을 지키고 안식일을 지켜야 구원받는다고 하며, 예배드릴 때는 여자들은 머리에 수건을 써야 한다고 합니다. 길자교에서는 예배 시간에 천주교처럼 여자들이 머리에 수건을 쓰고 예배를 합니다. 저도 철저히 안식일, 유월절 등의 구약의 절기를 지켰습니다.

남편은 불신자였고 제가 교회에 다니는 걸 좋아하지 않기 때문에 남편 몰래 아이들을 데리고 교회에 출석하였습니다. 그렇게 3~4년을 하나님의 교회에 다니다 결국 남편이 제가 교회를 다닌다는 사실과 그 교회가 이단이라는 것도 알게 되었습니다. 그 후로 남편과의 영적싸움이 시작되었습니다. 서로에게 해서는 안 될 말도 서슴지 않고 하게 되었고 심지어 몸싸움까지 하게 되었습니다. 또한 남편은 저의 핸드폰 통화내역 확인은 물론 수시로 집으로 전화를 하여 외출까지도 맘 놓고 하지 못하게 하였으며 사람 만나는 것조차 허락하지 않았습니다. 남편의 온갖 협박과 회유에도 저의 마음의 변화가 없자 마지막 수단으로 남편은 이혼하자고 하였고 저 또한 하루하루 살얼음판에 살 바에야 이혼하고 맘 놓고 신앙생활을 하기를 원하였습니다.

하지만 안증회 측에서는 이혼만은 절대 안 되며 지금보다 더 남편에게 잘해주며 교회엔 다니지 않겠다고 일단 남편을 안심시키라고 하였습니다. 그러나 십일조는 꼭 해야 한다고 하였습니다. 저는 그들의 말을 굳게 의지하며 결국엔 안상홍 하나님, 하늘어머니께서 남편 마음을 돌리시고 꼭 승리케 하리라 믿었습니다.

남편은 여러 방면으로 해결할 방법을 찾았고, 진용식 목사님이 운영하는 한국기독교 이단상담소가 있다는 것을 알게 되었습니다. 남편은 저에게 상담받기를 권하였습니다. 하지만 하나님의 교회 측에서는 이단상담을 받으러 가면 감금과 폭행을 한다며 죽어도 거기는 가지 말라고 하였습니다. 그러나 저는 길자교 교리가 진리임을 확신하고 있었기 때문에 상담을 받아도 저의 생각엔 변화가 없을 거라고 자신했습니다.

남편에게 상담을 다 받고 나면 다시 길자교에 다니겠다고 하였고 남편도 같이 하나님의 교회에 다니기로 합의를 하였습니다. 아이들은 친척 집에 맡기고 남편과 친정어머니와 동행하여 경기도 안산에 위치한 이단상담소로 향하였습니다. 상담소로 가는 내내 무척이나 무섭고 힘들었지만 절대로 그들에게 지지 않고 집으로 돌아와서 가족 모두 하나님의 교회로 인도하리라 다짐하였습니다.

상담소에 도착한 그날부터 상담을 시작하였습니다. 하나님의 교회에서는 진용식 목사님을 속된 말로 '진짜 용의 자식'이라고 합니다. 상담 중에 진용식 목사님을 첨으로 뵈었을 때 정말로 얼굴을 똑바로 쳐다볼 수가 없었습니다. 그렇게 상담이 사흘이 지나갈 무렵부터 차츰 저의 마음에 변화가 생기기 시작하였지만 저는 안증회 교리가 잘못되었다는 것을 인정하기가 싫었습니다. 그럼에도 상담을 받을수록 길자교의 교리가 잘못되었다는 것을 깨닫게 되었습니다.

안상홍이 하나님이 아니며, 더구나 장길자가 여자하나님이라는 것은 거짓말이었다는 것을 깨닫게 되었습니다. 이단상담을 받으러 안산 상담소에 가면 감금하고 폭행하고 정신병원에 보낸다는 길자교의 말도 거짓이었습니다. 상담을 받고 회심하게 될 것을 두려워하여 거짓말을 한 것입니다.

저는 상담을 통하여 진정한 복음을 알게 되었고 유월절을 지켜야 구원을 받는 것이 아니라 예수님의 보혈의 공로로 구원을 받는다는 것을 알게 되었습니다.

(요 5:24) "내가 진실로 진실로 너희에게 이르노니 내 말을 듣고 또 나 보내신 이를 믿는 자는 영생을 얻었고 심판에 이르지 아니하나니

사망에서 생명으로 옮겼느니라"

(골 2:14~17) "우리를 거스리고 우리를 대적하는 의문에 쓴 증서를 도말하시고 제하여 버리사 십자가에 못 박으시고 정사와 권세를 벗어버려 밝히 드러내시고 십자가로 승리하셨느니라. 이것들은 장래 일의 그림자이나 몸은 그리스도의 것이니라".

구원은 행위로 받는 것이 아니라 오직 믿음으로 받는다는 말씀을 듣는 순간 굳게 닫혔던 저의 마음이 흔들리기 시작하였으며 구원의 확신을 얻게 되었습니다. 정말 값없이 주신 하나님 은혜에 감사드립니다. 저는 확실히 구원받게 되었고 구원자는 오직 예수그리스도 밖에 없다는 사실을 믿게 되었습니다.

모든 것이 잘못되었다는 사실을 인정하고 나니 이단교회에 빠졌던 저 자신이 너무나 한심스럽고 부끄러웠습니다. 저는 이단의 교리에 완전히 속았던 것입니다. 상담을 마치고 회심한 후에 생각해보니 끝까지 저를 사랑으로 감싸준 남편이 고맙고 미안했습니다. 상담 후 불신자였던 남편은 같이 상담을 받던 중 복음을 듣고 예수님을 믿게 되었습니다.

집으로 돌아와 남편과 친정 어머니와 저는 다니던 하나님의 교회를 찾아가서 안증회 교리가 잘못되었으며 이제 하나님의 교회를 다니지 않을 것과, 찾아오거나 괴롭히면 경찰에 신고할 것임을 분명히 밝혔습니다.

그 후로는 하나님의 교회 측 사람들과의 접촉이 없습니다. 지금은 우연히 하나님의 교회 측 사람들을 보면 그들이 가엽게 느껴집니다. 그들 또한 하루속히 참된 진리를 알게 되어 이단교회에서 나오기를 바랍니다.

저희 가족은 지금 하나님의 축복 아래 이단교회가 아닌 정통교회 (대한예수교 장로회)에 다니며 행복하게 신앙생활을 하고 있습니다.

그리스도인들은 '사이비 성경공부'를 가장 주의해야 합니다. 이단들은 성경공부를 시켜서 미혹한다는 것입니다. 아무리 믿을만한 사람이 권한다 해도 교회 밖에서 성경공부 하는 것을 삼가야 합니다. 이단들은 어떤 방법으로든지 접근해서 성경공부를 하게 합니다.

이단상담 사역으로 저와 저의 가족을 바른 구원의 길로 인도 해주신 진용식 목사님과 상담소의 모든 분들께 감사를 드리며 하나님께 감사와 영광을 돌립니다.

Ⅳ. JMS(정명석)
회심간증

전이랑 외 2명

🌱 구원론은 놀라움과 신기함의 연속이었습니다

전이랑 (가명)

저는 JMS에 약 2년 동안 있다가 나왔습니다. 제가 이단에 들어가기 전에는 신앙이 없었습니다. 교회에서 무엇을 가르치는지, 더욱이 기독교에서 말하는 구원은 무엇인지에 대해서 잘 알지도 못하였고, 알고자 하지도 않았습니다. 또한 이단들에 대해서도 막연하게만 알았지, 그들이 전도를 하기 위해 어떻게 접근하는지, 또 그들이 어떤 집단인지 제대로 알지 못했습니다. 그저 이상한 집단이라고만 생각하였고 저와 별다른 세계의 일이라 생각하였기 때문에 제가 이단과 관련이 될 것이라 생각조차 하지 못했습니다.

제가 고3 수능을 끝냈을 때였습니다. 친구가 JMS에서 주최하는 대학생활 특강을 가자고 제안을 하였습니다. 수능이 막 끝났을 때였기에 딱히 할 일도 없었고, 또 앞으로 있을 대학생활을 보람차게 하고 싶었던 저는 그들이 제공하는 과정들을 충실히 따라갔습니다. 그 과정에 끝까지 남아있는 사람들에게는 일대일로 멘토링을 해주는데, 그들이 사용하는 '인생멘토'라는 말이 저에게 크게 와 닿았고 들어도 나쁠 것이 없겠다는 생각에 흔쾌히 멘토링을 받게 되었습니다.

그들은 성경을 가지고 몇 가지의 성경의 기적과 이적을 풀어주며 자신들의 교리를 하나하나 설명해주었습니다. 성경을 잘 모르기도 했었고, 부분적으로만 보여주며 풀어주니 저에게는 과학적이고 맞는 것처럼 들렸습니다.

또, 그때 당시의 JMS단체의 모습은 저에게는 그들이 정상적인 생활을 하며 다만 좀 더 나은 삶, 또 가치 높은 삶을 추구하고 그것을 이루기 위해 노력하는 모습처럼 보였습니다. 이 모습은 제가 생각하던 이단단체와는 전혀 다른 모습이었으므로 추호도 '이단'이라는 생각은 할 수 없었고, 그들의 교리를 점점 받아들이게 되었습니다.

어느 정도 교리를 받아들이자 그들은 예배에 나오도록 이끌었고 점점 예배에도 참석하게 되면서 JMS이단으로 빠져들게 되었습니다.

제가 들어갔을 때는 휴거를 강조하는 시기였습니다. 때가 얼마 남지 않았다, 때가 급하다고 말하며 재촉하였고, 휴거에 대한 희망, 그리고 휴거가 되지 못했을 때의 상황에 대해 겁을 주면서 JMS에서 활동하는 것을 최우선 순위에 두도록 강요했습니다.

실제로, 그 안에 있는 많은 사람들이 자신의 일상생활보다는, JMS 측에서 요구하는 새벽기도, 전도와 같은 것들을 지키는 것을 더욱더 우선시하며 생활을 하였고 직장이 있어 제대로 활동하지 못하는 사람은 늘 죄책감과 죄에 대한 두려움을 안고 살아갔습니다.

또한 그들은 저에게 예수님에 대해 제대로 이야기해주지 않았고, 십자가에 대해서도 이야기해주지 않았습니다. 그러면서 예수님을 교주와 동격으로 끌어내리며, 예수님은 신약시대의 구원자로서 지금 시대의 구원과는 상관없는 인물인 것처럼 가르쳤습니다. 심지어 정명석 교주가 감옥에 들어간 상황을 두고 '피 값을 주고 우리를 샀다'라고 하며 교주를 신처럼 받들었습니다.

저도 그들과 같이 교주를 구원자로 믿고 JMS에서 활동하기 위해 저의 생활을 거의 포기하다시피 할 때 즈음, 제가 JMS에 다니고 있다는 사실을 부모님이 알게 되었고, 결국 이곳 상록교회로 오게 되었습니다.

상록교회에 와서 반증을 듣기 시작하면서 JMS에 있을 때는 보이지 않았던 성경구절들을 볼 수 있게 되었고, 또 그러함으로 인해서 이제 껏 배워왔던 JMS교리와 맞지 않는 부분들도 하나둘씩 보이게 되었습니다. 또한 JMS교리를 들을 때 의구심이 들었던 부분도 하나씩 풀리게 되었습니다.

그 안에 있을 때에는 아직 '인봉'이 안 풀린 거라고만 생각했었는데 성경의 문맥을 읽어보면 그런 내용이 아니며, 더더욱 그런 의미가 아니라는 것도 알게 되었습니다. 특히, JMS안에서는 예수님이 십자가에 달려 돌아가셨으니, 예수님이 십자가 보시는 것을 좋아하지 않으신다고 가르치며, 무섭고 슬픈 것이라고 말하였기에 십자가에 대해 부정적인 인식이 강했습니다.

그러나 구원론을 들으면서 십자가의 희생의 의미, 구원의 방법에 대해 배우면서 놀라움과 신기함의 연속이었습니다. 뿐만 아니라 '그리스도인의 삶과 구원론' 강의 단계를 높여 들으면서 평소 율법주의적 생각이 가득했던 저는 구원받기 위해 율법을 지키는 것이 아니라, 구원을 받고나서 기쁘고 감사하는 마음으로 행하는 것이며, 또 천국에서 받을 상급을 바라보는 것, 그리고 구원은 취소되지 않는다는 사실을 깨달았습니다. 이 진리가 제 마음에 큰 충격을 주었고 곧바로 받아들이기도 쉽지 않았지만 구원론을 계속 반복하여 들으면서 점점 제 안에서 받아들일 수 있게 되었고 이제는 좀 더 안정된 마음으로 신앙을 할 수 있게 되었습니다.

예수님에 대해, 또 구원에 대해 제대로 알도록 기회를 주신 하나님과 저를 도와주신 모든 분들께 감사드립니다.

🌱 구원론을 들으며 JMS에서 빠져 나왔습니다

전여명(가명)

5년 전, 결혼을 코앞에 둔 시기와 맞물려 삶의 슬럼프가 깊게 찾아왔을 때였습니다. 그 당시에 요가강사로 활동하며 저의 수업에 참여하는 회원들과 친분이 두터웠습니다. 그 중 한 회원이 수업 후 저에게 찾아와서 사적인 질문들을 하며 식사자리를 마련하는 등 저에게 많은 호감을 표현했습니다. 그 회원은 저보다 스무 살 가까이 차이 나는 분이지만 얼굴이 예쁘고 인성 또한 착하기로 소문난 회원이었기에 그 호의가 반가웠고 언니 동생으로 칭하며 급속도로 친해지게 되었습니다.

며칠이 지난 후에 그 언니가 자신이 듣는 강의가 있다며 같이 들으러 가자고 제안하며 인생에서 놓치기 쉬운 여러 가지들을 배우게 될 거라고 하였습니다. 평소에도 유명강사 강의를 종종 들었었기에 별다른 의심 없이 함께 가게 되었습니다.

도착장소는 인천에 간판도 제대로 붙어있지 않은 교회였습니다. 그곳이 JMS집단이라는 건 한참 후에 알게 되었지만 당시 목사라는 사람은 굉장히 친절했고 심리학 교수직을 맡고 있다고 했습니다. 그는 간단한 기질 테스트를 통해 저에 대한 성격과 기질을 풀어주며 당시 저의 고민들과 생각에 대하여 성경말씀을 인용하며 위로해주었습니다. 그러면서 자연스럽게 JMS교리를 접하게 되었습니다.

성경에 대해서는 전혀 무지했던 저였기에 그 당시에 접했던 내용들은 너무나 충격적이었고 신기했습니다. 점점 그 교리에 빠져들었던 저는 자연스럽게 정명석을 다시 오신 성자라고 믿게 되었지요. 30

개중 8개 교리를 듣던 도중 결혼준비와 요가강의 섭외가 많아지면서 JMS교리공부에 참석하지 못하였습니다.

결혼 후 얼마 지나지 않아 임신을 하게 되며 강사생활을 접고 출산 후 온전히 육아에 매진하던 중 육체적으로, 정신적으로 힘든 시기가 찾아왔을 때, 수료를 하지 못한 JMS교리가 생각났고 저를 전도한 그 언니라는 사람의 안부 또한 궁금하여 스스로 연락을 하게 되었습니다. 그 후로부터는 그 언니뿐만 아니라 제 아이와 비슷한 연령의 아이를 가진 엄마와 함께 교육을 듣게 되면서 조금 편하게 들을 수 있었고 더 열심히 활동할 수 있었습니다.

그러면서 꿈에서 환상도 보게 되고 생활 속에서 신비한 경험도 하게 되면서 '정말 정명석이 다시 오신 성자가 맞구나. 정말 세상의 죄를 대신 짊어지고 가는 주님이 맞구나' 했습니다. 하지만 동전의 양면처럼 빠져들수록 뭔지 모를 죄책감과 불안함, 두려움들이 저를 힘들게 하였습니다. 이유는 영화나 TV같은 미디어를 보는 것, 117기도(새벽1시, 오후1시, 저녁7시 기도)조건을 세우는 것, 회개기도를 해야 하는 것 등 지켜야 할 것들이 많았고 남편과의 갈등 또한 힘들었기 때문입니다.

그렇게 하루하루를 살던 중, 드디어 저에게 하나님의 구속의 경륜, 예정됨이 찾아왔습니다. 옆에서 지켜보던 제 남편이 그간의 저의 행동과 말들, 그리고 저를 전도한 그 여자의 과잉친절이 좀 이상하다는 느낌이 들어 수소문 끝에 제가 다니고 있는 교회가 JMS이단교회라는 걸 알게 되었습니다.남편은 저를 살리기 위하여 다니던 직장까지 그만두고 여러 피해자들을 직접 만나거나 이단 전문기자를 만나 정보를 수집한 끝에 안산 상록교회 이단상담소의 김경천 목사님을 만나게 되었습니다.

남편은 눈물로 호소하며 상담요청을 했고 그 정성이 하늘을 감동시켜 목사님과 저는 힘겹게 만날 수 있게 되었습니다. 사실 저는 안산 상록교회에 첫 발을 내딛고 김경천 목사님을 뵙는 그 순간까지도 JMS에서 세뇌 받은-김경천 목사님에 대한-말들로 인해 온몸이 떨렸었고, 갖은 상상으로 너무나 견디기 힘든 공포감에 휩싸였었습니다. 하지만 그 거짓된 상상과 의심들은 오래가지 않았습니다.

제가 너무나 확신하고 있었던 JMS교리 중 창조목적과 타락론, 한때 두때 반때에 대한 반증, JMS교리책들이 수차례 수정되어지고 표절되어졌다는 것을 직접 보고 들으며 고개를 차마 들지 못할 정도로 수치스러웠고, JMS에 대한 분노와 사람에 대한 배신감으로 너무 힘들었습니다. 계속된 목사님의 반증과 몇몇 분들의 간증, 그리고 정말 중요한 구원론을 들으며 저는 JMS교리에서 빠져 나올 수 있었습니다.

구원론 강의 중 회개에 대해 교육을 받던 날, 꾹꾹 눌러놓은 눈물이 흘러나오면서 '이게 바로 진정한 구원이구나' 싶었고 너무나 감사한 마음이 들었습니다. 진정한 회개는 내 행위를 통해서가 아니라 예수님의 십자가 보혈을 믿고 하나님의 사랑과 진정한 말씀을 깨닫는 것이라는 걸 알게 되었습니다. 그 순간은 너무 감사하다는 마음뿐이었습니다.

그러면서 서서히 저로 인해 많이 울었을 우리 남편이 보였습니다. 직장도 그만두면서까지 JMS에 대해, 아니 이단에 대해 깊게 조사해가며 큰 충격을 입었을 저희 남편에게 너무나 미안했고, 더불어 큰 감사와 사랑이 느껴졌습니다.

또한 하나님의 사랑의 역사하심이 없었다면 무신론자였던 제 남편도, 이단에 빠졌던 저도 진정한 복음을 들을 기회가 없었을 것이며 구원은 남의 집 얘기가 되었을 것입니다.

구원의 확신을 갖게 해주신 안산 상록교회의 진용식목사님과 강사님들께 진심으로 감사를 드립니다.

🍃 믿었던 것들이 아니었다는 사실이 쌓이기 시작했습니다

강사라 (가명)

제가 JMS를 처음 만나게 된 것은 2009년, 대학교 입학식 날이었습니다. 그 당시 저는 대학생으로서 설레기도 하고 한편으로 두려운 마음도 있었습니다. 왜냐하면 저희 학교는 개인주의가 강하기로 유명한 학교로 잘못하면 4년 내내 친구를 한명도 못 사귄다는 등, 선배에게 밥 얻어먹기가 힘들다는 등의 소문이 자자했습니다.

저는 원래 낯가림도 있고 은근히 소심해서 적극적으로 누군가에게 다가가지 못하는 성격이라 걱정을 많이 했습니다.

그런데 입학식 날 어떤 선배가 제게 말을 걸어줬고, 동아리에 가입할 것을 권유하면서 동아리를 하지 않더라도 선배로서 만나주겠다고 했습니다. 저는 선배가 제게 말을 걸어준 것만으로도 너무 기뻐서 좋아하면서 번호를 알려줬고 다시 만날 약속을 잡았습니다.

학기가 시작되고, 그 선배를 다시 만나면서 선배는 제게 대학교에 와서 마냥 놀지만 말고 인생을 생각하면서 살라는 등의 좋은 이야기를 해주었고, 몇 번의 만남 후에 성경이 얼마나 좋은 책인지 가르쳐주며 성경을 공부하자고 했습니다.

저는 원래 무교였고, 특히 기독교는 썩 좋아하지 않았습니다. 기독교 교리 중에 도저히 믿을 수 없는 것들이 많았고 제가 커오면서 봐왔던 기독교인들의 삶이 별로 본이 될만하지 못했기 때문입니다. 하지만 저희 학교가 기독교 학교이기도 했고, 종교를 가지지 않더라도 대학생이 됐으니 인문학적교양으로라도 성경을 한번은 읽어봐야겠다는 생각을 했었기에 성경을 배워보기로 결심했습니다.

그 후, 그 선배는 저희 과 선배를 소개해주며 그 선배에게 성경을 배우도록 했고, 저희는 1주일에 한 번씩 만나서 맛있는 밥도 얻어먹고 성경 공부도 했습니다. 그 선배는 저와 성격도 잘 맞았고, 대학생활에 적응하거나 수업 과제를 하는 것도 잘 도와주기도 하고 맛있는 것도 많이 사줬기 때문에 저는 그 선배를 엄청 좋아하게 됐습니다.

처음에는 성경에 대한 거부감도 있고, 귀찮기는 했지만 그 선배를 좋아하는 마음에 성경을 배우다 보니 그런대로 들을 만했고 제가 성경에 대해서 부정적으로 생각했던 부분에 대해서 납득이 가도록 설명해주었습니다.

예를 들어 학교에서는 진화론을 배웠는데 성경에서 아담과 하와가 최초의 인류라고 하니까 성경은 맞지 않다고 생각했는데 아담과 하와는 최초의 인류가 아니라 종교의 조상이라고 했고, 천지창조가 7일 만에 일어난 것이 아니라 하나님이 모세에게 모든 과정을 다 과학적으로 설명할 수 없으니 7일이라고 대략적으로 설명한 것이라고 말했습니다.

또, 저는 누구나 믿는 것만으로 모든 죄를 용서받고 구원을 받는다면 불공평하다고 생각했는데 사람이 자기 할 책임을 다해야 구원받을 수 있다고 설명해 줬습니다. 그런 이야기를 들으니 제가 그동안 기독교에 대해 가지고 있던 인본주의적인 의문들이 속 시원하게 풀리는 것을 느꼈습니다.

그 성경 강의를 들으면서 제가 기독교에 대해서 오해하고 있었다고 느끼게 됐고, 그렇게 10개월쯤 배우니 어느새 저는 하나님의 존재에 대해서도 믿게 되었습니다.

제가 다니게 된 교회는 JMS교회 중에서도 특수하게 저희 학교 학생들로만 이루어진 작은 교회였고 그 속에서 같은 학교 친구와 선배들을 만나게 됐습니다. 대학교라는 공통점을 가진 사람들이 모인 작은 집단이다 보니 금세 사람들과 친해지게 되었고 처음 학교에 입학했을 때 가지게 됐던 고민들도 해결됐다고 좋아하며 더 적극적으로 교회에 다니게 됐습니다.

2009년과 2010년도 사이에는 JMS의 교주가 실형을 선고받으면서 교주를 숨기고 예수님을 전면에 드러내던 때였습니다. 이곳은 예수님을 진짜 사랑하는 곳이라고 생각하였고, 악평이나 교주의 상황에 대해서도 들었지만 그냥 억울하게 오해받고 있는 것이라고 생각하고 넘기게 되었습니다. 그곳에서 이상적으로 생각하는 삶이 너무나 깨끗하고 건전하였고 그런 삶을 굳이 거부할 이유도 없기에 이곳이 이상한 곳이라고 생각되지 않았습니다.

돌이켜보면 참으로 순진했던 것 같습니다. 저도 모르게 홀리듯 신앙생활에 재미를 붙이고 JMS의 사상에 젖어들게 되면서 이제 그곳이 이단이 아닐까 하는 생각은 할 수 조차 없게 되었습니다.

JMS에 더 깊이 빠져들수록 예수님과 교주를 더 동일시하고, 심지어는 예수님을 넘어서는 위치에까지 교주를 높여버렸지만 이미 저는 그 집단에 대한 비판적인 생각을 할 수 없는 상태로 빠져있었고 그들과 같이 교주를 높이고, 사랑하고, 찬양했습니다. 그리고 교주의 말에 따라서 제 삶을 다 바쳐서 구원, 곧 휴거라는 목표 한 가지를 위해서 살아야 한다고 스스로를 채찍질하기 시작했습니다.

그곳에서의 구원은 자신의 삶을 통해서 이루는 것이기 때문에 어떻게 사느냐가 굉장히 중요합니다. 새벽 1시에 일어나서 기도하고, 매년 1명 이상씩 전도하고, TV나 인터넷 등의 미디어를 봐서는 안 되고, 특히 이성과 허락받지 못한 교제는 절대 하면 안됐습니다. 그 삶은 성취감과 만족감을 주는 동시에 불안과 죄책감을 주었습니다. 어떻게 해도 완벽하게 되는 날이 매우 드물었기 때문입니다.

저는 남에게 무언가를 강요하는 것을 잘 못해서 전도도 한 명도 못했었고, 새벽에는 잠만 잤고, 미디어를 끊는 것도 힘들었습니다. 그런 삶을 살던 중 부모님께서 제가 이단에 다니게 됐다는 사실을 알게 되었습니다. 부모님은 제게 내색하지 않고 있다가 아버지 생신 날에 먼 곳에서 외식한다고 하면서 저를 이곳 안산에 데려오셨고, 이곳에서 반증을 듣도록 저를 설득하셨습니다.

이곳에 오기 전에 저와 친한 학교 회원들 중 몇 명이 이미 상록교회에서 회심을 한 사례가 있기 때문에 저도 언젠가 이곳에 올 것이라고 예상을 했고, 그때는 들어도 나는 절대 변하지 않을 것이라고 확신하고 있었기 때문에 빨리 끝내고 나가겠다는 생각으로 알겠다고 하고 반증을 듣기 시작했습니다.

처음에는 반증 내용들이 인정되지 않았습니다. 이미 그곳에서 반증의 반증에 대한 교육도 들었고, 내가 그동안 믿었던 것들이 전부 아니라고 부정 당하는 것이 그냥 기분이 나빴습니다. 하지만 그 와중에도 제 귀에는 어쩔 수 없이 반증 내용들이 들려왔고, 조금씩 제가 믿었던 것들이 아니었다는 사실이 쌓이기 시작하자 겁도 나고 마냥 싫었습니다. 그래서 화도 내보고, 울면서 싫다고 떼도 써봤는데 부모님이 먼저 이런 저런 얘기를 하며 진심을 내놓으시니 저도 이래선 안 되겠다는 생각이 들었고 진심으로 이 얘기를 들어봐야겠다고 생각하게 됐습니다.

제가 JMS에서 배운 말씀이 아니라는 것을 깨닫기 시작한 것은 '구원론'을 듣게 되면서부터입니다. 다른 내용들은 다 그렇다고 쳐도 기독교의 구원에 관한 부분을 가장 받아들이기 힘들었는데, 믿음만으로 이루는 구원이 불공평하다고 생각됐고 도저히 이해할 수가 없었기 때문입니다.

하지만 제가 '노력'으로 이루는 구원의 삶을 추구하다보니 그게 얼마나 불가능한 삶인지 실제로 체험하게 됐고, 구원론을 통해서 믿음을 통한 구원의 확신의 근본은 신이신 예수님의 피와 살을 내어준 희생에 있다는 것을 배우게 되면서 제 생각이 정말 저급한 수준이었다는 것을 알게 됐습니다. 그 수준에서 하나님의 구원의 은혜에 대해서 이해하려하니 이해할 수가 없었던 것이었습니다. 그리고 제가 열심히 신앙생활을 한다고 했던 지난 7년간 사람을 하나님으로 모시고 살았던 것을 깨닫게 되었습니다.

구원이 무엇인지 알게 되면서 저의 남아있던 고집들도 다 꺾이게 되었고, 다시 예수님을 다른 누구의 얼굴이 아니라 예수님의 얼굴로서 다시 뵐 수 있게 되었습니다.

회심하고 진짜 주님 품으로 돌아온 지금, 그들에게 속아 오랜 시간을 그곳에서 보냈던 것이 억울하기도 하고, 속은 제게 화가 나기도 합니다. 하지만 한편으로 생각해보면 과연 내가 그 과정이 없었으면 하나님의 은혜에 대해서 깨달을 수 있었을까요?

확실한 구원을 받아놓고 하나님께서 행하신 여정을 돌이켜 보니 은혜를 믿을 수 없던 저의 그 강력한 고집을 꺾기 위해서 이단을 사용하셔서 결국은 다시 제대로 믿게 하신 것이 아닌가 하는 생각이 듭니다. 더불어 신앙을 하지 않으시던 저희 부모님들까지 교회에 다니게 되면서 함께 구원을 이루어주셨으니 오히려 값을 셀 수 없이 많은 복으로 갚아주시기까지 하셨습니다.

어리석고 교만한 저의 고집을 꺾어 저를 가르치시고 구원해주신 하나님께 정말 감사드립니다. 그리고 제가 이곳에 오기까지 기도해주시고 도와주신 모든 분들께 감사드립니다.

V. 안식교 회심간증

한상신 목사 외 2명

VI. 안식교 회심간증

🌱 감격의 눈물로 복음을 받아들였습니다

한상신 목사

저는 안식일 교회를 다니시는 부친에 의하여 어려서부터 20년 동안 안식일 교회를 다니게 되었고 안식일 교회의 교리를 어려서부터 배워 율법을 준수한 철저한 안식일 교인이었습니다.

완벽한 품성으로 변화되어야만 천국에 들어갈 수 있다는 교리에 따라 철저하게 채식을 하였고 화잇부인의 책과 안식교에서 칭하는 대쟁투 총서와 그 외 모든 책을 철저히 읽었으며 그대로 순종하며 살기 위해 최선의 노력을 다하던 사람이었습니다.

또한 안식일 교회는 남은 무리, 남은 교회라 하여 자부와 긍지를 가졌으며 자랑으로 삼았습니다. 그러나 몇몇 지도층의 인사들이 화잇부인의 교훈대로 살지 않는 것을 보고 실망하여 안식교 보다 화잇부인의 교리에 더 철저하게 하는 "안식일 교회 개혁운동(안식교의 분파)"에 참가하여 활동하기도 하였습니다. 저는 부친과 함께 완주군 소양면에 안식일 교회를 세우고 전도하여 성도들을 인도하였습니다.

1980년 12월 27일, 저에게도 희소식이 전달되었는데 다름 아닌 안식일 교회 내에서도 복음을 깨닫고 가르치던 현재의 진용식 목사님을 만나게 된 것입니다. 진목사님을 만나서 성경을 연구하던 중, 그렇게 철석같이 믿었던 2천3백 주야의 교리(성경 중 재림신앙의 기초가 되는 것이요 한 큰 기둥과 주초가 되는 구절이다-대쟁투 합본 456p)가 성경이 말씀하시는 바와 거리가 너무 멀다는 것을 깨닫게 되었습니다. 성경을 계속 연구하던 중 참 복음이란, 성경에 기록된 대로 예수 그리스도가 우리의 죄를 위해 죽으시고 사흘 만에 무덤에서 다시 살아나셨다는 사실을 믿는 것이라는 것을 깨닫고(고전 5:3~4) 나같은 죄인을 위해 죽으시기까지 사랑하신 주님의 은총을 마음 깊이 모셔들이게 되었습니다. 그동안 내가 얼마나 율법주의 속에서 구원을 얻기 위해 노력했던가! 저는 "하나님의 의를 모르고 자기의 의를 세우려고 힘써 하나님의 의를 복종치 아니했던"(롬 10:1~3) 유대인들과 같은 오류를 범하였던 것입니다.

참 진리 안에서 참된 복음의 자유를 누리며 제가 인도하고 있던 완주군 소양면 해월리의 안식일 교회는 진목사님을 초청하여 한 주간 동안의 사경회를 개최한 후에 감격의 눈물로 복음을 받아들여 전 성도들의 만장일치로 안식일 교회 간판을 내리고 개명하여 벧엘교회의 간판으로 바꿔 달게 되었습니다. 부족한 이 사람도 신학의 학문을 연구하여 하나님의 크신 사랑 안에서 오늘도 내일도 내 인생이 살아 숨쉬는 동안 이 귀한 복음을 전하는 기쁨 안에 살고 있습니다.

바라옵기는 아직도 안식일 교회에서 복음의 참된 자유를 모르고 방황하는 모든 사랑하는 이들에게 예수 그리스도의 죽음과 부활의 위대한 복음의 진리가 받아들여지기를 간절히 원하는 바입니다.

"내가 그리스도 안에서 참 말을 하고 거짓말을 아니 하노라. 내게 큰 근심이 있는 것과 마음에 그치지 않는 고통이 있는 것을 내 양심이 성령 안에서 나로 더불어 증거하노니 나의 형제 곧 골육의 친척을 위하여 내 자신이 저주를 받아 그리스도에게서 끊어질지라도 원하는 바로다. 저희는 이스라엘 사람이라(롬 9:1~3)."

🌱 안식교의 특수 교리는 종의 멍에였습니다

곽정환 목사

「안식일 교회」는 인간적으로 말하면 나의 과거와 현재, 대단하지는 않지만 소중했던 일상들과 신앙의 추억들, 스승과 선후배 동창 친구들의 이야기들을 담고 있는 교회입니다. 존속과 비속 거의 모든 가족과 형제 친지들과 함께 머물러 있는 곳이고 잘했든 못했든 두 길 갈 수 없어 오직 한 길로 밟아온 인생의 모든 여정들이 고스란히 담겨있는 삶의 요람이기도 합니다.

거기서 태어나고 자라고 교육을 받으며 신학교를 졸업하고 나서 목회자의 길로 들어서 침례를 베풀고 성도들과 교제하고 동고동락 목회의 길을 걸어 온지도 근 20년의 시간이었습니다. 「안식일 교회」에서 살아오면서 수많은 사람들을 만나서 알고 지낸 이야기들, 동료 목회자들과 또 교회의 수많은 성도들과 나누었던 그 모든 이야기들은 1~2년에 걸쳐서 얘기를 한다 해도 다 말할 수는 없을 것입니다.

저를 알고 있는 많은 「안식일 교회」 동료 목사님들과 장로님들 집사님들 성도님들이 목사가 신앙을 갱신하여서 교단까지 바꾸어 버렸다는 것을 직간접으로 들어 알게 될텐데 그 때 그들이 받을 마음의 충격이 어떠할까를 알기에 저 또한 인간적으로 힘들고 괴로운 점은 이루 다 말 할 수 없습니다. 어떤 이는 기절에 가까운 허탈감과 허망감이, 어떤 이는 커다란 실망과 배신감으로, 어떤 이는 한없는 안타까움을 느낄 것이고 어떤 이는 나쁜 놈과 미친놈이라는 비난도 모자라서 쳐죽일 놈이라고 할 수도 있을 것입니다. 그러나 그들도 마침내 복음의 빛에 이르기를 기도할 뿐입니다.

우리들에게 벌어지는 크고 작은 모든 것들은 저절로 돌아가는 우연 덩어리가 아니라 모든 것을 합력하여 선을 이루시는 하나님의 장중에 있음을 겸손히 인정하는 것이 그리스도인입니다. 아마 제가 목회자가 아니라 일반 평신도 성도로 살아왔더라면 교단을 바꾸는 일까지는 결코 일어나지 않았을지도 모릅니다. 말씀을 증거하는 목회자로서 전도 사명과 복음에 충실하게 말씀을 연구하고 가르치는 입장이었기에 모순들을 느끼고 발견하다가 객관적인 진실에 다가서는 계기가 많지 않았나 생각합니다.

저는 워낙 율법적인 가정과 엄부 아래 태어나고 철저한 신앙적 분위기에서 자라왔기 때문에 교회에서 쓰는 단어들에 대하여 낯선 용어들은 거의 없었습니다. 그러나 점점 생각이 커지고 삶의 국면이 다양해지면서 누구나 그렇듯 삶과 신앙의 괴리를 확인하면서 절망도 하고 세상에 살면서 신앙생활이 그리 녹록치 않다는 것을 깨닫게 되었습니다.

인생의 시련의 고비를 넘기면서부터 인생에서 과연 신앙이라는 게 뭐고 믿음이라는 게 뭐고 구원이라는 게 무엇인지 진지하게 생각하며, 그동안 앵무새처럼 떠받들고 피상적으로 알고 있는 것들과 또 자동적으로 습관화된 것들에 대하여 철저하게 재고하는 시간을 갖게 되었습니다. 영적인 단어들이 담고 있는 깊은 의미가 무엇이고 본질이 무엇인가에 대하여 생각을 하게 되었습니다.

그러는 중에 성경에는 전체를 관통하는 어떤 굵직굵직한 주제들이 있으며 그 중에 어떤 것들은 이론으로만 그칠 것이 아니라 신앙의 현재 삶에 직접적으로 영향을 미치는 것으로서 유야무야 대충 넘어가서는 절대 안 되는 것들이 있다고 생각하게 되었습니다. 그 중에 저를 강하게 사로잡은 주제는 구원론에 관한 것이었습니다.

다음의 예수님 말씀은 마음의 정곡을 찌르는 질문이었습니다.

〈마 16:26〉"사람이 만일 온 천하를 얻고도 제 목숨을 잃으면 무엇이 유익하리요 사람이 무엇을 주고 제 목숨과 바꾸겠느냐"

구원론을 설명하다 보면 복음, 믿음, 은혜, 자유, 거듭남, 회개, 칭의, 죄, 율법 같은 주제들은 피해갈 수 없는 주제들입니다. 즉 성경에서 또한 구원이 가장 큰 주제라는 것입니다. 성경이 기록된 목적도 구원이고 예수님이 이 땅에 다녀가신 목적, 그분의 성육신, 고난의 삶, 십자가 죽음, 부활, 승천 등 그분의 모든 행보는 사람을 구원하는 것이 최고의 목적이라는 것이 분명합니다.

극단적으로 말한다면 기독교 다른 교리가 다 옳아도 구원론이 틀리면 기독교가 아니고 올바른 복음이 아니면 기독교가 아닌 것입니다. 그렇다면 어떤 것이 성경이 말하는 참복음 정복음 순수한 복음이고 어느 것이 짝퉁 복음이고 가짜복음이고 다른 복음인가? 정말 올바른 믿음으로 말미암는 의는 무엇인가? 진정한 구원의 도는 어떤 것인가에 대하여 참으로 긴 시간동안 갈급한 심정으로 고뇌하고 번뇌하며 정리해보고자 했습니다. 진정한 자유와 해방과 평안과 쉼을 주는 복음이 무엇인가?

수고하고 무거운 인생의 죄 짐을 진 자들에게 허락하시는 실제적인 안식과 쉼은 어디에 있는가? 물론 그 답은 성경에 있다고 한다면 원론적으로 맞지만 그 객관적인 문자말씀이 나의 가슴과 마음에 살아있는 주관적인 대답과 확신으로 다가 오는 데는 사람마다 다를 것입니다. 어쩌면 제가 구원에 대하여 이런 끊임없는 갈구를 느끼고 생각을 했다는 것 자체가 「안식일 교회」에서 가르치는 구원론에 만족할 수 없었고 성경의 복음과 어딘가 일치되지 않는 모순됨을 발견했기 때문입니다. 안식교에 다니면서 안식이 없고, 대신 구원의 기쁜 확신 없이 어딘가 모르게 초조한 불안이 마음 깊은 한 칸에 자리 잡고 있는 나 자신과 사람들을 볼 때 마음이 아팠습니다. 이것이 성경이 말하는 복음의 진수는 아닐 거라는 생각을 했습니다.

기계적인 율법 준수와 하라고 하니까 마지못해 전도를 하지만 왠지 꼬리 내린 강아지처럼 자신이 없고 신앙생활을 하지만 헐렁헐렁한 빨랫줄 같이 흐느적거리는 모습을 볼 때 더욱 그랬습니다. 뭔가 이들의 심령 속에 복음의 불꽃을 뜨겁게 회복하는 것이 아니면 살 길이 없다고 생각했지만 안식일 교회가 말하는 복음 체계 가지고는 절대로 불가능하고 진정한 교회 부흥도 힘들겠다는 것을 절감했습니다.

구원의 방법을 쉽게 요약하면 세 가지입니다. 이것은 진 목사님의 구원론을 듣고 여러 복음적인 책들을 보면서 나름으로 정리한 것으로, 첫째는 자력구원, 둘째는 타력구원, 셋째는 자력구원과 타력구원을 합친 합작 구원론입니다.

첫째 자력 구원은, 내 구원은 내 힘과 노력으로 가능하다는 사상이고, 둘째 타력구원은, 인간은 밖으로부터 오는 구원이 아니면 절대 희망이 없는 무능한 존재라는 것입니다. 셋째는 자력과 타력이 합한 구원론으로서 사람의 눈에 보기에는 가장 합리적으로 보이는 구원의 방식입니다. 세상의 모든 그럴듯한 종교가 이 범주에 들어가고 '지성이면 감천'이고 '하늘은 스스로 돕는 자를 돕는다' 같은 세간의 속담들이 다 이 사상을 반영합니다. 이런 자세가 전적으로 틀렸다고는 할 수 없지만 구원의 약속에 관한한 이것은 오류입니다. 이 혼합주의 구원론은 처음에는 은혜로 시작했다가 인간의 행위로 유지해야 한다는 사상, 은혜는 아무나 받는 것이 아니라 받을 만한 짓을 해야 받는다는 주장, 진정으로 얻은 참 구원도 취소될 수 있다는 주장, 구원은 얻기는 쉽지만 유지하는 것이 어렵다는 말이 다 혼합주의 구원론일 가능성이 많습니다. 예수를 믿는 것은 반대하지 않는데 예수님의 공로를 의지하는 것만 가지고는 부족하기 때문에 내 쪽의 무엇인가를 플러스하지 않으면 안 된다는 주장입니다.

이런 세 가지 갈래 중에 「안식일 교회」는 세 번째에 해당된다고 하는 것을, 죽기보다 싫지만 양심적으로 인정하지 않을 수 없었습니다. 이를 인정하는 것은 참으로 괴로운 일이었습니다. 「안식일 교회」에는 「안식일 교회」를 「안식일 교회」이게 하는 정체성에 관한 교리들이 있습니다. 즉 개신교의 교리와 90%가 같은 것이지만 「안식일 교회」의 존재 이유가 되고 이들을 특별한 존재로 만드는 약 10%에 해당되는 특수 교리가 있습니다. 저는 안식교의 핵심 교리 10%가 궁극적으로 성경의 복음을 복음 되게 하는 일에 실패하고 있다고 생각합니다.

"진리를 알찌니 진리가 너희를 자유케 하리라"고 예수님이 말씀하셨지만 왜곡된 자유의 길이 얼마나 많은지 모릅니다. 세상에 사노라면 마약도 자유를 주고 세뇌도 자유를 주고 치매도 모든 근심 걱정으로부터 자유를 주는 것처럼 보일 수 있습니다.

안상홍을 하나님이라고 떠드는 사교(邪敎)집단과 안식일교회는 분명히 다릅니다. 이 집단은 남들이 이단이라고 하거나 말거나 깊은 세포까지 아주 지독하게 세뇌된 정신으로 미친 듯이 짝퉁 하나님 안상홍을 위하여 발로 뛰어다니니까 토요일이라는 제한이 있음에도 불구하고 포획하는 사람들의 숫자는 늘어납니다. 그런데 안식일 교회는 강력하게 선교의 현장으로 뚫고 들어가는 선교 스피릿을 잃었습니다. 강력한 첨병 무기였던「제칠일 안식일」기별도 이단 운운하는 큰소리와 다양해진 시대적 흐름의 상황 속에 어쩔 수 없이 느슨해지면서 솜 방방이로 변했고 한 때 강력한 화력을 간직했던 임박한「예수 재림」도 주님이 오실 것이라는 성도들의 마음에 정한 데드라인을 넘어서면서 이제는 재림을 부정하지는 않지만 예전처럼 강력적인 파워를 일으키기에는 이빨 빠진 호랑이로 전락한 느낌을 지울 수가 없습니다.

이제는 이단도 못되고 정단도 아니고 사실은 엉거주춤한 상태로서 마치 모래톱에 걸린 난국에 처해있지 않나 생각합니다. 따라서 기도하기는 율법적이고 폐쇄적인 교리를 수정할 수 있는 용기가 있기를 바랍니다.「안식일 교회」의 특수 교리라는 것은 결국은 비복음적이며 그리스도께서 허락하신 자유 대신 다시 종의 멍에를 지우는 갈라디안주의와 다를 바가 없어 보인다(갈 5:1)는데 문제가 있습니다. 저는 구원론을 중심으로 하여 이 특수 교리에 해당되는 교리들에 오랫동안 관심을 가져왔습니다. 따라서 다각적으로 연구하면서 타 교단의 연구가들이 비판한 국내외 서적들도 뚫어지게 살펴보았습니다. 저는 참으로 진실하게 객관적으로 그 내용들을 살피고 성경적으로 검증해 가면서 읽었습니다. 아니 분석해 봤다고 하는 것이 정확할 것입니다.

그 이후 어느 날, 진용식 목사님이 안식교에 있다가 경계를 넘어 장로교로 자리를 옮겼다는 것을 알게 되었고 진용식 목사님을 알고 있는 안식일 교회의 사람들에게 물어보면 그들의 한결 같은 평은 모두 악평이었습니다. 저는 그가 자리를 옮기게 된 핵심이 무엇인지 본인을 만나 깊이 알아보기로 했습니다. 여러 가지 마음의 저항들과 처해진 환경들과 입지들이 겹쳐서, 또 목사로서 심리적 부담이 컸지만 진정한 구원의 도에 대한 목마름은 나를 점점 더 깊게 몰아갔습니다.

진목사님을 만나서 얘기를 나누고 책을 읽어보고 내린 결론은 다름 아닌 구원에 관한 깨달음을 새롭게 얻고 마침내 진정한 복음을 발견하고 전한 것 때문에 안식교를 떠날 수밖에 없었다는 것입니다.

그 후 여러 책들과 테이프들로 된 구원론을 들으면서(자존심이 상해서 거부반응이 일어나는 부분도 있었지만) 구원론과 관계된 용어들을 새롭게 정리하게 되었습니다. 똑같은 단어를 사용하고 있어도 담고 있는 내용과 의미가 다르다는 것을 알았습니다. 구원의 확신, 심판회개, 죄용서, 거듭남 칭의 율법 등등…. 익숙치 않은 단어가 없지만 새롭게 정리를 하게 되면서 그 동안 안개 같이 희미했던 것이 벗어지는 것도 느끼게 되었습니다.

무엇보다 성경을 보는 성경관- 성경을 율법의 책으로 보느냐? 비유의 책으로 보느냐? 윤리도덕 책으로 보느냐? 약속의 책으로 보느냐?-에 따라 신앙의 색깔이 달라진다는 내용은 참으로 와 닿았습니다. 「안식일 교회」에 살면서 나 자신을 포함하여 많은 신자들이 성경은 마땅히 철저하게 순종해야 할 율법 책으로 보고 또한 따라서 지켜야 하는 계율로 가르침 받았는데 믿기만 하면 되는 약속의 책이라는 것이 신선하게 와 닿았습니다.

전적인 하나님의 은혜로 받는 '구원'에 대하여 다음과 같이 정리해 봅니다.

- 예수 그리스도의 십자가의 피로 용서받은 것은 우리의 과거의 죄 뿐 아니라 미래의 죄까지 포함된 것이다.
- 구원은 이미 과거에 얻었으며 은혜로 얻은 구원은 영생이기 때문에 취소될 수 없다.
- 욥의 고통 역시 이유 없는 고난이 아니라 지극히 율법적인 신앙

을 치료하시기 위한 하나님의 손길이었으며, 율법 의식의 틀과 엄위에 거하던 욥이 인자의 하나님 품에 안기는 하나님의 사랑의 과정이었다.(나의 의문을 푸는 실마리가 됨)

진정한 구원 안에는 쉼과 평안, 그리고 구원을 감사하고 찬양하고 기뻐하는 삶이 있다는 것을 알았습니다. 또한 하나님과 사람을 사랑하고 나누는 풍성한 삶 가운데 예수 그리스도의 인격과 삶을 닮아가고 그분의 재림을 기다리는 그리스도인의 삶이 가치 있는 인생이라는 것을 알게 되었습니다.

「안식일 교회」가 저를 배신자로 보든 배교자로 보든 나는 예수님을 배신한 적이 없으며, 더구나 믿음을 배교한 적은 더더욱 없습니다. 은혜와 율법이 섞여 있던 시각에서 오직 은혜만을 의지하는 시각으로, 율법 안에서 복음을 봤던 시각에서 복음 안에서 율법을 봄으로써 율법을 상대화 할 수 있게 되었습니다. 따라서 저의 믿음은 갱신을 입은 것이며, 타락이나 배교나 개악(改惡)이 아니라 맑고 밝은 개선(改善)을 이뤘다고 생각합니다. 오직 예수의 십자가, 오직 은혜만을 최고의 가치로 두어야 한다는 나의 믿음을 실제 삶으로 옮겨야겠다는 각오를 하고 몰아치는 수많은 어려움 속에서 결단을 내린 것입니다.

저는 저의 사랑과 추억과 40년이 넘는 인생이 고스란히 담겨있는 「안식일 교회」와 그 안에 알고 있는 사람들은 여전히 그리운 사람들입니다. 복음의 도에 대해서는 양보 없는 분석으로 선명하게 밝히되 사람들을 악의적으로 자극하거나 비난하고 싶은 생각은 하나도 없습니다.

기회가 되면 주께서 주신 은혜를 따라 복음에 대한 진실한 이야기를 깊은 마음으로 나누고 싶은 생각뿐입니다. 복음이 주는 진정한 안식을 가슴에 품고 행복해 하는 안식교회 성도들로 거듭나기를 바랄 뿐입니다.

그리고 서로 강단을 교류하기에는 현실적인 장벽이 너무 커서 현재는 상극의 관계에 있지만 개신교와 「안식일 교회」가 주변적인 것들에 메이지 않고 복음에 대한 일치를 이루어서 상생의 관계가 되기를 기도합니다. 다윗이 만약에 형들과 싸웠더라면 골리앗과는 싸워보지도 못했을 것입니다. 「안식일 교회」가 개신교회와 상극의 관계를 청산하고 상생의 관계가 되어서 골리앗 같은 사탄의 진지, 종교 다원주의, 혼합주의, 세속주의 물량주의와 싸워 하나님의 나라를 넓혀가는 동역 교단으로 쓰임 받는 것이 제 평생의 기도 제목입니다.

지금의 저보다 훨씬 더 척박하고 힘든 환경이었을 텐데 단신으로 뛰어나와 교회를 세우고 복음의 사역을 오늘까지 감당하시는 믿음의 선배이신 진목사님에게 감사드리고 더욱 더 새로운 변화를 거듭하는 선교의 장이 되도록 주께서 함께 하시기를 기도합니다. 언젠가 진목사님이 보낸 성탄카드를 제가 3월 봄까지 간직했던 것도 기억이 납니다.

더불어 기도와 관심으로 보살펴 주시고 물심양면으로 도와주신 빛과소금교회 최삼경 목사님에게도, 4년을 넘게 잊을만 하면 전화를 주신 이평강 장로님에게도 감사를 드립니다.

🌿 구원의 확신에서 오는 감격으로 삽니다

왕이석(상록교회 장로)

저는 청년 때 안식일교회의 전도 집회에 참석하면서 안식일교회 교인이 되어 13년 동안이나 안식일교회에 다녔습니다. 안식일교회에서는 오직 안식일교회 교인만이 남은 무리이며 참 진리의 교회라는 것을 배우고 철저히 안식일을 지키고 채식생활을 하면서 평택 안식일교회에서 수석 집사로 신앙생활을 하였습니다.

그러나 항상 마음에 부담이 있었던 것은 '완전한 성화(품성변화)' 그것이었습니다. 율법의 행위로 완전하게 성화되어야 천국에 갈 수 있다는 교리에 의하여 성화 되기 위해 열심히 노력했으나 구원의 확신과 기쁨을 얻을 수 없었습니다. 왜냐하면 행함으로 구원을 얻는 것이 아니기 때문입니다.

완전한 성화를 위해서 모든 것을 포기하며 시골 생활을 하려고 준비하는 중에 진용식 목사님을 만나서 구원의 복음을 듣고 율법의 행위로 구원을 받는 것이 아니고 오직 예수 그리스도를 믿음으로 확실히 구원받는 것을 새롭게 깨닫고 안식일 교회에서 나오게 되었습니다.

구원의 복음을 듣고 구원의 확신을 얻은 저는 감격과 놀라운 기쁨을 누리게 되었으며 하나님의 참 사랑을 깨닫게 되었습니다. 지금은 진용식 목사님이 담임하는 상록교회의 장로로서 감사하는 마음으로 신앙생활을 하고 있습니다.

🌱 어리석은 주장이라는 것을 깨닫게 되었습니다

조인숙

저는 신앙이 전혀 없는 가정에서 자라나 초등학교 시절 친구 따라 교회를 잠시 다닌 적이 있으나 신앙이 없는 불신자였습니다.

제가 중학교 3학년 되던 해 어느 날이었습니다. 집으로 여호와의 증인들이 찾아왔습니다. 여호와의 증인들은 중학교 3학년이었던 저에게 간절하게 성경공부를 권하였습니다. 남의 부탁을 잘 거절하지 못하는 성격이었던 저는 여호와의 증인의 집요한 권유에 거절을 못하고 성경공부를 하게 되었습니다. 이것이 제가 여호와의 증인에 첫발을 디디게 된 계기였습니다.

부모님 몰래 성경공부를 하기 시작했고, 여호와의 증인의 교리 책 한 권을 마칠 때 쯤 왕국회관이라는 곳에 가서 집회도 참석했습니다. 성경에 무지했던 저는 그들의 교리를 그대로 흡수하고 받아들이게 되었고 여호와의 증인의 교리에 세뇌되어 여호와의 증인 신도가 되었습니다.

여호와의 증인의 교리는 철저하게 율법을 지켜야 구원받는다는 율법주의, 행위주의의 구원론이었습니다. 여호와의 증인 신도들은 구원받기 위해서 율법을 준수하고 철저히 헌신하는 삶을 살게 됩니다. 여호와의 증인에서는 자신들의 교리적인 행위에 벗어나게 되면 제명을 하기도 했습니다.

당시 여호와의 증인들은 1914년 제1차 세계대전을 본 세대가 다 죽기 전에 아마겟돈 전쟁이 일어나 많은 사람들이 죽게 될 것이며, 세상의 모든 정부는 없어지고 이 세상은 여호와의 증인의 왕국으로 통일 될 것이라고 하였습니다.

이 세상은 아마겟돈 전쟁으로 여호와의 증인만이 살아남아 이 땅이 지상낙원이 되어 젊음을 유지하며 늙지 않고 영원히 살게 된다는 교리를 배웠습니다. 여호와의 증인의 이러한 교리를 배운 저는 이 세상이 이제 얼마 남지 않았다고 생각하고 여호와의 증인 신앙에 열심을 내었습니다.

그리고 특히 새롭게 느끼며 배웠던 교리는 사람이 죽으면 영혼도 함께 죽는다는 교리이며 영혼이 죽고 없기 때문에 지옥도 없다는 교리였습니다. 사랑의 하나님이 영혼들을 지옥에서 영원히 고통 받게 하시겠느냐는 것입니다. 이러한 교리들을 배운 저는 여호와의 증인 교리만이 진리임을 확신하였습니다.

일 년여의 시간이 흐르던 중 부모님에게 발각이 되어 심한 반대에 부딪혔습니다. 어린 나이였던 저는 부모님의 반대에 이기지 못하고 어쩔 수 없이 도중에 포기하고 여호와의 증인 모임에 가지 못했습니다. 그러나 여호와의 증인에서 배운 교리들은 그대로 가지고 있었던 것입니다. 이것이 저의 여호와의 증인의 1차 신앙생활이었습니다.

그 후 시간이 흘러 저는 결혼을 하게 되고 남편의 권유로 교회에 나가게 되었습니다. 교회에 다니면서도 바른 신앙을 가지지 못하고 여호와의 증인의 교리가 옳은 것으로 생각되고 있었습니다. 교회에 다니면서 은혜를 받지 못하고 십일조 생활에도 부담을 느끼게 되었습니다.

첫째 딸이 백일이 지날 무렵 여호와의 증인이 저의 집으로 전도를 오게 됐습니다. 제 마음속엔 여호와의 증인만이 참 종교라는 생각이 있어서인지 그들과 대화를 하게 됐고, 다시 성경공부를 시작하게 됐습니다. 특히 십일조 제도는 폐지되었기 때문에 십일조를 드릴 필요가 없다는 여호와의 증인의 말에 더 마음이 끌렸습니다. 남편 모르게 여호와의 증인의 집회도 나가기 시작했고 전도도 함께 따라다니기도 했습니다. 이제 다시 확실한 여호와의 증인이 된 것입니다.

여호와의 증인들은 전도하는 시간 양에 따라서 직급처럼 명칭이 붙습니다. 직급이 높을수록 시간을 채워야 하는 양이 많아질 수밖에 없습니다. 전도를 잘하기 위해서 각자 준비를 해오면 집회시간에 앞에 나가 실전처럼 대사 연기를 하며 철저하게 훈련을 합니다.

저는 앞으로 세상이 얼마 남지 않았다는 생각으로 지상낙원을 기대하며 열심히 활동하였습니다. 전도를 열심히 하던 중 남편이 알게 되었습니다. 남편은 철저하게 반대하였지만 저는 여호와의 증인을 다시 포기할 수가 없었기에 남편과 계속 싸울 수밖에 없었습니다. 그렇게 싸우며 힘겨운 날들을 보내던 중, 남편은 이단상담을 하는 상록교회를 알게 되었습니다. 남편이 상록교회 이단 상담소에 상담을 신청했고 저는 이단상담을 받게 되었습니다.

이단상담을 통해 여호와의 증인의 교리 반증을 차근차근 듣기 시작하면서 굳게 믿고 있던 확신이 무너져 내렸습니다. 삼위일체, 재림, 왕국, 피 문제 등 여호와의 증인 교리가 터무니없는 그들만의 어리석은 주장이라는 것을 깨닫게 되었습니다. 그리고 성경을 한 부분 한 구절만 보는 게 아니라 전체적인 내용과 맥락을 봐야한다는 것을 알고 보니 여호와의 증인의 교리가 잘못된 것임을 확실히 알게 되었습니다.

특히 이단상담을 통하여 복음을 듣게 되었고 예수님께서 나의 죄를 속죄하시기 위하여 나를 위해 죽으셨다는 사실을 믿게 되었습니다. 저는 십자가의 구속을 나의 것으로 받아들이고 구원을 받게 되었습니다. 오직 나의 유일한 구원자 되시는 예수님을 나의 구주로 영접한 것입니다. 저는 여호와의 증인에서 구원받은 그리스도인이 되었습니다. 철저하게 율법을 지키고 실적을 쌓아야 구원을 받는다는 여호와의 증인들은 구원의 은혜를 알지 못합니다. 행위주의자, 율법주의자였던 저를 은혜로 구원해 주신 하나님을 찬양합니다. 저의 어리석은 선택으로 인해 부모님 가슴에 못을 박았고, 남편의 마음도 너무 아프게 해 정말 미안하고, 포기하지 않고 견뎌줘서 고맙습니다.

구원은 나의 행위가 아닌 예수그리스도를 믿음으로써, 전적인 하나님의 은혜로 받는다는 복음을 깨닫게 해주신 하나님께 감사와 영광을 돌립니다.

Ⅶ. 구원파 회심간증
🍃 구원의 확신이 있어야 구원파에 흔들리지 않습니다

이민수 (가명)

저는 구원파에서 회심한 이민수 전도사입니다. 구원파는 오늘날 많은 성장을 하면서 정통교회에 위협을 주고 있습니다. 저는 박옥수 씨의 구원파에 미혹되어 약 2년간 있으면서 구원파에서 운영하는 기쁜소식선교회의 영업부장으로 활동하였습니다. 구원파에서 충성하다 보니 박옥수씨에게 인정받아서 구원파의 목회자를 길러내는 구원파 신학교인 선교학교에 입학하라는 특별 배려도 받아놓은 상태에 있었습니다.

그러나 구원파가 비진리이며 이단 집단이라는 것을 깨닫고 구원파에서 나오게 되었고 진용식 목사님을 만나서 바른 복음을 배우고 국제신원에서 M.Div 과정을 졸업하고 상록교회 전도사로 섬기고 있습니다.

저는 어려서부터 교회생활을 하다가 아내와 1987년 4월부터 1988년 9월까지 구원파라 부르는 대한예수교침례회에서 신앙생활을 하게 되었습니다. 그들은 상담과정에서 저에게 구원받았느냐고 물었습니다. 구원을 받았다고 답변하자 죄를 지으면 어떻게 하느냐고 다시 물었습니다. 저는 믿음으로 말미암아 하나님의 자녀가 되었지만 이제 자녀로서 죄를 지은 것이므로 하나님 앞에 용서를 비는 기도를 드린다고 했습니다. 그러자 그분은 저에게 구원을 받지 못했다고 하면서 죄가 있으면 지옥에 간다고 했습니다.

저는 석연치 않은 점이 있었으나 계속 그 교회에 출석하게 되었는데, 나중에 알고 보니 그 교회는 잘못된 교리를 갖고 있는 구원파였습니다. 그곳에서는 우리 인간이 얼마만한 죄인인가를 성경을 통해서 설득하기 위해 주로 다음 말씀을 자주 인용합니다.

〈창 6:5〉"여호와께서 사람의 죄악이 세상에 관영함과 그 마음의 생각의 모든 계획이 항상 악할 뿐임을 보시고"〈막 7:21〉"속에서 곧 사람의 마음에서 나오는 것은 악한 생각 곧 음란과 도적질과 살인과 간음과 탐욕과 악독과 속임과 음탕과 흘기는 눈과 훼방과 교만과 광패니 이 모든 악한 것이 속에서 나와서 사람을 더럽게 하느니라"

그 외에도 구원파에서는 〈요한복음 4장〉에 나오는 사마리아 여인이나 나아만 장군 이야기 등으로 먼저 자신이 죄인이라고 인식하게 하고 바로 예수 그리스도의 은혜로 죄 사함 받았다고 증거한 뒤 이제는 죄가 없다고 가르칩니다. 그리고 나서 자신이 의인이 된 것을 시인

하게 한 뒤 죄인이라는 용어조차 평생 동안 사용하지 않습니다.

그들은 어떤 죄를 범하고 나서 "나는 이번에 이러한 잘못을 했는데, 나는 이럴 수밖에 없는 사람이다"라는 식으로 자신의 잘못을 드러내는 것이 전부이며, 그 죄를 뉘우치고 회개하고 눈물 흘리는 경우가 없습니다. 그곳에서 증거하는 구원은 죄 사함을 깨닫는 하나의 공식과 같이 통용되었고, 자신이 진정한 죄인임을 인식하고 인격적으로 주님을 만나는 과정이 아님을 느꼈습니다.

하나님의 자녀가 되고 구원받은 사람도 죄를 지을 수 있으므로 지은 죄에 대하여 하나님께 자백하거나 회개해야 한다는 가르침 자체가 없습니다. 그리고 이제 구원받은 하나님의 자녀가 되었으니 주님을 닮아가야 하고 하나님의 말씀과 법을 지켜야 한다고 하는 말씀이 없기 때문에 처음에는 구원받았다고 기뻐하고 좋아하는데, 조금 지나면 방종에 빠지는 이상한 형태의 사람이 되어갑니다. 그리고 구원을 받으면 이제 성령의 인도를 받도록 해야 하는데, 그곳 목사나 전도사가 시키는 대로 생활하고 지도자들이 지나치게 성도의 생활에 간섭하고 있습니다. 또한 제가 경험한 바로는 구원파에서는 다른 교회에서 받은 구원은 일체 인정하지 않고 있습니다. 그들은 어떻게 해서든 정통교회에서 구원받았다는 사람들의 마음을 흔들어서 자기 입으로 구원받지 못했다고 시인하게 만듭니다. 그리고 다시 자기들이 주로 사용하는 말씀을 전해서 구원받게 하고 있습니다.

그곳에 빠진 사람들 100퍼센트가 한결같이 하는 간증은 "내가 장로교회, 감리교회, 성결교회, 침례교회 등에서 10년 혹은 20년 신앙생활을 하고, 집사, 혹은 장로가 되기까지 한 번도 구원을 받아야 한다거나 구원을 받았느냐고 질문하는 사람도 없었고 가르쳐 주는 사람도 없었는데, 이 교회에 와서 복음을 듣고 구원을 받았다"고 합니다.

　제가 그곳에 있을 때 일어났던 일들을 몇 가지 더 말씀드리면, 그들은 친지나 이웃의 결혼식이나 잔치 같은 경조사에 가지 못하게 합니다. 그런 경조사에 가는 사람은 육신적인 사람이라고 매도했습니다. 어떤 성도가 병이 들어 집에 있다는 이야기를 듣고 성도가 병문안을 가려 하면 가지 못하게 하고, 하나님 앞에 깨닫게 놔두라면서 아주 냉정한 태도를 보였습니다. 사역자 부부, 교인들끼리 싸움을 자주 하는 편인데, 그들은 상대방을 지적해 주는 것이 사랑이라고 생각하고 있습니다.

　박옥수씨의 구원파에서는 헌금을 지나칠 정도로 많이 강조 하는데 그 이유를 알게 되었습니다. 처음에는 자기에게 있는 돈을 가지고 헌금하지만 계속 내다보면 돈이 바닥나게 되는데 그래도 헌금을 계속 강조하면 그 때는 하나님께 기도하게 된다는 것입니다. 그럴 듯해 보이지만 결국 성도들은 헌금을 하느라 지치게 됩니다.

　시집가지 않은 자매들은 자신을 위한 저축은 거의 못하면서 헌금하고 있습니다. 제 조카는 지금도 그곳에 다니고 있는데 직장생활을 하면서 집에 월급을 한 번도 가져오지 않았고 시집갈 때가 되었는데 저축한 돈이 한 푼도 없어서 결국 부모님의 도움으로 혼수 비용을 마련해 결혼했습니다. 그렇게 헌금을 강조할 수밖에 없는 이유는 선교학생이 6개월이나 일 년이면 배출되는데, '한 교회 개척하기 운동'을 하여 헌금을 지속적으로 작정하게 만들기 때문입니다. 그 외 여러가지 프로젝트에 물질의 헌신을 하게 하므로 그곳 교인들의 주머니는 항상 비어 있을 수밖에 없습니다.

　그 교회는 구원 일변도로만 말씀을 증거하고 일상생활에 관해서나 성도의 변화와 성장에 관한 말씀을 거의 전하지 않아서 오랫동안 신앙생활을 해도 야생마같이 절제와 성장이 없는 편입니다. 그리고 그곳은 박옥수 목사 한 사람의 일인 집권체제로 운영되고 있습니다. 사역하고 있는 목사나 전도사가 교회와 본인의 의사와 상관없이 2~3일의 여유를 주고 어느 교회로 가라고 하면 아무 말 없이 떠나는 광경을 보았습니다.

그곳엔 선교학교라고 불리는 신학교가 있는데 그곳에 들어가려면 우선 지역 교회 사역자의 추천이 있어야 합니다. 일단 추천을 받아서 선교학교에 가게 되면 앞서 자기의 재산을 다 정리하고 온 가족이 함께 선교훈련을 받는데 거의 다 헌금으로 바치고 선교학교에 들어옵니다. 그러나 훈련 과정에서 은사가 없는 것으로 드러나면 결국 그곳에서 나오게 됩니다. 헌금한 돈을 돌려받지 못하고 빈손으로 나와서 어렵게 생활하는 것을 보았는데 제 생각에 다 주지는 못하더라도 헌금액의 반이라도 돌려줘서 생활을 꾸려나가도록 하는 것이 도리라고 봅니다.

그리고 그 교회에 다니다가 안 다니면 다른 교회는 거의 나가지 않는 게 현실입니다. 잘못된 구원이지만, 그곳에서 받은 구원만이 확실하다고 믿고 있기 때문에 다른 교회에 나갈 생각을 하지 못하는 것이지요. 이요한, 유병언씨의 구원파 출신들도 구원파를 떠나게 되면, 그 후 교회를 등지고 다른 교회에 나가지 않고 다른 이단을 전전하든지, 아니면 집에서 혼자 생활을 하고 있는 것으로 알고 있습니다.

구원파 교회에서는 해마다 여름 수양회를 열고 있습니다. 그 때는 무슨 일이 있어도 모든 교인이 가야 한다고 강조하기 때문에 지하철 공사에 다니던 어떤 형제는 회사에 사표를 내고 여름 수양회에 참석했습니다. 그 형제는 나중에 직업이 없어져서 전전긍긍하다가 결국 영업용 택시를 하더니 교회에 안 나오더군요. 어느 날 그를 만나 구원의 확신에 대해서 물어봤더니 답을 못했습니다.

제가 그곳에서 나오게 된 것은 구원파 지도자들에게 크게 실망했기 때문입니다. 그들은 교인들에게 〈히 13:7〉의 "하나님의 말씀을 너희에게 이르고 너희를 인도하던 자들을 생각하며 저희 행실의 종말을 주의하여 보고 저희 믿음을 본 받으라"고 권면하고 있습니다. 그런데 사랑이 없고 신앙의 본을 보이지 못하는 그들의 모습을 보고 의심하던 중 결국 그들의 구원관에 문제가 있다는 사실을 알게 되었고, 우리 내외는 더 이상 유익이 없는 신앙생활을 할 수 없어 그곳을 떠나기로 결심했습니다. 우리가 거기서 나올 때 그들은 여러 가지 말로 그곳에 머물도록 설득했습니다. 심지어 거기서 나오면 우리가 저주를 받을 수 있다고 말했습니다. 그러나 저는 그 말에 개의치 않고 나왔습니다. 박옥수 목사가 저는 원래 구원받지 못한 사람이라고 했다는 소식을 들었습니다.

간증을 마치면서 정통교회 목사님들께 감히 한 말씀 드리고 싶습니다. 주님의 분명한 복음을 공적으로, 개인적으로 자주 전해주시고 성도들에게 구원의 확신이 있는지 개인적으로 꼭 점검해 보시고 분명한 구원의 확신을 심어주시기 바랍니다.

성도들이 하나님과의 관계를 분명히 맺어갈 수 있도록 인도해주신다면 구원파에 흔들리지 않는 신앙생활을 할 것으로 생각합니다. 그곳 사람들은 상상을 초월할 정도로 조금만 틈이 있으면 기존 교회에 침투하여 성도들을 흔들어 놓을 것입니다. 큰 병에 걸린 후 치료하려면 힘들고 후유증이 크기에 예방이 무엇보다 중요하다는 말씀을 드리고 싶습니다.

🌱 균형 잡힌 복음을 듣고 있음에 감사합니다"

이하슬 (가명)

　대학 휴학 중 해외 경험을 쌓으려고 해외 봉사를 알아보던 중이었습니다. IYF라는 단체에서 대학생 대상으로 해외 현지(거의 가난한 영어권 나라) 봉사자를 모집했고, 자금도 적게 들었기 때문에 설명회에 참석하게 되었습니다. 사실 그 설명회는 박옥수를 대표로 하는 구원파 대학생 신도들이 단체로 모여서 구원파 설교를 듣고 구원파가 하는 활동들을 소개하는 등의 순서로 되어 있었습니다.

　당시엔 이단에 대한 정보도 없었고, 구원파라는 이단은 들어보지도 못했습니다. 박옥수씨의 죄와 회개에 대한 설교를 듣고 기존 교회에서 들어보지 못한 성경진리를 깨달았다는 착각(당시엔 큰 충격과 깨달음이었음)에 빠지게 되었고, 집에 돌아와서 다니던 감리교회에 출석했는데, 그날 설교를 듣고 담임목사님이 성경의 요지를 벗어나 말씀을 잘못 가르치고 있다고 확신하게 되었습니다. 그래서 가까이 지내던 집사 권사 장로님들의 권유를 뿌리치고 교회를 다신 나가지 않겠다고 선언했습니다.

　그 후, 기쁜소식 선교회(구원파가 만든 교단) 소속의 한 교회에 출석하게 되었고, 엄마의 강력한 반대에도 불구하고 구원파에서 개최하는 일주일간의 캠프에도 참석했습니다. 토요일마다 청년 모임에 참석해서 전도사로 보이는 사람의 인도하에 대학생들끼리 모여 모임도 가졌습니다. 처음에는 확실한 진리라고 믿었었는데 성경에 대한 질문에 전도사가 잘 대답하지 못하는 것이나, 구원파 안에서 자랐으나 믿음이 없는 대학생들, 두 시간의 설교 내용이 대부분 본인의 경험을 간증하는 것이 속으로 내심 이상하게 여겨지기 시작했습니다.

그럴 때 쯤, 엄마가 친한 권사님과 함께 서울에 가자고 갑자기 강권하셨고 마지못해 따라간 곳이 진용식 목사님의 안산 상록교회였습니다. 죄와 회개가 구원파에서만 이야기 하는 것이 아니라, 그것이 본래 정통 기독교 진리였다는 것을 알게 되었고 이단 상담을 받으면서 기존교회에 대한 의구심과 배신감을 조금 씻어낼 수 있었습니다.

상담소와의 거리가 꽤 있었지만 개종교육 후에도 지속적으로 상록교회에서 말씀을 들었고, 특히 청년모임과 주일 오전 오후 말씀, 당시 청년담당이었던 목사님과의 교제로 구원파의 잘못된 점들을 점점 더 깨달아갈 수 있었습니다.

구원파는 기존교회에 실망한 사람들이 죄와 회개에 대한 설교를 듣고 강력하게 깨우쳐지는 느낌이 강하기 때문에 한번 빠지게 되면 다시 바른 교회로 돌아오기가 쉽지 않습니다. 다행히 빠져 있던 기간이 짧았고, 또 이상한 점들을 느끼고 있었기 때문에 엄마의 권유를 강력히 뿌리치지 않았던 것 같습니다.

지금은 정통 기독교 신앙의 균형 잡힌 복음을 듣고 있음에 감사하고 있습니다. 이단에서 나오게 해주시고 여기까지 이끌어 주신 하나님께 영광을 돌립니다.

🌱 구원론을 들으며 구원파의 문제점을 깨닫게 됐습니다

이은수 (가명)

저는 '기독교 복음침례회'라고 하는 구원파에서 1977년부터 2008년 8월까지 약 30년 동안 교주를 섬기고 종노릇하다가 하나님 품으로 돌아왔습니다. 1977년, 친누나의 소개로 목포 집회에 참석하였고, 그 후 구원파의 교리를 배우고 구원의 확신을 얻었다고 기뻐하며 구원파의 신도가 되었습니다. 그들은 '진짜복음'은 자기네 구원파에만 있고 자신들만이 성경을 사실대로 가르친다고 합니다.

저는 이러한 구원파의 교리에 빠져서 구원파에서 운영하는 한강 유람선 선장을 하였고, 교주 유병언의 집으로 이사하여, 저의 아내는 교주의 집 주방일을 하고 저는 교주의 차 운전과 심부름을 해주는 등 종처럼 충성하고 살았습니다.

교주 유병언은 교인들의 돈을 착취하고 끌어모으려는 교묘한 수법으로 성경을 이용하고(통용) 그 뒤에는 회사를 운영하면서 자금 담당 여비서를 통해 교인들을 부추겨 재산을 착취하였습니다. 이렇게 하여 교인들의 가정은 피폐해가고 상당수 파괴되어갔습니다. 그들은 교주 유병언 말이라면 신처럼 받들었습니다.

1982년 말부터는 그들이 말하는 통용을 한다고 자기 집 재산뿐만 아니라 친척, 친구, 이웃들의 돈까지도 가져다가 교주에게 바치는 사례가 많았습니다. 이렇게 하여 결국 빚잔치를 하게 된 사정으로 괴로워하는 한 아가씨가 있었는데 저의 마음은 그 아가씨에게 자꾸 끌렸으며 뭔가 도와주고 감싸주고 싶었고 결국 사랑이 싹트게 되어 수년 후에 가진 것 없이 우리 두 사람은 한 가정을 이루게 되었습니다.

그러나 구원파 맹신도였던 저희들은 통용파에 속해 살다보니 그들의 간섭을 많이 받았고 나중엔 부부생활을 하지 않고 깨끗한 마음으로 하나님을 섬겨야 된다면서, 우리 가정을 압박하였고 이러한 광신도들의 감시와 부추김, 강요 속에서 법적 이혼도 한 적이 있습니다.

1997년 7월 말 즈음에 교주의 또다른 자금담당 여비서가 우리 가정에 접근하여 우리의 재산을 쓰겠다는 것입니다. 그때는 이해되지 않았지만 또 달콤한 유혹에 빠져 당시 전 재산 4300만원을 교주에게 바치고, 교주 사택 아랫집으로 들어가 종노릇으로 약 7년이라는 긴 세월을 살게 되었던 것입니다.

우리는 교주의 사생활과 문제점에 대해 누구보다 더 잘 알고 있었지만 남의 죄에 대해서는 상관하지 않으려는 마음에 어떻게 해야 될지 몰랐었고, 한편으로 교주의 전 여비서가 우리 가정에 큰 문제를 일으키게 되어 교주에게 이 사건을 어떻게 처리할 것인지에 대해 의도를 물어봤으나 사건을 숨기고 회피하며 오히려 직간접적으로 "다친다"며 협박 하였습니다.

저는 그리스도인으로서 이러한 사건들을 보면서 도저히 그 집단과 함께 할 수가 없어 2008년 8월 초순경 구원파 회사에서 맡은 일을 다 버리고 가족을 데리고 무작정 떠나왔고 그들과 다시는 연관되고 싶은 생각과 마음조차도 없었습니다. 그들은 큰 죄에 빠져 하나님을 무서워하지도 두려워하지도 않는 불쌍한 존재들이었습니다.

그 후, 구원파는 맹신도들을 동원하여 수단과 방법을 가리지 않고 저의 친인척등을 위협하고 포섭하였으며 경찰, 검찰, 법조인들을 매수하여 사건을 은폐 조작하고 우리가족을 정신병자라고 내몰았습니다.

이러한 어려움 속에서 우리는 상록교회 정윤석 전도사님의 인도로 진용식 목사님을 알게 되었고 상록교회에 나오게 되어 목사님의 시편 설교를 듣게 되었습니다. 때마침 제가 이러한 시련 속에서 시편을 상고하고 있던 중이었기에 진용식 목사님 설교가 저희에게 너무나 힘이 되었고 다윗의 어렵고 힘든 삶과 하나님을 의지하는 마음을 나의 삶과 마음에 비춰 보는 계기가 되었습니다. 그리고 힘을 얻게 되어 구원파 교주와 집단의 만행에 피하기만 하지 않고 대처할 수 있는 계기가 되었습니다.

진용식 목사님의 구원론을 듣게 되던 중 구원파의 교리적 문제점과 세상적인 타락상에 대하여 명확히 깨닫게 되었습니다. 그들은 살면서 짓는 죄의 회개는 별로 중요하게 다루지 않으며 십일조를 강요하지 않는다면서 여러 사업체를 운영하며 그 구실로 더 많은 헌금을 걷고 있고, 헌금을 많이 내는 교인을 믿음의 척도(성화)로 부추기고 있습니다.

그리고 구원파 교인들에게는 재산을 헌금받아 사업체를 운영하면서 마치 개인의 재산처럼 운용하고 있으며 회사 물품 및 재고식품들을 내부 구매하도록 유도하며 헌금 등을 강요하고 있는 실태입니다.

그들은 우리 자녀와 가정을 망쳐놓고도 오히려 없는 사실을 조작하여 고소해온 사건들을, 우리 상록교회 목사님과 성도님의 도움을 받아 하나하나 해결해 나가고 있습니다. 저는 이제 하나님과 살아계신 성령님만을 마음에 모시고, 성도님들의 기도에 힘입어 담대히 싸워 세상에서 승리하는 그날까지 전진해 나갈 것입니다. 고맙습니다.

VIII. 연세중앙교회 회심간증

김영원 외 1명

🍃 다른복음 즉, 갈라디안주의 바로 그것이었습니다

김영원(가명)

할렐루야! 저는 연세중앙교회를 2006년 5월에 등록하여 2016년 4월에 탈퇴하였습니다. 지방에서 장로교 통합측에서 신앙생활을 하다가 학교를 마치고 상경하여 등록한 곳이 연세중앙교회였습니다. 저는 전도와 기도생활을 열심히 하는 그 교회가 좋은 교회라고 생각하며 성도들의 신앙적 갈구를 채워주는 곳으로 여기게 되었습니다.

윤석전 목사는 설교 때 병은 마귀, 죄로부터 온다 하여 질병을 의학적인 것이나 병원 약으로 다루려 하면 믿음이 없다 하였고, 본인도 기도하여 병을 해결한다고 늘 말해왔습니다. 그러나 윤석전 목사는 암이라는 자신의 병 앞에서 5년간 저희를 통하여 한약과 산삼, 약, 침치료 등의 치료를 받았습니다. 설교 때 의학적인 것을 하였음에도 불구하고 안하였다고 하여 그의 인격에 대하여 의심하기 시작하였습니다. 특히 저와 연배가 비슷한 방집사라는 지인은 만성신부전이었음에도 불구하고, 윤목사의 말을 믿고 신장투석기를 빼어서 반신불수가 된 것을 보고 환멸감이 들었습니다.

이외에 수많은 사례를 종합해 볼 때 목사에게 깊은 실망감이 들었고, 집사람이 이 내용에 대하여 편지를 썼으나 윤석전 목사측은 아무 답변과 진정한 회개가 없이 이후에도 이런 내용의 거짓 간증을 했습니다. 이것이 연세중앙교회를 나오게 된 큰 계기가 되었습니다.

사람에 대한 신뢰가 깨지니 윤목사의 설교는 더 이상 들리지 않았습니다. 어느 교회로 갈까 고민하다가 CBS의 '신천지에 빠진 사람들'

에서 봤던 이단상담을 하는 안산 상록교회가 떠올랐습니다.

먼저 유튜브를 통하여 진용식 목사님의 구원론을 듣는 중 윤석전 목사가 전혀 다른 복음을 만들었다는 사실과 그곳이 이단이었음을 너무나 명확하게 이해할 수 있었습니다. 처음에는 연세중앙교회만 나올 생각이었지 안산 상록교회까지 다닐 생각을 못하였습니다. 유튜브를 듣고 나오게 된 게 너무 감사하여 진용식 목사님께 언제 한번 꼭 인사를 드려야겠다고 생각하던 차에 연세중앙교회에서 2명을 빼서 같이 이단상담을 받고 큰 은혜를 받아 상록교회에 등록하게 되었습니다.

그리하여 애굽의 엄청난 고역에서 해방되어 약속의 땅 가나안땅에 들어간 것같이 참된 안식을 찾았습니다. 연세중앙교회는 엄청난 율법주의, 행위구원, 자기신비주의, 다른 예수 다른 영, 다른복음 즉 갈라디안주의 바로 그것이었습니다. 잘못된 것은 알겠는데 무엇이 잘못인지 속 시원하게 찾아내지 못하였던 중 유튜브를 통한 구원론 강의 한 편만 들어봐도 쉽게 분별할 수 있었습니다.

연세중앙교회는 '영적인 것, 영적인 것' 하고 입에 달린 말이 이런 말이었습니다. 즉 영지주의입니다. 저는 이런 부분이 다니면서도 싫었습니다. 주님이 말씀하시길, "내 말이 곧 영이요 생명이라" 하셨는데 지금 생각해보면 너무나 엉터리입니다.

그곳은 예배 한번만 빠져도 지옥, 헌금만 안내도 지옥, 죄 하나라도 있으면 지옥이고 무엇을 잘못하면 마귀에게 모든 것을 전가시키는 귀신파, 회개파 이단임을 발견했을 때 어떻게 이런 곳을 내가 10여년이나 다녔을까 싶었습니다. 저희 부부가 연세중앙교회에서 활동도 많이 하고 워낙 충성분자였기에 저희가 나왔다는 소리를 들은 수많은 연세중앙교회 사람들이 큰 충격을 받았습니다.

저희가 이렇게 변한 것은 진용식 목사님 구원론 내용의 복음의 힘입니다. 그래서 저희 한의원에 오는 사람마다 그곳이 이단이라고 말하고 진용식 목사님 구원론을 꼭 들어보라고 강권하고 카톡과 문자를 링크하여 많은 연세중앙교회 사람들에게 보냈습니다. 이상함을 발견한 사람들은 그곳을 나가기 시작하였습니다. 구원론을 통하여 많은 영혼들이 율법주의의 두려움의 하나님을 사랑의 하나님으로 깨닫고 목자의 음성을 듣고 주님의 택하심을 더욱 알게 하였습니다. 구원의 확신을 회복하고 구원받는 영혼들을 볼 때 너무 보람이 있었습니다.

인상적인 예로는 연세중앙교회 설교를 듣고 정신분열까지 갔던 형제가 구원론을 듣고 많이 회복되는 사례였습니다. 한편 연세중앙교회에서는 큰 혼란에 빠져 우리와의 만남과 연락을 막기 위해 나갔던 모든 사람들에게처럼 누명을 씌우고 교회 10여 곳 정도에 출교문까지 붙여 저희와의 접촉도 못하게 하였고 심지어 길에서 마주치면 전염병이라도 옮는 것처럼 뒤돌아 도망가거나 투명인간처럼 대했습니다.

저희 한의원을 가지 못하게 교인들은 물론, 지역의 불신자들에게까지 엉뚱한 소문을 퍼트려 환자 수가 급격하게 줄었습니다. 그럼에도 불구하고 저희 부부는 그곳에서 나온 것에 감사하여 한의원이 연세중앙교회 전문 이단상담소처럼 되었습니다.

이번 기회를 통하여 저의 소명을 찾았습니다. 영혼을 구원하여 정죄 의식으로부터 해방되도록 이단에 빠져있는 영혼을 미혹에서 돌이키는 일을 해야겠다는 다짐을 하였습니다. 이단에 빠진 저를 사망에서 생명으로 옮기시고 율법주의에서 복음으로 진정한 자유함을 주신 하나님께 너무 감사합니다. 이번 기회를 통하여 택한 자를 포기하지 않으시는 하나님의 사랑을 절실하게 느꼈습니다.

🍃 복음을 듣게 하신 하나님의 사랑에 감사드립니다

홍하연 (가명)

저는 연세중앙교회를 2010년 추석성회를 계기로 입교하고 2016년 4월초에 출교하였습니다. 지방에서 감리교회를 다니던 저는 상경하여 가족들이 불교여서 우상숭배 한다고 가족들과 어울리지 않고 추석 명절 때 혼자이던 차에 기독교계 방송의 자막으로 연세중앙교회에서 추석 성회한다는 것을 보고 가서 연세중앙교회에 빠지게 되었습니다.

주변에서 연세중앙교회가 이단이라는 소리를 들어서 좀 찜찜하기는 했습니다. 그러나 누구도 왜 이단인지 설명해주지 못했고 아는 타교회 집사님께 물어보니 본인이 방송설교를 들어보니 예수 피와 십자가를 이야기하므로 이단이 아니라고 해서 그런가보다 하고 다녔습니다.

저는 2004년부터 쭉 한 감리교회에서 신앙생활을 했고 거기서도 영적전쟁 마귀 귀신역사 이런 것을 많이 이야기하는 분위기라서 연세중앙교회 와서도 이상하다고 생각하지 못했습니다.

연세중앙교회는 매일 와서 하루에 2시간 기도를 해야 했고 주일날도 아침 일찍부터 시작해서 밤10시가 돼서야 모든 스케줄이 끝나고 명절 쉬는 날이 거의 없이 집회며 성회가 있어 한눈 팔 사이 없이 그렇게 몇 년이라는 시간을 보냈습니다.

과도한 스케줄과 운동부족으로 연세중앙교회 다니는 동안 몸무게는 20키로 증가했으며 작년에는 과로와 스트레스로 자궁통증까지 와서 초음파 촬영 등을 해보았으나 이상이 없어 그냥 한약먹고 나았습니다.

윤석전 목사님은 거저 받았으니 거저 주어라 하는 성경말씀을 지킨다며 사례비를 안받고 청렴결백하기로 유명한 목사님이십니다. 어떻게 하루에 8시간 기도하고 자기 가족도 돌보지 않고 사례비도 받지 않고 그렇게 살까 참 존경스럽다, 너무 진실 되다, 영혼을 너무 사랑한다 하는 이유로 많은 사람들이 참으로 존경하는 목사님이십니다.

연세중앙교회 온지 얼마 되지 않아 연세중앙교회 다니던 남편과 결혼을 하고 몇 개월 후 한의원을 시작했습니다. 저는 그때도 목사님이 사례비도 받지 않고 참 불쌍하다고 생각해서 매달 200만원을 용돈이라는 명목으로 주었고 지병인 암이 있고 몸이 무척 약했던 윤석전 목사에게 산삼 약침과 한약이라는 명목으로 또 100만원 추가하여 토탈 윤석전 목사 개인에게만 300만원이 매달 들어갔습니다.

그때는 우리 목사님은 청렴결백하고 영혼사랑하고 불쌍한 목사님이니까 그렇게 생각하고 아깝다고 생각하지 않았습니다. 그런데 나중에 알고 보니 용돈은 저희한테만 받은 게 아니라 이사람 저 사람한테 다 받고 심지어 형편이 어려운 사람까지 목사님 용돈 준다고 아르바이트까지 해가면서 몇 십 만원씩 매달 주었으며 사례비는 안 받는 것이 아니라 사례라는 이름을 안 쓸 뿐이지 복지비 교육비라는 명목으로 더 큰 사례비를 받고 흰돌산 성회 1회 끝날 때마다 기천만원의 돈을 받는다는 것도 알게 되었습니다.

그리고 우연히 수원 흰돌산에서 목회자들을 모아놓고 설교하는 것을 들었는데 병만 낫게 해주면 헌금은 저절로 많이 걷힌다, 본인은 사례비 안 받아도 한 달에 수천만 원씩 용돈 들어온다 하는 소리도 들었습니다.

연세중앙교회에서는 모든 십일조를 매출의 십일조를 하라고 합니다. 저희도 매출의 십일조를 하였으며 학원 하는 한 집사가 와서 자기들은 매출의 십일조를 하면 남은 게 없는데 어떻게 하냐며 하소연하기도 했습니다. 윤석전 목사님은 오직 영혼의 때를 위하여 살라며 헌금하면 천국의 집이 커진다고 헌금을 많이 하라고 했습니다. 자기도 그래서 이 땅에 돈을 하나도 쌓아놓지 않는다고 하였으나 윤석전 목사님이 해외에 땅을 여기저기 사놓았으며 사모님 앞으로 된 아파트만 여러 채, 아들 명의로 된 교회건물 등 이 땅에서도 엄청난 부자라는 것을 알게 되었습니다.

참고로 연세중앙교회는 개교 이래 30년 동안 단 한 번도 재정 공개를 하지 않았습니다. 윤석전 목사님은 자기는 집도 없다 옷도 한 벌밖에 없다며 성도들의 엄청난 동정심을 항상 자극합니다. 교회에 본인 방 앞에 비품창고라고 떡 하니 붙여놓았으나 그곳의 내부는 7성급 호텔 못지않은 시설을 자랑한다고 합니다.

연세중앙교회 성도들은 전도 나갈 때 예수님을 증거하는 것이 아니라 우리 목사님은 옷도 없다, 신발도 한 켤레다, 집도 없다 고 하는 것이 전도 제목입니다. 그러나 실상을 아는 저는 참 씁쓸했습니다.

저희 부부가 본격적으로 나오게 된 계기는 2016년 초, 구정성회 때 본인이 아팠지만 침례병원에서 치료받으라고 하는 것을 치료하지 않았다, 산삼을 하라고 했지만 안했다 하며 거짓말을 하는 것을 듣고, 저의 자비로 산삼을 해 준 것을 생각하며 너무 황당했습니다.

윤석전 목사님은 항상 모든 병의 원인은 죄라고 했지만 막상 본인이 암이었고 성도들은 이 사실을 모르고 있습니다. 성도들은 윤석전 목사님이 의학적인 것을 하지 않고 기도로 나았다고 믿고 있습니다. 참 아이러니하지요.

본인은 항상 하나님께 그 자리에서 영감 받아서 설교한다고 즉각 하나님께서 계시를 준다고 하였으나 10년 동안 비서로 있던 사람에게

들은 바로는 모든 설교 데이터가 준비되어 있다는 것도 알게 되었습니다. 몇 년 다녀보면 그 설교가 그 설교입니다. 그리고 설교도 본인 설교가 아니라 베뢰아 출신인 윤석전 목사님은 그 스승인 김기동목사의 책 내용 테이프 등을 그대로 발췌한 것을 알게 되었습니다.

연세중앙교회에서는 또한 다른 교회와는 다른 귀신을 내쫓는다는 명목으로 베뢰아식 안수인 눈 안수, 배 안수, 목조르기 안수 등이 시행되고 있습니다. 눈 안수는 안구를 두 엄지를 이용하여 안구가 쑥 들어가도록 강하게 누르는 안수이고 귀신이 배에 들었다고 하여 배 안수, 뱀의 목을 잡는다는 원리로 목조르기 안수를 하고 귀신에게 "너 어떻게 들어왔어?"라는 멘트 등으로 귀신과 대화를 시도합니다. 눈 안수는 받을 때 통증과 공포감도 심하지만 예전 눈 안수를 많이 받았다고 하는 분은 눈 안수를 많이 받아서 눈이 잘 안 보인다고 호소하시는 것을 봤습니다 .

성경에는 예수그리스도의 보혈의 공로를 믿음으로 천국에 간다고 되어 있는데 윤석전 목사님은 말로는 예수 피 십자가를 얘기하지만 회개하지 않고 죄 하나라도 있으면 지옥에 떨어진다고 하였습니다. 염색해도 마귀 닮았으니 지옥, 메니큐어 칠해도 지옥, 수요예배 빠져도 지옥, 금요예배 빠져도 지옥, 십일조 안내도 지옥 등 모든 게 지옥이니 정말 예수님의 사랑은 온데간데 없고 스트레스 받으며 두려움에 떨면서 신앙생활 했습니다. 복음은 안식을 주는데 안식과는 정 반대인 신앙생활을 했습니다. 정말 이렇게 살아서 천국 갈 수 있을까 하면서 연세중앙교회에 온 이후로 구원의 확신이 약해져갔습니다.

신장투석기를 뺀 반신불수가 된 집사님이 지옥 문 앞에 갔다 왔다고 간증을 했는데 예수님이 "너의 목사님이 시키는 대로 지키기만 하면 천국 간다"고 했다고 합니다. 그리고 윤석전 목사님은 올 봄부터 예배를 잘못 드리면 지옥 간다고 예배당 문을 걸어 잠그기 시작 했습니다. 그리고 지옥에 떨어져 보면 예배 못 드려서 지옥 떨어진 것을 알게 된다고 하였습니다.

저희 시어머니는 어린 시누이의 아들 즉 남편의 조카가 예배시간에 화장실 가고 싶다고 해서 갔는데 예배당 문이 잠겨 들어오지 못하셔서 그대로 집에 돌아오시기도 했습니다. 그리고 "부자들 돈 내 놔, 돈 안내놓으면 지옥 가" 이런 발언을 서슴지 않고 하는 등 점점 노골적으로 지옥발언을 하였습니다. 참으로 율법주의요 행위구원이었습니다.

연세중앙교회에서는 장로교를 노골적으로 싫어하는데 칼빈은 살인자였다고 가르치고 장로교 교리로는 지옥 간다고 대놓고 가르칩니다.

그리고 윤석전 목사님은 본인이 강대상에서 보면 지옥 갈 사람 천국 갈 사람이 훤히 보인다고 했습니다. 성경에 자기가 구원받았는지는 성령께서 확증시켜준다고 했는데 맞지 않고 연세중앙교회에서 말하는 성령 훼방 죄는 윤석전 목사님을 이단이라 하는 것입니다.

연세중앙교회에서는 모든 현상에 원인을 귀신에게 돌리는 영지주의적 발언을 많이 하는데 연세중앙교회에서 나가면 귀신에게 끌려 나갔다고 말하고 구원이 연세중앙교회밖에 없다고 말합니다. 연세중앙교회 논리로 보면 세상 모든 교회는 텅텅 비어야 하고 세상 모든 교인은 다 연세중앙교회로 가야한다는 말입니다.

전도 집회마다 본인이 지미카터 대통령이 동양에서 특별히 불러서 로잘린 여사 옆에 앉힌 사람이라고 자랑하였으나 이것 역시 돈만 주면 갈 수 있는 것을 알게 되었고 정치인 이용하는 것은 흔히 이단들이 쓰는 수법임을 알게 되었습니다.

이런 모든 사실을 알게 되었을 때 내가 왜 이런 곳에 있었을까 참 허탈했습니다. 이후 나중에 어느 교회로 갈까 고민하던 중, CBS '신천지에 빠진 사람들'에 나오는 안산 상록교회에 가면 이단 빼내는 교회니까 이단 갔다는 소리는 못하겠지 하는 생각으로 유튜브 진용식 목사님의 구원론을 듣기 시작했습니다. 그러면서 윤석전 목사가 성경을 자기식대로 짜깁기하여 전혀 다른 내용을 만들어버린 것을 알게 되었고 저의 약해졌던 구원의 확신이 확실해지고 구원의 감격이 회복되었습니다.

그러나 안산 상록교회까지 다닐 생각은 못하고 있었는데 다른 연세중앙교회 두 분과 같이 이단상담을 받던 중 하나님의 사랑이 체험되어져서 눈물도 나고 복음의 초점이 연세중앙교회에서 말하는 마귀 귀신이 아니라 하나님의 사랑이라는 것을 깨닫고 큰 은혜를 받아 상록교회에 나오게 되었습니다.

저희가 진용식 목사님 구원론을 듣고 그곳에서 나왔으니 연세중앙교회 신도들에게도 구원론을 들으라고 했지만, 다 들을 귀가 있는 것이 아니라는 것도 알게 되었습니다.

윤석전 목사님 오른팔 부목사님과 통화를 하면서 "윤석전 목사님은 이런저런 거짓말 등을 이렇게 많이 했으니 목사님이 죄 하나라도 있으면 지옥이라고 했는데 본인도 지옥가시겠네요" 했더니 그 부목사님은 충격 받고 한마디도 못 했습니다.

저희 부부가 이단 속에서 범죄 했지만 저희 손을 놓지 않고 끝까지 이끌어주셔서 나오게 하시고 복음 듣게 하신 하나님의 사랑을 느꼈습니다. 예전에는 장로교에 다닌 적이 없어서 몰랐는데 나오고 나니 장로교의 택정설, 성도의 견인 이런 부분이 뼈저리게 느껴졌습니다.

이제 하나님이 저를 끝까지 이끌어주신다는 믿음이 생겨 구원의 감격과 기쁨을 누리는 신앙생활이 가능해져 너무 행복해졌습니다. 지금도 저희 부부는 연세중앙교회 분들에게 그곳에서 나오라고 권면하지만 이스라엘 백성들이 모세가 말씀 판을 가져오기 전에도 황금소를 만들었듯이 복음의 가치를 모르기에 저마다의 황금소를 만들고 있는 거 같습니다. 안타깝지만 택한 자들이 나오기를 기도하고 있습니다. 하나님의 일하실 것을 기대하면서 간증을 마칩니다.

IX. 대순진리회 회심간증
🌿 거기서는 하나님을 만날 수 없었습니다

김서정 (가명)

처음 상록교회에 왔을 때부터 다섯 달 정도가 지난 것 같습니다. 그 동안 믿기지 않을 만큼 나의 생각과 마음에, 그리고 삶에 많은 변화가 있었습니다.

대순진리회는 1871년에 전라도에서 태어난 강증산이라는 사람을 구천상제님으로 믿고, 그 뒤로 종통을 이어받았다고 하는 조철제라는 사람을 옥황상제로, 또 그 뒤에 정통성을 이어받았다고 하는 박한경을 도전님으로 믿으며 자신과 집안의 모든 전생의 업보를 다 풀고 후천에 가기 위해서 도법을 지키고 수도하는 민족종교단체입니다.

정확히는 모르겠지만 전국적으로 상당히 많은 도인들이 있고 여주에 본부도장이 있고 전국 각지에 방면 회관이 있고, 지역마다 촘촘하게 연락소라고 하는 공부방이 있습니다. 음양오행을 진리로 가르치고 윤리도덕을 숭상한다는 점에서 동양철학, 유교사상이 배어있고 인과응보와 전생, 윤회, 공덕을 강조하고 석가모니를 굉장히 받든다는 점에서 불교와도 비슷한 점이 많습니다. 또한 어디에나 신이 깃들어 있다고 믿는 범신론, 다신론주의입니다.

저는 대학교 2학년 때 그곳을 알게 되었습니다. 모태신앙이었지만 당시에는 교회와도 멀어져 있었고 오히려 반감 같은 것을 가지고 있었던 저는, 겉으로는 평범한 학생이었지만 제겐 너무 어렵고 풀 길이 없어 보였던 삶의 문제들과 여러 상처들 때문에 갈피를 잡지 못하고 방황하고 있었습니다. 깊은 죄책감과 원망, 두려움들을 회피하려고 방탕한 삶을 살며 더 큰 허무함과 자책, 우울함에 빠지곤 했습니다. 내 무의식 속에서는 그런 나를 바꿔줄 수 있는 무언가, 내 삶을 새롭게 해줄 무언가, 정답 같은 것을 찾고 있었던 것 같습니다. 어느 날 학교 가던 길에 나에게 다가온 두 여학생과 얘기를 나누게 되었고, 그들은 내 맘을 들여다보는 것 같은 말들을 하며 해도 해도 풀리지 않는 그런 문제들을 풀 수 있는 방법이 있다고 너무나도 간절한 눈빛으로 이야기를 했습니다. 나도 간절한 뭔가가 있었기 때문에 이끌리듯 그들을 따라가서 시운치성이라는 하늘에 올리는 제사 같은 것을 드리고 주기적으로 공부방에 가서 얘기를 듣게 되었습니다.

올바른 이치, 지금의 때에 대해서 가르쳐주었고, 가족보다도 친구보다도 그들은 나를 더 잘 알아주었기 때문에 더 마음을 열게 되었고, 나도 뭔가 달라질 수 있을 것 같다는 확신에 찬 희망에 점점 더 전념하게 되었습니다. 결국 3학년으로 올라갈 때 휴학을 하고 정말 열심히 길거리 포덕(전도)을 해서 1년 후에 선무라는 직을 갖게 되었습니다. 포덕은 업보를 가장 빨리 풀고 도를 깨달을 수 있는 방법입니다. 선무는 자기가 데려와서 치성을 모신 사람이 36명 이상 되어야 하고 그 중에 매월 성금을 모시는 사람이 2~3명 이상 나와야 될 수 있습니다.

보통은 공부방에서 단체생활을 하는데 아침 7시에 기도를 모시고 나서 청소나 빨래 등을 하고, 9시에는 공식이라고 해서 아침조회 같은 것을 1~2시간 정도 하고 밥을 먹고 밖으로 나가서 계속 전도를 합니다. 사람을 데려올 때까지 계속 돌아다니거나, 대화하다가 사람을 데려오면 교화를 해서 치성을 모시게 하고 그 사람이 치성을 안모시고 가면 또 나가서 전도를 합니다. 밥도 안 먹고 돌아다닐 때도 많았고 정 배고프면 초코바 같은 걸 사먹거나 편의점에서 간단하게 떼우거나 합니다.

새벽 한시에 기도 모시는 시간까지 계속 돌아다니거나 포덕을 많이 못하면 새벽 3~4시, 거의 동이 틀 때까지 돌아다닌 적도 있습니다. 요즘에는 채팅이나 여러 가지 방법을 동원해서 포덕을 합니다. 오랫동안 포덕을 하면서 선무 이상의 역할도 했었지만 사실 시간이 점차 지나고 많은 걸 알게 될수록 포덕을 해야 된다는 부담감, 물질적인 부담감을 비롯해서 육체적으로도 심적으로도 힘든 것들이 많고, 포기하고 싶고 이게 맞나, 싶은 적도 많았지만 돌아오기엔 이미 너무 많이 가 있었습니다.

잠을 쪼개고, 투잡을 뛰는 것처럼 쉽지 않은 일이었지만 내가 이 도를 만나지 않았다면, 분명히 방탕하고 방황하던 내 삶을 청산하지 못했을 것이라고 계속 합리화를 하며 매달릴 수밖에 없었습니다.

그러다가 올해 초에 내가 무리하게 큰 헌금을 해서 아빠가 내가 그곳에 다닌다는 것을 확실히 알게 되셨고, 오랫동안 기독교인으로서 신앙생활을 해오셨기 때문에 수소문을 하셔서 상록교회로 나를 데려가야겠다고 결정하셨습니다.

당연히 처음엔 안 가겠다고 버티고 밥도 안 먹고 모든 게 단절 된 상황에 너무 스트레스를 받아서 쓰러지기까지 했지만 가족들의 간절한 노력도 있었고, 나는 대순진리회가 진리라고 생각했고 나 자신도 많이 달라진 부분이 있기 때문에 그렇게 믿어왔는데, 과연 기독교에서 말하는 진리란 무엇인가? 정말 하나님은 어느 곳에 있단 말인가? 하는 여러 의문이 들어 상록교회로 오게 되었습니다.

상록교회에 왔을 때 대순진리회는 말 그대로 타종교이고 성경도 안 보기 때문에 마땅히 반증이라고 들을 수 있는 게 없어서 바로 구원론을 들었습니다. 사실 거의 폐인 같은 상태였고 상담도 제대로 되지 않았으며, 그곳의 신관이나 사상들이 성경과 많이 다르기 때문에 갑자기 구원론을 들었을 때는 이해도 안되고 이게 무슨 말도 안 되는 소리인가 싶었습니다. 기독교에서 말하는 하나님이란 너무나 일방적이고 나의 의사나 자유는 존중하지 않는 것 같았습니다.

결론부터 말하자면 그건 나의 오해였습니다. 지금도 다 안다고 할 수는 없지만 내가 오해 했던 이유는 진정 하나님이 어떤 분이신지 제대로 알지 못했기 때문이었습니다. 적어도 지금 내가 알게 된 하나님은 사랑의 하나님, 전지전능하시면서도 인격적인 하나님, 소통하시는 하나님입니다.

나에게 반증의 역할을 해준 것은, 어느 날 목사님께서 주신 대순진리회에 대한 책 몇 권이었는데, 그 책들은 증산도에서 쓴 것인데 대순진리회의 종통이 잘못되었으며 조작된 것이고, 이 단체가 어디에서부터 시작되었고 어떤 비리가 있는지를 폭로한 책입니다. 내가 듣고 배운 것과는 전혀 다른 사실들이 적혀져 있었고, 신격화되고 신비스럽게만 믿어왔던 존재들은 사실상 이단 단체에서 후발 교주들이 계속 새끼 쳐 나오는 것과 마찬가지로 그 숨겨진 모습은 똑같았습니다. 이 책이 정말인가 사실인가 읽고 또 읽고 했지만 분명 출판되고 판매되는 책이었고 많은 신문기사들과 신도들의 증언, 역사적 기록물 등 증거가 많았습니다.

그 안에 있을 때는 생각지 못했던 것들이, 당연히 그래야 한다고 믿었던 것들이 과연 정말 그러한가? 하고 달리 보였습니다. 그렇게 하루 종일 밖에서 포덕하고 쥐어짜듯이 헌금하는 게 정말 하늘이 원하는 바일까? 해원상생을 말하고 마음을 속이지 말라고 하면서 부모에게, 남에게 거짓을 말하는 것은 그 의도가 남을 위하는 것이라고 해도 정말 정당화될 수 있는 것인가?

저들이 하느님을 말하고는 있지만, 너무나도 생명을 사랑하는 하느님의 마음을 내세우고는 있지만 거기서는 하나님을 만날 수 없었습니다. 하나님께로 나아갈 수도 없고, 하나님과 관계를 맺을 수도 없고, 결국엔 눈 앞에 보이는 사람 즉 최고 임원의 말이 곧 법이었습니다.

그리고 창조과학 강의도 많은 도움이 되었습니다. 내게 창조주 하나님을 상기시켜주었고 진화론의 허구성, 창조를 설명하는 여러 근거들이 기존의 가치관과 세계관에 큰 전환을 가져다주었습니다.

시간과 공간, 우주의 모든 만물, 그리고 그분의 형상을 닮은 나를 지으신 분이 바로 하나님이심을 깨닫고 인정하는 순간 내 마음 속에서 자유함이 얻어지고 내가 정말 의지해야 할 곳, 나의 근원, 참된 부모님을 찾은 기분이었습니다. 다른 모든 것들, 지금까지 내가 믿어왔던 것, 옳다고 생각했던 것, 행해왔던 것, 그 모든 것들은 별로 중요하지 않게 되었고 나의 구원도 하나님께 있는 것이고 내 모든 것이 그분께 있는 것이라는 마음의 고백을 하게 되었습니다. 이제 나는 예수님을, 나의 죄를 위하여 죽으신 구세주로 고백하며 아무 조건 없이 나를 죽기까지 사랑하신 하나님의 은혜에 감사드립니다. 끝까지 나를 믿어준 가족들에게 감사하고 상록교회에 감사하며, 진정 새 생명을 얻게 되어 감사합니다.

🌿 귀신론에 대한 반증을 통해
허상이 보이기 시작했습니다

윤하룡(가명)

저는 2008년 약4개월간 서울성락교회에 다니며 이단교회의 생활을 시작했습니다. 그 당시 저는 사회생활과 인생에 대한 고민이 많을 때였습니다. 문득 "교회에 다니는 사람들과 교제를 하면 좋은 답이 있지 않을까" 하는 생각이 들어 교회에 나가기로 결심하고 다닐 만한 교회를 알아보게 되었습니다. 그러던 중 평소 친분이 있던 분과 이야기하며 자연스럽게 그분이 다니던 서울성락교회에 출석하게 되었습니다. 성인이 되어 처음 교회에 출석하는 것이었기 때문에 그곳이 이단인지는 전혀 알지 못했습니다. 그렇게 그곳에서 성경공부를 시작하게 되었고 하루가 멀다하고 예배에 출석했습니다. 보통 일주일에 5~6일 정도는 교회에 가서 저녁 늦게 귀가하곤 했습니다.

서울 성락교회는 귀신론이란 교리가 있는데 불신자가 죽어서 사람들의 몸속에 들어가 각종 병을 일으킨다는 것이었습니다. 그래서 모든 병은 불신자의 영혼(귀신)이 원인이라는 것이었습니다.

주일 설교가 끝나면 아프고 병든 사람들이 축사(귀신 쫓아냄) 받는 시간이 있었습니다. 축사 받을 신도들을 세워 놓고 신도 몸속에 들어가 있는 귀신에게 명령을 해서 물러가라고 하는 것입니다. 그러면 신도들의 반응은 여러 가지로 나타납니다. 이상한 말을 한다든지, 몸을 떤다든지, 쓰러지던지, 때로 아무런 반응이 없을 때는 억지로 넘어뜨리는 경우도 있었습니다. 그런 현상들을 보면서 이상하다는 생각보다는 목사님 말씀이 맞다고 생각했습니다.

그런데 한달 두달 지나며 똑같은 사람들이 똑같은 반응을 반복적으로 나타내는 것을 보며 의구심이 들기 시작했습니다. 왜 귀신이 떠나가지 않고, 축사 받은 신도들이 이상한 반응을 보일까? 그런 회의감과 궁금증이 있었지만 여전히 저는 그곳에 빠져 있었습니다.

서울 성락교회에서는 축사만큼 중요시 하는 것이 방언이었습니다. "구원을 받았느냐? 성령을 받았느냐? 그러면 방언을 하느냐?" 이런 질문을 자주했습니다. 그들은 방언을 받았으면 구원을 받은 것이고 방언을 받지 못했으면 구원을 받지 못한 것이라고 말했습니다. 한마디로 구원 받은 자는 무조건적으로 방언을 받는다는 것이었습니다. 그렇게 성경공부를 통해 귀신론을 배우고 잘못된 교리를 습득하게 되었지만 제 인생에 있어 처음 배운 교리였으며 처음 경험한 방언과 신비한 체험 때문에 그곳에서 가르치는 말씀이 진리라고 믿었습니다.

그러던 중 귀가시간이 자주 늦어지고 저에게 뭔가 문제가 있다고 느낀 가족들은 제가 이단에 빠진 것을 알았고 서울성락교회에 출석하지 말라고 권유했지만 저는 그 곳 말씀이 진리라고 하며 거부했고 그렇게 가족과의 불화가 시작되었습니다. 가족과의 불화가 심해지자 성락교회에서는 집에서 나와 신앙을 지키라고 권했고 급기야 저는 집을 나와 부모님과 연락을 끊고 생활하며 그곳에서 계속 말씀을 들었습니다.

하지만 가족의 끝없는 사랑으로 결국 저는 안산 상록교회에 오게 되었습니다. 처음 몇일 동안은 상담을 거부했지만 그 상황을 모면하고 싶은 마음과 일단 상담을 받아보고 어떤 결정이든 하자는 마음이 들어 상담을 받게 되었습니다.

하루 이틀 상담이 이어졌지만 제 마음은 열리지 않았고 빨리 그 상황을 벗어나고 싶은 마음뿐이었습니다.

그러나 목사님의 귀신론에 대한 반증을 통해 귀신론의 허상이 보이기 시작했습니다. "사람이 죽으면 천국 또는 지옥에 가는 것이지, 구천을 떠돌며 사람 몸속에 들어가 병을 일으키는 것이 아니다. 그리고 성경에서 말하는 귀신은 죽은자의 영혼이 아니라 사탄을 말하는 것이다. 또 사탄이 병을 줄수도 있지만 모든 병이 사탄 때문에 생기는 것은 아니다."라고 하시며 성경 말씀을 근거로 반증하셨습니다.

방언에 대해서도 명쾌한 반증으로 이단의 교리가 깨어졌습니다. 하나님의 은사는 성도들에게 그분의 뜻대로 각각 은사를 주신다는 것입니다. "어떤 사람에게는 능력 행함을, 어떤 사람에게는 예언함을, 어떤 사람에게는 영들 분별함을, 다른 사람에게는 각종 방언 말함을, 어떤 사람에게는 방언들 통역함을 주시나니 이 모든 일은 같은 한 성령이 행하사 그의 뜻대로 각 사람에게 나누어 주시는 것이니라(고린도전서 12:10~11)" 그러므로 방언은 하나님이 주신 은사 중 하나이며 좋은 선물이지만 방언만이 구원의 유일한 증거는 아니라는 것입니다.

저는 〈에베소서 2:8~9〉 말씀으로 확실한 구원의 은혜를 깨달았습니다. "너희는 그 은혜에 의하여 믿음으로 말미암아 구원을 받았으니 이것은 너희에게서 난 것이 아니요 하나님의 선물이라 행위에서 난 것이 아니니 이는 누구든지 자랑하지 못하게 함이라."

구원은 어떤 신비한 현상을 체험하거나 종교적 의식을 통해서 얻는 것이 아니라 하나님의 말씀을 바르게 알고 믿음으로 얻는 것을 비로소 깨달았습니다.

성락교회에 있으면서 방언을 하지 못하면 구원 받지 못한 것으로 생각했고, 수시로 축사를 하지 않으면 왠지 불안했고, 신비한 현상을 체험하지 못하면 왠지 미성숙한 신앙인으로 생각했던 무지한 저를 진리의 말씀으로 일깨워주시고 구원의 확신을 갖도록 도와주신 진용식 목사님께 감사드리며 저와 더불어 어머니까지도 복음을 듣도록 인도하시고 구원해 주신 하나님께 감사와 영광을 올려 드립니다.

XI. 다락방 회심간증
🌿 다락방만이 참 복음을 가졌다는 우월감에서 벗어났습니다

김지미 (가명)

대학 졸업 후 첫 직장을 서울로 오게 되면서 처음 집을 떠나 타지생활이 시작되었습니다. 1년6개월 동안 서울과 전주를 매주 오가며 신앙생활을 하던 중 경제적, 육체적으로 힘듦으로 인해 서울에서 정착할 교회를 알아보게 되었습니다. 여기저기 다녀봤으나 딱히 정하지 못하고 방황하던 중 학교선배를 통해 다락방을 알게 되었습니다.

불신자였던 그가 신앙을 하게 된 모습을 통해 그 교회에 관심을 갖고 주일예배에 참석하게 되었는데 그 어디에도 다락방이라는 말은 없었기에 일반적인 장로교회인줄로만 알았습니다.

그 당시 직장생활의 어려움과 개인적인 여러가지 문제들로 고민도 많고 힘들던 제게 죄에서의 해방과 그리스도의 선포는 자유함을 주었습니다. 이전에는 들어보지 못했던 말씀들이었고 특히나 죄에 대해 눌

려있던 내게 '과거, 현재, 미래에 대한 모든 죄를 그리스도께서 십자가에서 완전히 해결하셨다'는 메시지는 나를 해방시키고 살아나게 하며 하루하루가 의미있는 삶으로 바꾸어져가는 경험을 하게 해주었습니다.

다락방에 깊이 빠졌을 때쯤 가끔 전주에 내려가 부모님과 신앙에 대해 얘기하게 되었는데, 내가 사용하는 단어들이 생소하고 기존교회에 대한 강한 반감이 부모님의 의심을 사게 되었습니다. 결국 제가 다락방이라는 이단에 빠지게 된 것을 가족들이 알게 되었고, 저는 더욱 사탄결박, 천사동원권을 사용하는 기도를 하며 내 신앙을 지키기 위해 몇 년을 힘들게 버티었습니다.

그러나 부모님, 가족들과의 갈등이 점점 커지는 것을 볼 때 '왜 나는 이렇게 전도를 열심히 하는데, 내가 하나님의 일을 하면 내 문제는 하나님이 해결해 주신다는데, 왜 해결이 안되지?' 라는 의문이 많이 들었습니다.

부모님과 가족들은 급기야 저를 상록교회로 데려왔고, 저는 부모님 말씀대로 며칠만 있어보며 얘기라도 들어보자는 생각으로, 또한 부모님이 틀리면 다락방으로 가기로 한 약속을 위로 삼아 버티고 있었습니다. 그런데 며칠 지나지 않아 생각이 많이 흔들렸습니다.

상담과 몇 주간 예배를 통해 정말 내 신앙이 우물 안 개구리였고 기존교회에 대한 반감과 다락방만이 참 복음을 가졌다는 우월감에서 벗어날 수 있었습니다.

모태신앙이라고 하면서 성경에 대한 지식과 하나님에 대한 지식이 없었기에 그저 죄에 대한 해방감에 내 입맛에 맞는 신앙생활을 했었고 말도 안 되는 천사동원권을 써가며 사탄결박을 해가며 기도하면 전도가 되고 가족들이 변화될 거라는 막연한 생각으로 버텼던 지난날이 몹시 후회가 됐습니다.

어떤 메시지를 하든 결국 전도로 끝이 나고 내 사명은 전도라는 결론에 매여서 정작 나의 신앙은 살펴보지 못했습니다. 그리스도 안에서 하나님에 대해 잘 알아가며 성장해 가는지, 내 영혼이 죽은 상태인지는 전혀 의심도 안 한 채 다른 사람의 영혼구원을 위해서만 모든 시간과 물질을 썼습니다.

여러 목사님과 여러 사역자분들의 도움으로 다락방이 이단이라는 확실한 생각을 하게 되었고 결국 올바른 신앙을 시작하게 되며 정말 중요한 내 영혼 구원을 생각하며 기도하게 되었습니다.

어리석은 생각과 선택으로 하나님을 멀리하였지만 모든 것을 합력하여 선한 결과로 인도해 가시며 한 사람 한 사람의 구원을 이루시는 하나님을 알아가는 지금 너무 행복하고 감사할 뿐입니다.

XII. 만민중앙교회 회심간증

🌿 이재록 목사가 잘못됐다는 걸 깨달았습니다

이주형 (가명)

삶의 허무함과 살아가는 가치를 잃어갈 때 쯤 만민중앙교회를 우연히 알게 되었고 그곳에서 일어나는 신비적인 일들과 말씀, 그리고 너무 착하고 좋은, 많은 사람들로 인해 이곳에서 신앙생활을 해야겠다는 결심을 하게 되었습니다.

그런데 그곳에서의 신앙생활은 흔히 알고 있는 교회의 모습과는 많이 달랐습니다. 어떤 사람들은 하나님 앞에 믿음의 모습을 보이기 위해 병원과 약을 의존하지 않고 믿음으로 오직 이재록 목사의 치료기도로 치료를 받길 원했고, 무언가 신비적인 환상들과 신비적인 일들을 사모하는 사람들이었습니다.

이재록 목사가 있는 만민중앙교회만이 천국에 갈 수 있으며 더 좋은 새 예루살렘에 갈 수 있다는 설교와 나눔들….

그곳의 분위기는 이재록 목사를 생각하고 사랑하는 것이 믿음이 좋은 것이라고 생각하게 했습니다. 남들이 그렇게 하고 신앙 좋다는 사람들이 그렇게 하니까, 또 그렇게 가르치니까 나도 그렇게 해야겠다는 생각이 들었습니다.

그렇게 그곳에서 2년 정도의 신앙생활을 하다 보니 내 마음 속에는 예수님보다 이재록이란 사람이 더 많이 차지하게 되었던 것 같습니다. 나중에는 심지어 이재록 목사가 '성령님'이라는 말까지 듣게 되었습니다.

'이건 아닌데… 이건 아닌 것 같은데…' 하는 의심이 들었던 차에 가족들은 저에게 신앙상담을 권유했습니다. 처음에는 절대로 안 된다는 생각으로 거부를 했습니다. 만민중앙교회에서는 어떤 곳에서든지 만민중앙교회를 비판하거나 이재록 목사를 정죄하는 내용들을 듣지도 말고 보지도 말라고 했습니다. 저는 이런 이야기가 떠올라 듣지 않고 보지 않으려고 했었습니다.

하지만 가족들의 끈질긴 권유로 결국 상록교회 진용식 목사님과 상담사들에게 상담을 받게 되었습니다. 여러 가지 자료들을 보고 듣고 또 바른 성경공부를 하며, 만민중앙교회가 잘못되었고 이재록 목사가 잘못되었다는 것을 깨달으면서 만민 중앙교회에서 이탈하게 되었습니다.

이제 10년이라는 세월이 지났지만 다시 한 번 가족과 같은 사랑으로 상담해주신 진용식 목사님과 이단상담사님들에게 감사의 말씀을 전하고 싶습니다. 아무것도 한 것 없이, 우상을 섬기던 저를 택하시고 구원의 복음을 듣게 하신 하나님의 은혜에 감사드립니다.